GESTÃO DE CUSTOS E FORMAÇÃO DE PREÇOS

O GEN | Grupo Editorial Nacional – maior plataforma editorial brasileira no segmento científico, técnico e profissional – publica conteúdos nas áreas de ciências sociais aplicadas, exatas, humanas, jurídicas e da saúde, além de prover serviços direcionados à educação continuada e à preparação para concursos.

As editoras que integram o GEN, das mais respeitadas no mercado editorial, construíram catálogos inigualáveis, com obras decisivas para a formação acadêmica e o aperfeiçoamento de várias gerações de profissionais e estudantes, tendo se tornado sinônimo de qualidade e seriedade.

A missão do GEN e dos núcleos de conteúdo que o compõem é prover a melhor informação científica e distribuí-la de maneira flexível e conveniente, a preços justos, gerando benefícios e servindo a autores, docentes, livreiros, funcionários, colaboradores e acionistas.

Nosso comportamento ético incondicional e nossa responsabilidade social e ambiental são reforçados pela natureza educacional de nossa atividade e dão sustentabilidade ao crescimento contínuo e à rentabilidade do grupo.

Alexy Dubois
Luciana Kulpa
Luiz Eurico de Souza

GESTÃO DE CUSTOS E FORMAÇÃO DE PREÇOS

Conceitos, Modelos e Ferramentas

Inclui:
✓ Capital de Giro
✓ Margem de Competitividade
✓ Exemplos práticos, testes e exercícios

4ª edição

gen | atlas

- Os autores deste livro e a editora empenharam seus melhores esforços para assegurar que as informações e os procedimentos apresentados no texto estejam em acordo com os padrões aceitos à época da publicação, *e todos os dados foram atualizados pelos autores até a data de fechamento do livro*. Entretanto, tendo em conta a evolução das ciências, as atualizações legislativas, as mudanças regulamentares governamentais e o constante fluxo de novas informações sobre os temas que constam do livro, recomendamos enfaticamente que os leitores consultem sempre outras fontes fidedignas, de modo a se certificarem de que as informações contidas no texto estão corretas e de que não houve alterações nas recomendações ou na legislação regulamentadora.

- Os autores e a editora se empenharam para citar adequadamente e dar o devido crédito a todos os detentores de direitos autorais de qualquer material utilizado neste livro, dispondo-se a possíveis acertos posteriores caso, inadvertida e involuntariamente, a identificação de algum deles tenha sido omitida.

- **Atendimento ao cliente:** (11) 5080-0751 | faleconosco@grupogen.com.br

- Direitos exclusivos para a língua portuguesa
  Copyright © 2019, 2025 (4ª impressão) by
  Editora Atlas Ltda.
  Uma editora integrante do GEN | Grupo Editorial Nacional
  Travessa do Ouvidor, 11
  Rio de Janeiro – RJ – 20040-040
  www.grupogen.com.br

  Reservados todos os direitos. É proibida a duplicação ou reprodução deste volume, no todo ou em parte, em quaisquer formas ou por quaisquer meios (eletrônico, mecânico, gravação, fotocópia, distribuição pela Internet ou outros), sem permissão, por escrito, da Editora Atlas Ltda.

- Capa: Rejane Megale
- Imagem de capa: Attila Kéri | 123RF

- Editoração eletrônica: Anthares

- **Ficha catalográfica**

CIP – BRASIL. CATALOGAÇÃO NA FONTE.
SINDICATO NACIONAL DOS EDITORES DE LIVROS, RJ

D879g
4. ed.

Dubois, Alexy
Gestão de custos e formação de preços / Alexy Dubois, Luciana Kulpa, Luiz Eurico de Souza. – 4. ed. [4ª Reimp.]. - São Paulo: Atlas, 2025.

ISBN 978-85-97-02224-7

1. Controle de custos. 2. Contabilidade de custos. 3. Preços – Determinação. I. Kulpa, Luciana. II. Souza, Luiz Eurico de. III. Título.

19-58840	CDD 657.42
	CDU 657.4

Vanessa Mafra Xavier Salgado - Bibliotecária - CRB-7/6644

Respeite o direito autoral

PREFÁCIO

O presente livro dos professores Alexy Dubois, Luciana Kulpa e Luiz Eurico de Souza constitui uma contribuição decisiva para os estudos serenos, informativos e sérios acerca da Gestão de Custos e da Formação de Preços. Os autores oferecem aos estudantes e aos profissionais que estão na área ou pretendem iniciar nela e, especialmente, aos empresários e operadores de custos e formadores de preços de vendas uma obra cuja primeira preocupação é empreendedorismo, não deixando de lado o esclarecimento acerca dos principais conceitos, modelos e instrumentos, que não são poucos e nem sempre facilmente vislumbráveis.

Os autores, com formação acadêmica, portadores de vários títulos nacionais e internacionais, além da vivência como profissionais de setores afins e de negócios em empresas de primeira linha e em atividades desenvolvidas no âmbito da formação, do treinamento e da instrução de operadores na área de custos, são credenciados como importantes especialistas no ramo em nosso país.

Ao longo das páginas deste livro, o leitor encontrará apreciações fundadas sobre as definições tradicionais e técnicas inovadoras, em um esforço de informação e de compreensão do complexo universo que é o ensino de custos, trabalho este que, com sua dimensão, profundidade e simplicidade, é pioneiro em nosso país. Esta obra é aplicada na preparação e especialização de profissionais da área contábil, administrativa e econômica que pretendam atuar em custos e formação de preços.

O livro constitui-se em um programa ajustado que permite ao leitor, pesquisador ou estudante a oportunidade de ganhar um grau ou uma especialização que seja reconhecida por qualquer tipo de companhia, inclusive as multiuniversais. Isso porque essas empresas são cada vez mais multinacionais por construírem e operarem seu parque industrial em diversas nações.

Não se pode deixar de observar que a discussão do capital de giro e da margem de competitividade é marcada pela carência de uma reflexão séria, sensata e definitiva entre os autores de livros semelhantes. Fica também, por esta iniciativa editorial, uma palavra de louvor à Editora Atlas, que acredita no ensino cada vez mais objetivo e eficaz.

Os autores tomaram o cuidado, inclusive, de mostrar e ilustrar este trabalho com casos práticos de especial utilidade, fixando os conceitos e apresentando instrumentos do dia a dia para aqueles que buscam uma formação no ramo e que pretendam atuar profissionalmente nas atividades relacionadas ou em qualquer outra que envolva o tema.

Este livro teve como origem a pesquisa acadêmica e profissional desenvolvida para aplicação em empresas e salas de aula. Seu exemplar conteúdo se constitui em um fornecedor de muitas informações e explicações simples e claras para que o leitor fique apto a uma qualificação técnica, gerencial e competitiva no mercado.

Foi grande a honra que me foi conferida de redigir o prefácio deste trabalho, talvez derivada da amizade, que se aprofundou ao longo dos anos com a convivência harmoniosa no Centro Universitário FIEO. O respeito e a confiança mútuos foram alcançados com algumas trocas de ideias, sempre com o intuito de homenagear os leitores, aprendizes da função ou encarregados da indelegável missão de dirimir e solucionar os conflitos sobre a interpretação do assunto, no âmbito de uma sociedade complexa e dinâmica.

Renato Chieregato

AGRADECIMENTOS

Ao escrever este livro, recebemos ajuda e ideias de muitos colegas de magistério. Somos muito agradecidos a cada um deles pelo incentivo recebido e pelas críticas construtivas.

Os nossos alunos também nos auxiliaram com exercícios que foram apresentados e resolvidos em sala de aula.

Porém, somos eternamente gratos ao professor e colega Renato Chieregato, que não poupou esforços em nos transmitir algumas ideias, que culminaram com a elaboração deste livro.

Fica, ainda, registrado o apoio do Centro Universitário FIEO (UNIFIEO), que nos proporcionou as condições necessárias para que esta obra, que já possuía raízes nas salas de aula, fosse realizada e publicada.

SUMÁRIO

Introdução, 1

Parte I Elementos Estruturais de Custos e Conceitos Básicos, 5

1 Fundamentação, 7
    1.1 Considerações iniciais, 7
    1.2 Planejamento, 7
    1.3 Execução, 9
    1.4 Controle, 9
    1.5 Contabilidade financeira × contabilidade gerencial, 10

2 Terminologia em Estudo, 15
    2.1 Considerações iniciais, 15
    2.2 A "família" gastos, 15
        2.2.1 Investimento, 16
        2.2.2 Custo, 17
        2.2.3 Despesa, 17
        2.2.4 Perda, 18
        2.2.5 Desperdício, 18
        2.2.6 Esquemas, 18

3 Classificação de Custos e Despesas, 27
    3.1 Considerações iniciais, 27
    3.2 Classificação dos custos em relação aos produtos fabricados, 27
        3.2.1 Custos diretos (CD), 27
        3.2.2 Custos indiretos de fabricação (CIF), 28

3.3 Classificação dos custos em relação ao volume de produção, 29
    3.3.1 Custos fixos (CF), 29
    3.3.2 Custos variáveis (CV), 30
3.4 Custo total (CT), 31
3.5 Custos mistos, 31
3.6 Despesas, 32
3.7 Custo total e custo unitário, 33
3.8 Custo de produção do período (CPP), 34

4 Materiais e Estoques, 45
4.1 Considerações iniciais, 45
4.2 Materiais, 45
    4.2.1 Matéria-prima, 46
    4.2.2 Materiais secundários, 47
    4.2.3 Materiais auxiliares, 47
    4.2.4 Embalagens, 47
4.3 Classificação dos materiais, 48
    4.3.1 Materiais diretos, 48
    4.3.2 Materiais indiretos, 48
4.4 Estoques, 48
    4.4.1 Tipos de estoques, 49
    4.4.2 Características dos estoques, 50
    4.4.3 Controle de estoques, 51
    4.4.4 Avaliação dos estoques, 52
4.5 Avaliação das saídas, 53
    4.5.1 PEPS (primeiro que entra, primeiro que sai), 54
    4.5.2 UEPS (último que entra, primeiro que sai), 55
    4.5.3 CMPF (Custo médio ponderado fixo), 55
4.6 Impostos e contribuições, 56
4.7 Custo dos materiais importados, 57

5 Mão de Obra, 63
5.1 Considerações iniciais, 63
5.2 Composição do custo da mão de obra, 64
5.3 Os polêmicos encargos sociais, 64
5.4 Mão de obra direta, 65
5.5 Mão de obra indireta, 66
5.6 Apuração do custo da mão de obra direta, 66

5.6.1 Cálculo da MOD – base anual, 66

5.6.2 Cálculo da MOD – base mensal, 68

5.7 A gestão da mão de obra, 69

6 Critérios de Rateio dos CIF, 73

6.1 Considerações iniciais, 73

6.2 Coeficiente de rateio, 74

6.3 Base de rateio, 76

6.4 Critérios de rateio dos CIF, 77

6.4.1 Com utilização de bases específicas, 77

6.4.2 Com utilização de bases comuns, 79

7 Departamentalização dos CIF, 87

7.1 Considerações iniciais, 87

7.2 Custos indiretos departamentalizados e não departamentalizados, 91

7.3 Departamentos auxiliares, 94

7.4 Departamentos de produção, 95

7.5 Predeterminação dos CIF, 95

Parte II Sistemas e Métodos de Custeio, 103

8 Os Sistemas de Custeio, 105

8.1 Considerações Iniciais, 105

8.2 Sistema por Ordens de Produção (OP), 107

8.2.1 Características e procedimentos das ordens de produção, 107

8.2.2 O custeio dos materiais, 109

8.2.3 O custeio da mão de obra aplicada à OP, 109

8.2.4 Controle dos CIF, 109

8.2.5 Sistema por ordens de produção – aplicação ilustrativa, 110

8.2.6 Os CIF superaplicados e subaplicados, 111

8.3 Sistema de custeio por processo, 112

8.4 O tratamento dos refugos, 116

8.5 Diferenças e similaridades entre o processo por OP e o processo contínuo, 120

8.6 Diferenças entre o custeio por OP e o custeio por processo contínuo, 121

9 Métodos de Custeio, 127

9.1 Considerações iniciais, 127

9.2 Custeio por absorção, 127

9.3 Custeio variável (ou gerencial), 132

9.3.1 Vantagens do custeio variável, 133

9.3.2 Desvantagens do custeio variável, 134

9.4 O capital de giro e sua influência sobre as despesas financeiras, 137
    9.4.1 Capital de giro, 137
    9.4.2 O cálculo do capital de giro, 139
    9.4.3 Juros sobre o capital de giro, 140
    9.4.4 Caso atípico – capital de giro favorável à empresa, 142
9.5 Custo-padrão, 143
    9.5.1 A fixação dos padrões, 147
    9.5.2 Padrão de materiais, 147
    9.5.3 Padrão de mão de obra, 148
    9.5.4 Padrão de CIF, 149
    9.5.5 Análises das variações em relação aos padrões, 150
    9.5.6 Variações nos materiais, 150
    9.5.7 Análise da variação da mão de obra direta, 154
    9.5.8 Análise da variação dos CIF, 154
    9.5.9 Controle das variações, 155
    9.5.10 Vantagens do custo-padrão, 155
    9.5.11 Os padrões como instrumento gerencial, 156
9.6 Custeio ABC, 156
    9.6.1 Características especiais do método ABC, 156
    9.6.2 Por que custeio por atividades?, 158
    9.6.3 Direcionadores de recursos, 159
    9.6.4 Direcionadores de atividades, 159
    9.6.5 Objetos de custo, 160
    9.6.6 Importância do conceito de atividade, 160
    9.6.7 Medida de atividades, 161
    9.6.8 Benefícios derivados do custeio ABC, 162
    9.6.9 Limitações do ABC, 163

Parte III Análise Custo-Volume-Lucro e Formação de Preços, 173

10 Análise Custo-Volume-Lucro, 175
10.1 Considerações iniciais, 175
10.2 Ponto de equilíbrio, 177
    10.2.1 Determinação gráfica do ponto de equilíbrio, 178
    10.2.2 Determinação matemática do ponto de equilíbrio, 179
10.3 Margem de contribuição, 182
10.4 Inclusão do lucro, 183
10.5 Inclusão de despesas variáveis, 184
10.6 Inclusão dos impostos sobre vendas, 185

10.7 Ponto de equilíbrio e margem de contribuição para diversos produtos, 186
10.8 Margem de segurança operacional, 189
10.9 Fórmulas, 191
10.10 Limitações da análise CVL, 192
10.11 Alavancagem operacional, 193

11 Métodos de Mensuração das Funções de Custos, 203
11.1 Considerações iniciais, 203
11.2 A estimativa da função, 205
11.3 Método de análise matemática (engenharia), 205
11.4 Análise de contas, 207
11.5 Método dos máximos e mínimos e ajuste visual, 208
    11.5.1 Método dos máximos e mínimos, 209
    11.5.2 Método do ajuste visual, 210
11.6 Regressão linear (simples), 211

12 Formação de Preços, 219
12.1 Considerações iniciais, 219
12.2 A diferença entre preço e valor, 220
12.3 Os preços, 220
12.4 A importância dos impostos e do faturamento líquido, 221
12.5 A importância dos custos, 223
12.6 A importância das despesas, 225
12.7 A importância do Imposto de Renda, 226
12.8 Formação do preço de venda, 226
12.9 O *markup*, 227
12.10 Formulação para determinação dos preços com base em critérios contábeis, 228
12.11 Fixação do preço de venda em função do investimento, 231
12.12 Margem de competitividade (MCPT), 231

Respostas dos Testes e Exercícios, 237

Referências Bibliográficas, 251

Índice Remissivo, 253

INTRODUÇÃO

É inegável que o nível de competitividade provocado pela globalização dos mercados está se tornando cada vez mais acirrado. O fenômeno da globalização, em forte expansão nos últimos tempos, vem provocando desafios para a gestão de empreendimentos em todas as atividades e nos mais diversos níveis, possibilitando o desenvolvimento das empresas para além-fronteiras.

A evolução da economia sempre se destacou pela busca da melhoria da produtividade, trazendo em sua esteira novas realidades e novos desafios, que têm marcado praticamente todos os campos da ação humana desde o início dos tempos e, principalmente, após a Revolução Industrial.

Atualmente, o ambiente das empresas, independentemente do setor de atividade e do porte delas, é caracterizado pelos mercados abertos, sejam eles nacionais ou globais, onde a competitividade se torna cada vez mais acirrada em termos da necessidade de promover mudanças rápidas e eficazes para sobreviverem.

A onda de modernidade tem empurrado as empresas para um salto qualitativo que exige muita criatividade, competência e flexibilidade. Controlar e reduzir custos, formar corretamente os preços de venda dos bens e serviços e arquitetar a estrutura operacional formam a receita básica para o sucesso e a sobrevivência de uma organização.

Se, por um lado, as empresas necessitam de cortes ou racionalização de gastos para oferecer preços mais acessíveis do que a concorrência, sem deixar de considerar a qualidade dos serviços ou produtos, por outro lado, a contabilidade gerencial pode prestar grande auxílio às organizações prestadoras de serviços no que tange à gestão de custos.

Além disso, os processos tecnológicos criam, a todo instante, novos produtos e novas demandas, e as empresas que têm a pretensão de subsistir e desenvolver-se devem atuar de maneira mais profunda, buscando novas tecnologias e novos mercados. Assim, junto com esta necessidade, as empresas perceberam, rapidamente, que precisam atualizar seus conceitos de produção e também de distribuição. Perceberam, ainda, que a sua sobrevivência e o necessário crescimento dependem de três fatores básicos: atendimento aos reclamos dos consumidores, cada vez mais conscientes e mais exigentes, o que as levou a dar maior atenção à qualidade de seus produtos; o acirramento da concorrência, com a mesma preocupação da busca de maior parcela de mercado; e, como consequência disso, a redução dos seus custos.

A partir da Segunda Guerra Mundial, surgiu uma consciência muito mais forte de que não basta apenas sobreviver. É necessário crescer, e esse crescimento depende de qualidade, preços baixos e custos compatíveis com os produtos e serviços a oferecer.

Consequentemente, o objeto de preocupação dos administradores nos tempos atuais é a necessidade de atingir o gerenciamento dos recursos, aplicados na produção de bens e/ou serviços, conjugados com as decisões de financiamentos e investimentos em níveis ótimos.

Os principais beneficiários de um bom sistema de apuração e análise dos custos são os empresários, pelas avaliações que podem fazer de seus investimentos; em seguida, os membros do corpo executivo que respondem pelas decisões. Como as decisões são circundadas por incertezas e inseguranças, há a necessidade de informações oportunas, confiáveis e relatadas com clareza, pois são elementos vitais para a sobrevivência da empresa. Assim, não é possível gerenciar, na acepção de conduzir as atividades, sem que a alta direção disponha de informações sobre seus reais custos de produção e sobre as despesas. As ações decisórias, na hipótese da ausência de informações, tornam-se erráticas e ao sabor do acaso, e isso não pode ser considerado como administração.

O intuito de oferecer uma contribuição, ainda que modesta, aos estudantes, professores, administradores, contadores, postulantes de cargos gerenciais e estudiosos em geral é que nos motivou para a elaboração do presente texto. As mesmas preocupações que norteiam a nossa ação como contadores, assessores e consultores de empresas, além de docentes na matéria, nos levaram à elaboração deste livro. Nessas atividades, temos a missão de "garimpar" dados e transformá-los em informações rápidas e seguras para bem assessorar as empresas. Como professores, nossa missão não é muito diferente: devemos transferir nossas habilidades para aqueles que pretendem exercer bem a atividade de contadores, administradores e engenheiros. Em ambos os casos, conjugamos a experiência do trabalho em diversas empresas com os estudos acadêmicos e pretendemos moldar os estudantes para o bom exercício profissional.

Almejamos transferir aos estudantes de Administração, Contabilidade, Engenharia de Produção, entre outros, o material necessário para que eles possam ter o devido conhecimento de custos de maneira agradável e cativante.

Ademais, esta obra pretende levar aos seus leitores uma análise crítica de todos os elementos teóricos nele considerados e ainda, com os exemplos nele contidos, dar uma sustentação prática para os problemas diários que ocorrem nas empresas.

Temos forte esperança de conseguir este objetivo.

Sempre tendo em mente a disciplina Custos, nos cursos de Ciências Contábeis, Economia, Administração, Engenharia, entre outros, apresentamos uma metodologia simples e didática, que possa permitir aos professores o encontro do material teórico e prático de maneira agradável e sequencial.

Cada capítulo apresenta uma série de exemplos práticos resolvidos e propõe testes de fixação e exercícios. Os estudos de casos são apresentados nos capítulos que julgamos de maior relevância. Tanto os exemplos como os testes, exercícios e estudos de casos servem para a fixação dos conceitos apresentados.

O livro está dividido em três partes. Na Parte I, que compreende os Capítulos 1 a 7, são apresentados os elementos estruturais de custos e alguns conceitos básicos que deverão nortear o leitor.

A Parte II da obra é constituída pelos sistemas e métodos de custeio, pelo fato de merecerem uma atenção especial. Essa parte abrange os Capítulos 8 e 9.

Finalmente, na Parte III, estão contemplados os elementos necessários para uma boa focalização sobre a formação do preço de venda e suas influências no resultado das organizações. Essa Parte III abarca os Capítulos 10 a 12.

Os capítulos foram apresentados de maneira que os docentes possam desenvolver os temas abordados, dentro das cargas horárias disponíveis das aulas.

O Capítulo 1 faz referências aos aspectos fundamentais de qualquer organização e efetua uma comparação entre a contabilidade financeira e a contabilidade gerencial.

No Capítulo 2, estão contidos os conceitos referentes aos gastos. Esse capítulo é essencial para o entendimento de todo o restante do livro, uma vez que nele estão considerados os elementos que norteiam a estrutura do trabalho e o aprendizado sobre custos.

O Capítulo 3 classifica os custos e faz considerações sobre os termos técnicos fundamentais.

Um estudo bem estruturado sobre materiais e estoques está contemplado no Capítulo 4.

A abordagem da mão de obra é apresentada no Capítulo 5.

Nos Capítulos 6 e 7, estão os elementos necessários para entender os critérios de rateio dos custos indiretos e a departamentalização destes, respectivamente.

O Capítulo 8 apresenta um estudo sobre os sistemas de custeio, tanto por ordem de produção como por processo.

No Capítulo 9, estão contidos os métodos de custeio por absorção, variável, padrão e ABC.

Enquanto o Capítulo 10 apresenta uma análise pertinente ao tema custo-volume--lucro, o Capítulo 11 faz referência aos métodos de mensuração das funções de custo.

Finalizando, o Capítulo 12 tem a preocupação de estudar a formação dos preços de venda, com base em todos os elementos apresentados nos capítulos anteriores.

PARTE I

Elementos Estruturais de Custos e Conceitos Básicos

PARTE I

Elementos Estruturais de Custos e Conceitos Básicos

1
FUNDAMENTAÇÃO

1.1 Considerações iniciais

A teoria econômica sempre levou em consideração que qualquer sacrifício financeiro deve ser considerado como um custo. No entanto, essa é uma visão própria da economia.

Entretanto, a contabilidade, ao focar os estudos das atividades econômicas, oferece aspectos bem específicos para cada um dos termos que lhe são próprios e que serão abrangidos neste trabalho.

É comum observar as confusões com os termos *custos, gastos, despesas, investimentos* e *desembolsos*. Mesmo na literatura técnica, são encontrados conceitos diferentes para essas palavras. Às vezes, custos são empregados como despesas e vice-versa.

Por outro lado, qualquer empreendimento econômico apresenta dois objetivos fundamentais: o crescimento do seu patrimônio líquido e a manutenção de sua capacidade de arcar com as obrigações e responsabilidades assumidas. O primeiro desses objetivos é conhecido como rentabilidade e o segundo como liquidez. Para tanto, se o empreendimento pretende sobreviver e, mais que isso, crescer, a administração deve se empenhar em obter sucesso em suas funções básicas, que são as de Planejamento, Execução e Controle.

1.2 Planejamento

Planejamento é o ato de preparar trabalhos para qualquer tipo de empreendimento, levando-se em consideração alguns métodos e roteiros. É um processo que considera um conjunto de ações coordenadas, visando atingir certos objetivos.

Na estrutura empresarial, o planejamento é um setor que possui a responsabilidade pela integração das funções da empresa, coordenando os vários departamentos, principalmente os de produção.

Uma das principais fontes de trabalho do planejamento é a estimativa das quantidades de produtos que deverão ser vendidas. Com base nesses volumes, cabe planejar as providências para que eles sejam produzidos no período de tempo exigido.

O planejamento tentará colocar em prática uma estratégia de produção, que considerará a tecnologia disponível para que a empresa possa fabricar, da maneira mais econômica possível, as quantidades que o setor de vendas estima comercializar.

Tomando como base os insumos necessários para a produção, o planejamento passará a um novo estágio dentro das suas funções: a emissão de ordens para programar e movimentar os setores de produção, manutenção, compras e outros.

Portanto, o planejamento industrial é uma atividade de apoio à produção, para que esta atenda, dentro de prazos previstos, às quantidades que o setor de vendas estimou comercializar. Nesse aspecto, o planejamento faz um trabalho que se assemelha, no futebol, a um meio de campo entre o ataque (vendas) e a defesa (produção). O planejamento é que vai ditar as normas de como produzir para melhor atender ao setor de vendas e, consequentemente, aos clientes.

Até aqui, nota-se que é o setor de vendas que fornecerá os fundamentos para que seja elaborado o orçamento.

Assim, o planejamento global abrange a responsabilidade de elaborar o orçamento da empresa.

Esse orçamento é composto por três elementos básicos:

- orçamento operacional;
- orçamento financeiro;
- orçamento de capital.

No orçamento operacional, são efetuados os cálculos referentes à estimativa de vendas, produção, despesas e lucro. Nesse ponto, será atingida a posição patrimonial.

Quando a empresa efetua o orçamento de produção, ela deve levar em consideração os fatores referentes aos materiais que serão usados, à mão de obra direta, aos custos indiretos de fabricação e às variações dos níveis de estoque. Com os dados indicados, a empresa tem condições para orçar os seus custos.

A partir desse momento, podem ser orçadas as despesas de vendas, administrativas e financeiras.

A seguir, é feito o orçamento financeiro, o qual se constitui no orçamento de caixa, que, em essência, é uma cronologia das entradas e saídas de recursos financeiros.

As atividades operacionais não podem ser realizadas sem que a empresa disponha de bens de longa duração, tais como: máquinas, equipamentos, veículos, móveis e utensílios etc. O orçamento de capital é caracterizado pelas estimativas dos bens citados que serão utilizados necessariamente para a elaboração dos itens que a empresa pretende produzir e comercializar.

Portanto, o planejamento é um elemento pelo qual são preparados todos os orçamentos da empresa.

1.3 Execução

Uma vez que todas as atividades da empresa tenham sido planejadas, cabe colocá-las em andamento.

O ponto fundamental é a boa organização (e focalização dos elementos planejados) com que as atividades devam ser executadas.

A função **execução** caracteriza-se pela otimização do fluxo de produção e de custeio, o que reflete na eliminação de perdas, desperdícios e ociosidades.

Em suma, durante a execução dos elementos planejados, a empresa deverá buscar o melhor aproveitamento possível dos recursos disponíveis.

1.4 Controle

O **controle** é a terceira função fundamental da gestão e se constitui no monitoramento da execução das atividades enquanto elas ocorrem.

Sem o controle, o sucesso das duas funções anteriores não pode ser assegurado sob condições normais e conscientes da boa administração. Deve ser analisada a apuração dos desvios entre o que deveria ser atingido e o que realmente ocorreu, ou seja, a identificação das variações entre o previsto e o realizado.

Uma das ferramentas de controle baseia-se na observação dos planejamentos e ocorrências de períodos anteriores. A comparação dos eventos, ocorridos no período em curso com os de períodos anteriores, poderá auxiliar na avaliação do desempenho e na elaboração de novos planos.

A evolução dos sistemas de controle ocorre das observações físicas com relação aos registros históricos e daí para os orçamentos empresariais.

Atualmente, as empresas têm notado que é necessário equilibrar as vantagens obtidas com a livre atuação do planejamento com as do controle. Elas estão percebendo que a livre atuação do corpo gerencial é fundamental para a elaboração do planejamento, no que tange às novas ideias e, principalmente, às tomadas de decisão.

Entretanto, no momento em que o controle é posto em prática, as empresas ficam mais exigentes, uma vez que a disciplina organizacional será um dos fatores importantíssimos para atingir os objetivos propostos pelo planejamento. Para tanto, são tomadas também algumas decisões corretivas. Tais decisões somente podem ser postas em prática com base nas informações de que a empresa dispõe.

Portanto, deverão ser elaborados relatórios que farão parte dos instrumentos que integrarão todo o sistema gerencial. Nesse momento, surge a contabilidade de custos como um mecanismo de processamento de dados e geração de informações que auxiliarão a alta direção.

A propósito, a contabilidade de custos deixou de ser uma atividade executada apenas para fins de determinação de estoques para balanço. Ela vem convergindo para ser usada como elemento de auxílio às decisões, tornando-se um dos instrumentos mais importantes para o desenvolvimento da contabilidade gerencial.

Com o surgimento de técnicas de gestão, em tempos mais recentes, um bom gerenciamento de custos acabou se tornando uma ferramenta imprescindível para as organizações.

A elevada competitividade está exigindo das empresas maior necessidade de que os bens e/ou serviços apresentem níveis elevados de produtividade e qualidade. Esses dois elementos acabam sendo fundamentais para a avaliação do desempenho gerencial.

É indiscutível que o caminho a seguir, para atingir os objetivos de qualquer empreendimento, é reconhecer na contabilidade de custos o papel que naturalmente representa no modelo de gestão.

O seu potencial de eficiência destaca-se como instrumento de apoio às decisões, especialmente nos tempos atuais, em que o ambiente econômico tem como característica a alta competitividade.

Para que se possa fazer um melhor uso dos custos como instrumento de gestão, é importante elaborar uma comparação entre a contabilidade financeira e a contabilidade gerencial, apresentando as similaridades e diferenças entre elas.

1.5 Contabilidade financeira × contabilidade gerencial

Qualquer informação oriunda da contabilidade deve ser específica para um determinado destinatário, não sendo válido nem viável aplicar a uma instituição os procedimentos idealizados para outra.

De qualquer forma, e em qualquer circunstância, existem dois ramos em questão que deverão ser levados em consideração: a contabilidade financeira e a contabilidade gerencial. Essa ramificação ocorre em virtude da multiplicidade de interessados.

No Quadro 1.1, estão destacadas as principais características de cada uma delas.

Quadro 1.1 Principais características da contabilidade financeira e da contabilidade gerencial

Elemento	Contabilidade financeira	Contabilidade gerencial
Usuários	Externos e internos (principalmente externos).	Basicamente internos (administradores).
Relatórios	Balanço Patrimonial e Demonstrações: de Resultados dos Exercícios, das Origens e Aplicações de Recursos, de Mutações do Patrimônio Líquido e do Fluxo de Caixa.	Orçamentos, relatórios de desempenhos, informações sobre resultados previstos e realizados, informações de preços e custos para decisões especiais.
Objetivos dos relatórios	Análise da situação patrimonial e acompanhamento dos investimentos feitos na entidade.	Tomada de decisões, acompanhamento de desempenhos, relatórios para situações especiais e não rotineiras.
Aplicação de normas (restrições e fundamentação teórica)	Sob a observância dos princípios e normas técnicas de contabilidade.	Utilização de disciplinas como a Economia, Finanças, Matemática, Estatística, Marketing, a própria contabilidade e, principalmente, o uso do bom senso.
Temporalidade	Custos históricos (mostram como aconteceram os resultados).	Custos futuros (mostram como são esperados os resultados).
Frequência dos relatórios	Quando forem convenientes ou obrigatórios por dispositivos legais.	Devem ser contínuos para os relatórios rotineiros e, sempre que necessário, para decisões especiais.
Base de mensuração de dados	Monetária sob a moeda corrente.	Mensuração monetária em moedas fortes, correntes e apuração física das quantidades, dos processos etc.

Algumas características desses ramos são interessantes para melhor compreender os propósitos de cada um:

1. A contabilidade financeira visa à empresa como um "todo", ou seja, seu desempenho e evolução. Pode-se intuir que a contabilidade gerencial concentra-se em determinadas partes, tais como: atividades, departamentos, seções, produtos, linhas de distribuição etc.

2. A contabilidade financeira é obrigatória até mesmo por força de lei. A contabilidade gerencial é facultativa: pode ser feita quando a relação custo/benefício for favorável.

3. A contabilidade financeira sofre imposições internas e externas, tais como princípios, normas e dispositivos legais, que podem dificultar a sua utilização em curto prazo. A contabilidade gerencial tem melhores condições para fornecer as informações imediatamente. A informação oportuna é vital para a ação administrativa.

4. A contabilidade financeira enfatiza a precisão em elevado grau. Na contabilidade gerencial, muitas vezes, uma informação aproximada é tão ou mais útil que um informe preciso, desde que prontamente disponível.

5. A contabilidade financeira é basicamente um registro histórico, documentando o "que aconteceu". A contabilidade gerencial utilizará as informações históricas apenas como suporte do que "poderá acontecer". A primeira é retrospectiva e a última, prospectiva.

Em razão dessas peculiaridades, o contador financeiro trabalha sob as restrições impostas pela legislação e normas técnicas de contabilidade, enquanto, cuidando de contabilidade gerencial, o profissional estará livre dessas amarras, obedecendo a outros princípios que não se constituem num corpo institucionalizado.

TESTES

1. Na estrutura empresarial, o planejamento é o setor que se preocupa com:

    A) Orçamento de vendas e de produção da empresa.

    B) Integração das funções da empresa, coordenando os seus vários departamentos.

    C) Coordenação apenas dos trabalhos da alta direção da organização.

    D) Orçamento de custos da empresa.

2. Uma das principais fontes do planejamento empresarial é:

    A) Estimar as quantidades de produtos que deverão ser vendidas.

    B) A disponibilidade de matérias-primas necessárias para a execução da produção.

    C) A coordenação dos esforços da organização na execução do planejamento.

    D) Estimar os custos e despesas da organização.

3. A fase de execução dos elementos planejados tem como principal tarefa:

    A) Monitorar as tarefas previstas enquanto elas ocorrem.

    B) Comparar o comportamento da empresa perante os fatos ocorridos em anos anteriores.

    C) Buscar o melhor aproveitamento possível dos recursos disponíveis.

    D) Projetar as despesas da empresa.

4. Uma das mais importantes funções do controle é:

    A) Organizar e focalizar os elementos planejados.

    B) Estimar os bens que serão utilizados para a elaboração da produção e comercialização.

C) Apurar os desvios entre o que deveria ser atingido e o realmente ocorrido.

D) Estimar a valorização das despesas.

5. Os usuários da contabilidade financeira são os elementos:

   A) Externos e internos.

   B) Somente os internos.

   C) Somente os externos.

   D) Somente a alta direção.

6. As informações de preços e custos dos produtos deverão estar contidas:

   A) Nos relatórios da contabilidade financeira.

   B) Nos relatórios da contabilidade gerencial.

   C) Em ambos os relatórios.

   D) Nos relatórios estratégicos.

2
TERMINOLOGIA EM ESTUDO

2.1 Considerações iniciais

Este tópico faz considerações sobre alguns termos que serão abordados no decorrer deste livro e que são utilizados pelos profissionais da área de custos.

Afinal, o que vêm a ser Gasto, Custo, Despesa, Investimento, Desembolso, Perda e Desperdício? Muitas vezes, esses termos são utilizados como sinônimos.

No entanto, quando se aprofundam estudos sobre o gerenciamento empresarial, deve ser feita uma distinção criteriosa entre essas palavras.

A própria gestão das empresas e os métodos contábeis exigiram que fossem criados conceitos específicos para cada termo.

Esses conceitos começam a ser estudados a partir de agora.

Desembolso: em uma situação pessoal, o desembolso significa retirar dinheiro do bolso. Contudo, na linguagem empresarial, a palavra *desembolso* tem o significado de extrair um montante do caixa para pagar algo que a empresa adquiriu, seja um bem ou serviço.

Nesse sentido, desembolso é todo valor que a empresa paga resultante da aquisição de um produto ou serviço. Esse desembolso poderá ocorrer antes, no ato ou posteriormente às aquisições, dependendo da forma em que foi contratado.

2.2 A "família" gastos

Gasto é a aquisição de um bem ou de um serviço que vai originar um desembolso da empresa. Normalmente, esse desembolso é representado pelo pagamento. Observe-se que o gasto somente se concretiza quando os bens adquiridos passam a ser de posse da empresa. O gasto ainda poderá ocorrer de maneira involuntária, como é o caso de perdas ou desperdícios.

A partir do momento em que o gasto vai gerar um desembolso para a empresa, o seu conceito acaba ficando muito abrangente.

Devido à sua grande amplitude, os gastos são classificados em alguns elementos fundamentais para o entendimento deste livro: custo, despesa, investimento, perda e desperdício (veja Figura 2.1).

```
                    GASTO
    ┌──────┬────────┬────────┬──────────┐
Investimento  Custo  Despesa  Perda  Desperdício
```

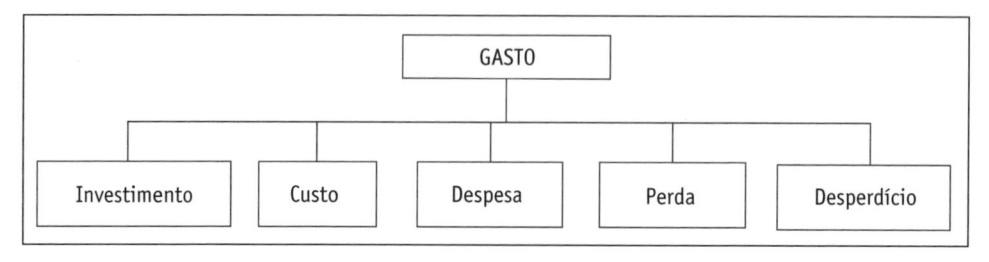

Figura 2.1 Elementos fundamentais dos gastos

A partir de agora, será conceituado cada um dos elementos que pertencem à "família" gastos.

2.2.1 Investimento

É todo gasto ocorrido na aquisição de bens que serão estocados pela empresa até o momento da sua utilização, isto é, do seu consumo.

Também são considerados investimentos os valores que a empresa gasta na aquisição de bens patrimoniais, como máquinas, equipamentos, instalações etc. Observe que, nesse caso, os investimentos sofrem depreciações, as quais se caracterizam como a desvalorização pelo uso, obsolescência e outras razões.

Uma característica natural do ponto de vista da empresa que efetua investimentos é a esperança de que eles proporcionem retorno para a instituição. Isso significa que, em algum período de tempo, o valor investido deverá retornar à empresa.

No caso da compra de matérias-primas, a empresa sempre estará pensando no retorno dessa aquisição, a partir do momento que vender os produtos acabados fabricados com as matérias-primas adquiridas.

Quando ocorrer um investimento em máquinas, equipamentos ou até mesmo em imóveis, a instituição deverá ter feito estudos referentes às vantagens proporcionadas pelos investimentos adquiridos, cujo retorno, sem dúvida, espera-se que ocorra a partir de determinado momento.

São alguns exemplos de investimentos:

- compra de um imóvel para utilização pela empresa;
- aquisição de móveis e utensílios;
- compra de matéria-prima, que será estocada antes do seu uso pela produção;
- aquisição de máquinas e equipamentos para a empresa.

2.2.2 Custo

É todo gasto que representa a aquisição de um ou mais bens ou serviços usados na produção de outros bens e/ou serviços. Observe que o custo somente ocorre na atividade produtiva, constituindo-se, dessa forma, em elemento inerente ao processo de produção da empresa.

Portanto, custo significa o valor monetário de recursos utilizados no processo de obtenção ou de elaboração de determinado bem ou serviço.

Dessa forma, é fundamental que se tenha em mente que os gastos que não se relacionam com a produção nunca poderão ser considerados ou computados como custos. Assim, só devem ser incluídos no custo dos produtos ou serviços os insumos necessários à elaboração desses elementos, isto é, sem os quais seria impossível produzi-los.

A título de exemplo, são considerados custos os seguintes gastos:

- matéria-prima utilizada no processo produtivo;
- salários, encargos e benefícios sociais da mão de obra que trabalha na fábrica;
- aluguel da fábrica;
- depreciação das máquinas e equipamentos referentes à produção.

2.2.3 Despesa

É um gasto em que a empresa incorre para manter a sua estrutura organizacional e, também, visando à obtenção de receitas.

Uma característica das despesas é que elas são reconhecidas apenas no momento do seu uso, ou seja, na ocorrência do fato gerador.

Exemplos de despesas:

- aluguel do escritório central;
- seguro do imóvel da filial de vendas;
- salários, encargos e benefícios sociais do pessoal administrativo;
- iluminação do escritório central;

- bonificações (leve 3 e pague 2);
- comissões sobre vendas.

No Capítulo 3, será apresentada a classificação das despesas, em que se observa que todo encargo financeiro deve ser considerado como tal.

2.2.4 Perda

É todo gasto no qual a empresa incorre quando certo bem ou serviço é consumido de maneira anormal às suas atividades, como inundações, incêndios, greves etc.

2.2.5 Desperdício

É um gasto que a empresa apresenta pelo fato de não ocorrer o aproveitamento normal de todos os seus recursos. A título de exemplo:

- uma produtividade menor que a normal;
- vendedor com tempo ocioso após cumprir sua quota de vendas.

Observe que o desperdício não é identificado de maneira imediata por parte da empresa. Somente com bons controles ele poderá ser diagnosticado.

2.2.6 Esquemas

Uma empresa que produz e vende qualquer tipo de produto apresenta um desenho geral, em que os gastos podem ocorrer nas diversas formas, como apresentados anteriormente.

A partir de agora, serão apresentados esquemas que auxiliarão o leitor a visualizar onde cada um dos gastos pode se situar.

Nota-se que no lado esquerdo dos esquemas, a seguir, estão desenhados os departamentos principais da empresa e, no lado direito, encontram-se os tipos de gastos que estão direcionados para cada um desses departamentos, isto é, onde eles poderão ocorrer.

Esquema 1 – Ocorrência dos custos

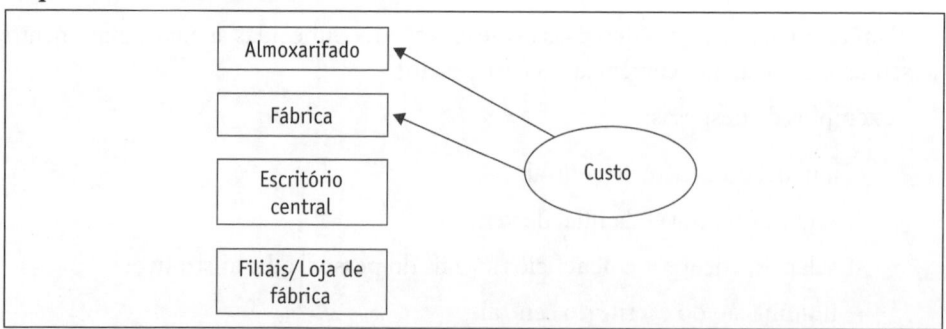

No Esquema 1, verifica-se que os custos ocorrem na área produtiva da empresa, isto é, na fábrica, ou ainda fora dela, no caso de inspeção de materiais ou terceirização.

Esquema 2 – Ocorrência de despesas

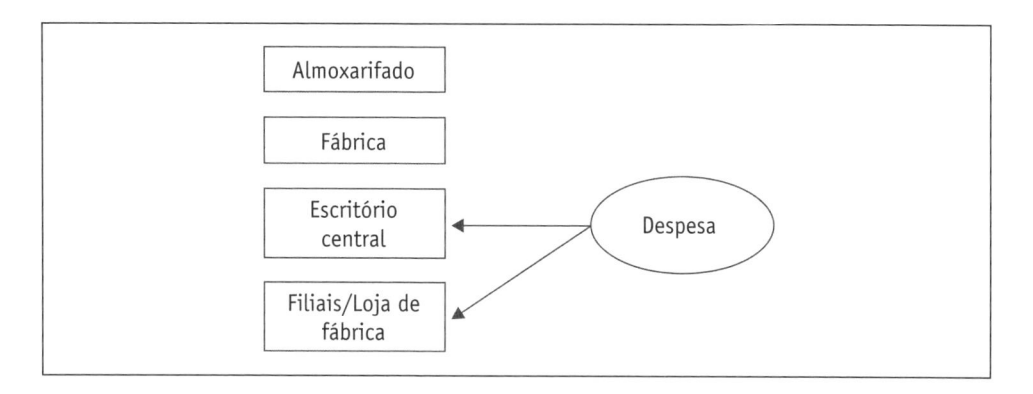

```
┌─────────────────────────────────────────────────┐
│   ┌──────────────┐                              │
│   │ Almoxarifado │                              │
│   └──────────────┘                              │
│   ┌──────────────┐                              │
│   │   Fábrica    │                              │
│   └──────────────┘                              │
│   ┌──────────────┐         ╭──────────╮         │
│   │  Escritório  │ ◄─────  │ Despesa  │         │
│   │   central    │         ╰──────────╯         │
│   └──────────────┘                              │
│   ┌──────────────┐                              │
│   │Filiais/Loja de│ ◄───                        │
│   │   fábrica    │                              │
│   └──────────────┘                              │
└─────────────────────────────────────────────────┘
```

No Esquema 2, nota-se que as despesas só ocorrem na área compreendida pelo escritório central e pelas filiais ou loja de fábrica. Isso é lógico, uma vez que esses setores, além de contribuírem para a obtenção das receitas da empresa, apresentam gastos para a sua própria manutenção.

Esquema 3 – Ocorrência dos investimentos

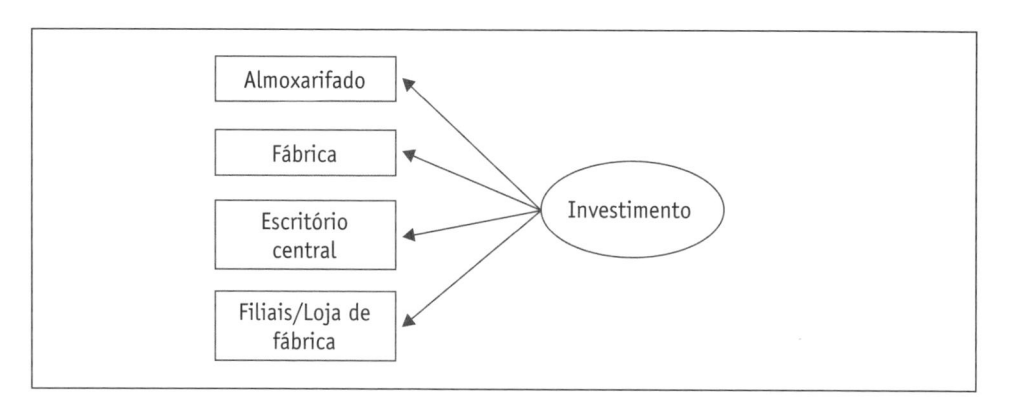

```
┌─────────────────────────────────────────────────┐
│   ┌──────────────┐ ◄──                          │
│   │ Almoxarifado │    \                         │
│   └──────────────┘     \                        │
│   ┌──────────────┐ ◄──  \                       │
│   │   Fábrica    │       ╭──────────────╮       │
│   └──────────────┘ ◄──── │ Investimento │       │
│   ┌──────────────┐       ╰──────────────╯       │
│   │  Escritório  │      /                       │
│   │   central    │     /                        │
│   └──────────────┘ ◄──                          │
│   ┌──────────────┐                              │
│   │Filiais/Loja de│                             │
│   │   fábrica    │                              │
│   └──────────────┘                              │
└─────────────────────────────────────────────────┘
```

Por meio do Esquema 3, pode-se observar que os investimentos podem ocorrer em qualquer área da empresa. A título de exemplo, ela poderá adquirir equipamentos ou instalações para qualquer setor e, consequentemente, gerar investimentos.

Esquema 4 – Ocorrência de perdas

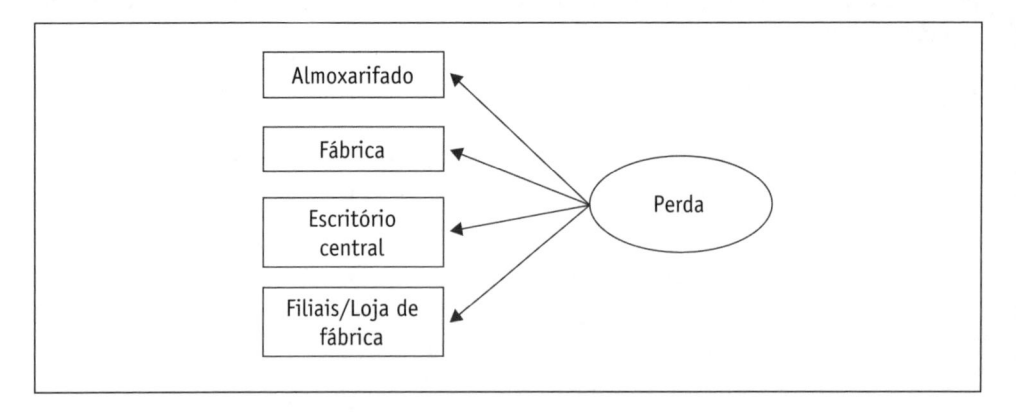

```
Almoxarifado  ←┐
Fábrica       ←┤
Escritório    ←┤── Perda
central       ←┤
Filiais/Loja de ←┘
fábrica
```

No Esquema 4, constata-se que as perdas também podem ocorrer em qualquer área da empresa. A título de exemplo, ela poderá sofrer uma enchente ou um incêndio em algum setor e, como consequência, ocorrer a respectiva perda.

Esquema 5 – Ocorrência de desperdícios

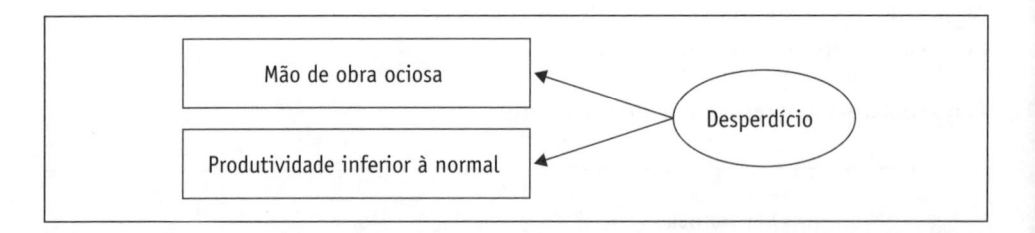

```
Mão de obra ociosa           ←┐
                              ├── Desperdício
Produtividade inferior à normal ←┘
```

No Esquema 5, identifica-se que o desperdício acontece quando não se atinge o que poderia ser obtido normalmente. Assim, gasta-se mais do que o necessário. Importante ressaltar que o desperdício também pode ser constatado em qualquer área da empresa. Ele se apresenta de maneira oculta, insidiosa, sem que se perceba imediatamente a sua ocorrência.

TESTES

Assinale a resposta exata:

1. A aquisição de matérias-primas e de componentes de fabricação será considerada:
   A) Custo.
   B) Investimentos.
   C) Despesas.
   D) "A" e "C" estão corretas.

2. É correto afirmar que custo pode ser definido como:

   A) Todo e qualquer gasto incorrido pelo empreendimento.

   B) Todos os gastos incorridos na administração.

   C) Todos os gastos necessários à obtenção de um bem ou serviço.

   D) Todos os gastos incorridos na ampliação de um depósito para matérias-primas.

3. Contêm somente despesas:

   A) Publicidade, iluminação da loja e depreciação de máquinas fabris.

   B) Remuneração do diretor de marketing, juros de financiamentos de matérias-primas e fretes de entrega de produtos acabados.

   C) Aluguéis de fábrica, consumo de energia da contabilidade e fretes de compras de matérias-primas.

   D) Seguros do estoque de produtos acabados, juros bancários e imposto predial da fábrica.

4. Em uma situação de produção ocorreu a quebra de uma máquina. Os gastos com os reparos atingem $ 10.000. Assim, pode-se dizer que:

   A) A empresa sofreu perdas de $ 10.000.

   B) A empresa incorreu em investimentos de $ 10.000.

   C) A empresa sofreu custos de $ 10.000.

   D) A empresa incorreu em desperdício de $ 10.000.

5. Uma determinada matéria-prima sofre, por sua natureza física, evaporação de 10% no seu volume. Assim, o valor correspondente ao volume evaporado deve ser considerado:

   A) Uma perda.

   B) Um investimento.

   C) Uma despesa.

   D) Um custo.

6. Uma empresa se propõe a entregar seus produtos ao cliente. Com isto gasta 2% de suas vendas com o frete. Pode-se então dizer que o frete:

   A) É um custo.

   B) É uma perda.

   C) É uma despesa.

   D) É um investimento.

7. Contêm somente custos:

    A) Remuneração do pessoal que opera máquinas e remuneração do motorista de entregas de produtos acabados.

    B) Remuneração do supervisor da fábrica e seguros do estoque de produtos acabados.

    C) Remuneração do apontador de produção e remuneração do encarregado de controle de qualidade.

    D) Remuneração do pessoal do almoxarifado e remuneração do motorista da diretoria.

8. Em determinada empresa foram produzidos certos bens sujeitos ao controle governamental. Um lote produzido e estocado foi recusado pelo Governo e, portanto, não pode ser vendido. Assim, o lote se constitui:

    A) Em desperdício de recursos a ser computado no custo dos demais produtos.

    B) Em despesa a ser computada no resultado.

    C) Em custo de produção.

    D) Em perda a ser computada no resultado.

9. Os gastos com a inspeção de matérias-primas no ato da aquisição e a manipulação de matérias-primas no depósito devem ser considerados:

    A) Custo e despesa, respectivamente.

    B) Despesa e custo, respectivamente.

    C) Custo e custo, respectivamente.

    D) Despesa e despesa, respectivamente.

10. Referem-se somente a despesas derivadas diretamente de vendas:

    A) Fretes de compras de matérias-primas, iluminação da loja e comissões de vendedores.

    B) Salários dos operários, Serviço de Atendimento ao Consumidor (SAC) e propaganda.

    C) Comissões de vendedores, fretes de entregas de produtos acabados e bonificações.

    D) Gastos com confecção de talonários de notas fiscais, ICMS gerado pelas vendas e depreciação das máquinas fabris.

EXERCÍCIOS

1. Classifique os seguintes Gastos em Investimentos (I), Custos (C), Despesas (D), Perdas (P) e Desperdícios (DP).

Item	Gasto	Classificação
1.	Aquisição de um computador para o departamento de vendas	
2.	Frete de entrega de produtos vendidos	
3.	Contratação de seguro para o escritório central	
4.	Danificação de matérias-primas decorrente de incêndio	
5.	Operação "tartaruga" pelos operários	
6.	Tarifa de emissão de talões de cheques	
7.	Salários do pessoal da produção	
8.	Compra de matéria-prima	
9.	Juros de financiamento relativos à compra de matérias-primas	
10.	Máquina desregulada, provocando lentidão na produção	
11.	Consumo de energia elétrica relativo às instalações industriais	
12.	Salários do pessoal de vendas	
13.	Interrupção da produção devido a greves	
14.	Iluminação referente ao escritório de vendas	
15.	Refeições do pessoal da fábrica	
16.	Indenização por dano moral à funcionária da produção	
17.	Embalagens usadas no decorrer do processo produtivo	
18.	Depreciação de móveis da área comercial e administrativa	
19.	Depreciação de equipamentos de produção	
20.	Fretes e carretos sobre matérias-primas para estoque	
21.	Multa de trânsito do veículo do gerente de vendas	
22.	Brindes e presentes aos clientes	
23.	Embalagem utilizada na loja de fábrica	
24.	Bolsa-auxílio para funcionários da tesouraria	

2. Calcule os valores dos Investimentos, Custos, Despesas e Perdas referentes ao quadro de gastos que segue.

Gastos	Saldos – $	Investimentos	Custos	Despesas	Perdas
Aquisição de matérias-primas	12.000				
Depreciação de equipamentos fabris	1.500				
Assistência técnica pós-venda	400				
Juros de financiamentos	2.500				
Salários e encargos do pessoal da produção	7.000				
Seguro da fábrica (apropriação)	800				
Dias parados por incêndio na fábrica	500				
Consumo de material de escritório pela Tesouraria	250				
Publicidade e propaganda	750				
Aluguel da fábrica	1.500				
Energia elétrica da fábrica	1.800				
Salários dos encarregados da produção	3.000				
Adicional de insalubridade (na fábrica)	160				
Depreciação dos veículos de entregas	800				
Matéria-prima utilizada na fábrica	8.400				
TOTAL	41.360				

3. Calcule os valores dos Investimentos, Custos, Despesas e Perdas referentes ao quadro de gastos que segue.

Gastos	Saldos – $	Investimentos	Custos	Despesas	Perdas
Aluguel do escritório	1.000				
Jornais e revistas da Diretoria	240				

(continua)

(*continuação*)

Gastos	Saldos – $	Investimentos	Custos	Despesas	Perdas
IPTU da fábrica (apropriação)	600				
Honorários de advogados	450				
Treinamento do pessoal de vendas	800				
Publicidade da empresa	500				
Consumo de combustível dos veículos de entrega	650				
Peças refugadas (com defeitos irrecuperáveis)	260				
ICMS sobre compra de matérias-primas	1.800				
Equipamento de proteção individual utilizado pela produção	400				
Consertos e reparos dos equipamentos da produção	1.700				
Fretes de entregas	60				
Uniformes do pessoal de vendas	380				
Multas trabalhistas	300				
TOTAL	9.140				

ESTUDO DE CASO

Em uma certa manhã, o Diretor de Produção da Fábrica de Bicicletas TOM-BO-BOM Ltda., ao chegar na empresa, pediu para o Encarregado de Pintura dirigir-se à sua sala.

Ele solicitou ao Encarregado que indicasse um bom profissional de pintura para pintar os portões de sua residência.

Nesse mesmo dia, os operários do setor de pintura estavam ociosos, uma vez que, ao requisitar os galões de tinta do almoxarifado, verificaram que os mesmos estavam apresentando uma coloração diferente da especificada na embalagem. Constatou-se que o prazo de validade havia expirado.

Prontamente, foi solicitado ao departamento de compras que providenciasse a troca ou então a compra de outros galões o mais breve possível.

Os galões não puderam ser trocados, pois a empresa fornecedora apurou irregularidades no armazenamento dos mesmos e ainda advertiu que, mesmo estando o produto vencido, ele poderia ser utilizado até cinco meses além do prazo fixado na embalagem.

Por sua vez, o departamento de compras resolveu adquirir os galões de outro fornecedor, pois o setor de pintura precisava desses materiais para voltar às suas atividades normais. Mesmo assim, a entrega dos galões somente seria efetuada na manhã do dia seguinte.

O Encarregado de Pintura indicou o Sr. João ao Diretor de Produção. Ele foi até a residência do Diretor e, no mesmo dia, realizou o serviço e recebeu uma remuneração pelo serviço prestado.

No final do mês, o Gerente de Produção, responsável pela apuração e controle dos custos industriais, solicitou ao departamento de recursos humanos o controle de entrada e saída dos operários, levantou as ordens de produção, bem como as requisições de materiais ao almoxarifado para extrair os gastos com o setor de pintura.

Os apontamentos demonstraram que o Sr. João havia estado fora das dependências da empresa no final da manhã e durante a tarde de certo dia.

Ao pedir explicações para o Encarregado de Pintura, o Gerente de Produção foi informado sobre a solicitação emitida pelo Diretor de Produção e precisaria adotar uma solução no que tange à alocação dos gastos com mão de obra do Sr. João.

Você é o Gerente de Produção.

Perguntas:

Como resolveria o problema sobre a alocação dos gastos referentes ao Sr. João? Explique e fundamente sua resposta, classificando os gastos que ocorreram na ocasião.

E quanto ao caso dos galões de tinta?

3
CLASSIFICAÇÃO DE CUSTOS E DESPESAS

3.1 Considerações iniciais

Antes de estudar o comportamento dos custos, torna-se necessário classificá-los para um melhor entendimento.

Após a classificação dos custos, pode-se ter uma ideia da composição deles, com relação aos bens fabricados, durante as fases da produção.

Com base no Capítulo 2, é de conhecimento que os custos somente se referem aos gastos que a empresa apresenta para realizar a sua atividade produtiva, isto é, para transformar bens ou serviços em outros bens ou serviços.

Para facilitar o processo de entendimento dos custos, eles podem ser classificados com relação aos produtos fabricados e com relação ao volume de produção.

3.2 Classificação dos custos com relação aos produtos fabricados

Quanto aos produtos fabricados, os custos poderão ser valorizados em função de certas medidas de consumo ou ainda de forma arbitrária, como rateios ou estimativas. Esse tipo de classificação é o mais utilizado com relação aos objetos de custo, isto é, os bens e/ou serviços produzidos pela empresa.

No tocante aos produtos fabricados, os custos podem ser classificados em diretos e indiretos.

3.2.1 Custos diretos (CD)

Conforme indica o próprio título, esses custos podem ser apropriados de maneira objetiva aos produtos elaborados, porque há uma forma de medição clara de seu consumo durante a fabricação. A título de exemplo, lembra-se logo das matérias-primas que farão parte integrante do produto final.

Normalmente, a empresa sabe a quantidade exata de matérias-primas que são necessárias para a fabricação de uma unidade de produto. Conhecendo-se o preço de aquisição da matéria-prima, o custo será apropriado diretamente ao produto, como pode ser visto no seguinte exemplo:

Certa matéria-prima custa $ 7,00/kg. A empresa utiliza 1,5 kg dessa matéria-prima para fabricar uma unidade do produto "X". Logo, por meio de um cálculo rápido, sabe-se que o custo dessa matéria-prima será de $ 10,50 para se fazer uma unidade do produto "X".

$$\$\,7/kg \times 1,5\,kg = \$\,10,50$$

Outro caso é o que se relaciona com a mão de obra direta (MOD), que são os custos com os operários ligados diretamente à produção de certo bem e/ou serviço. É o valor que se extrai correspondente aos gastos que a empresa tem com seus trabalhadores diretos. Normalmente, ele é medido pelo tempo que cada operário trabalhou na elaboração do produto e o valor gasto por essa mão de obra.

Como a empresa conhece o valor pago aos seus operários, ficará fácil apropriar o custo da mão de obra aos produtos fabricados por eles. Basta multiplicar esse valor pelo número de horas trabalhadas na fabricação dos seus produtos, como no seguinte exemplo:

Uma determinada empresa gasta $ 6,00 por hora de trabalho com seus operários e estes trabalham durante 150 horas para produzir 3.000 unidades de certo produto. Pode-se afirmar que o custo dessa mão de obra será de $ 0,30 por unidade, como no cálculo que segue:

$$(\$\,6 \times 150\,h) \div 3.000\ \text{unidades} = \$\,0,30/\text{unidade}$$

3.2.2 Custos indiretos de fabricação (CIF)

São todos os custos que necessitam de alguns cálculos para serem distribuídos aos diferentes produtos fabricados pela empresa, uma vez que são de difícil mensuração e apropriação a cada produto elaborado, ou, ainda, é antieconômico fazê-lo. Portanto, são custos apropriados de forma indireta aos produtos.

A título de exemplo citam-se como custos indiretos:

- depreciação dos equipamentos utilizados na fabricação de mais de um produto;
- salário dos chefes de supervisão de equipes de produção;
- aluguel da fábrica;
- materiais de pequeno valor.

A classificação dos custos em diretos e indiretos tem grande serventia no método de custeio por absorção, no qual cada unidade produzida "absorve" os gastos necessários para completá-los, atendendo assim aos princípios e normas técnicas de contabilidade. Esse método será estudado mais profundamente no Capítulo 9, referente a métodos de custeio.

3.3 Classificação dos custos com relação ao volume de produção

A classificação dos custos em função do volume de produção dará ênfase às quantidades elaboradas de cada um dos produtos.

Nesse caso, os custos subdividem-se em custos fixos e custos variáveis.

3.3.1 Custos fixos (CF)

Aqueles cujos valores são os mesmos, qualquer que seja o volume de produção da empresa, dentro de um intervalo relevante. Portanto, eles não apresentam qualquer variação, em função do nível de produção.

O intervalo relevante citado é uma faixa de quantidades abaixo da qual a empresa não tem interesse em produzir e acima da qual não apresenta capacidade produtiva suficiente.

Como exemplos, citam-se:

- aluguel da fábrica;
- IPTU da fábrica;
- depreciação;
- seguros da fábrica.

Todos esses exemplos mantêm seus valores fixos, independentemente da produção.

Graficamente, os custos fixos podem ser representados conforme vemos na Figura 3.1.

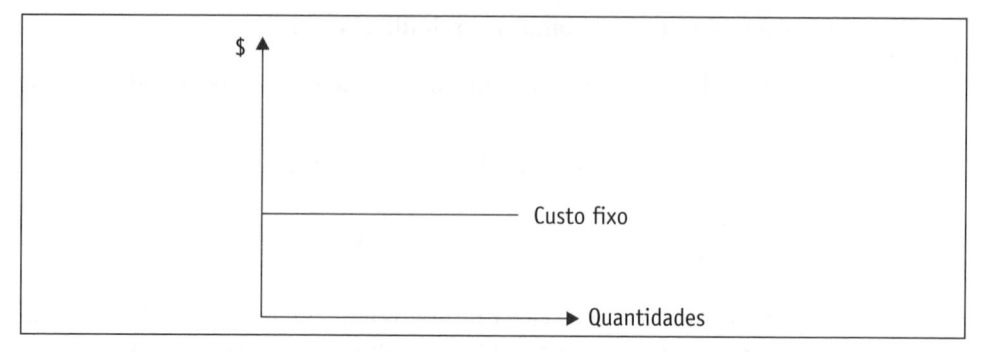

[Gráfico: Custo fixo — linha horizontal paralela ao eixo das Quantidades]

Figura 3.1 Representação gráfica de custo fixo

Nota-se que, em termos gráficos, os custos fixos sempre se comportarão paralelamente ao eixo das quantidades, visto que não apresentam variação, qualquer que seja o volume produzido pela empresa.

Portanto, se uma fábrica de parafusos produzir, em certo período, 40 milhões de unidades ou apenas 5 parafusos, seus custos fixos permanecerão iguais, isto é, não apresentarão qualquer variação, em função do volume fabricado.

Então, pode haver certo questionamento: como apropriar esses custos fixos a cada tipo de produto fabricado pela empresa?

Normalmente, os custos fixos são atribuídos aos produtos elaborados por meio de cálculos (rateios), pois a maioria dos custos é indireta.

3.3.2 Custos variáveis (CV)

São aqueles cujos valores se alteram em função do volume produzido, tais como:

- matéria-prima consumida;
- horas extras na produção;
- mão de obra direta.

Os custos variáveis sempre apresentarão algum grau de variação em função das quantidades produzidas e, por esse motivo, seu gráfico se apresentará conforme ilustrado na Figura 3.2.

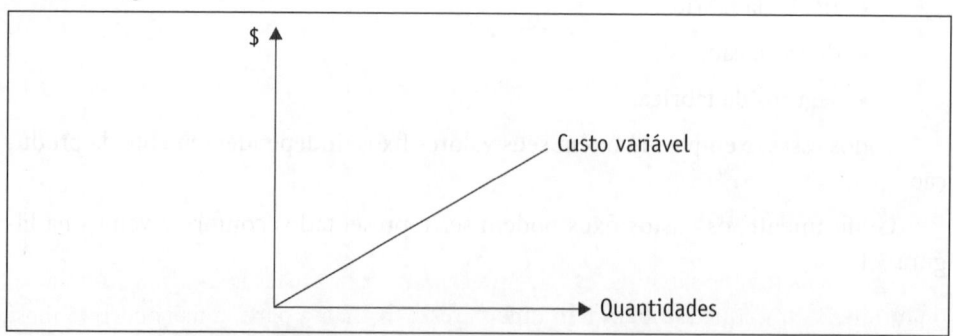

[Gráfico: Custo variável — linha crescente a partir da origem]

Figura 3.2 Representação gráfica de custo variável

Observe-se que, na medida em que as quantidades forem aumentando, os custos variáveis também crescerão, de maneira diretamente proporcional ao volume de produção.

3.4 Custo total (CT)

O custo total (CT) é o resultado do somatório dos custos fixos e variáveis da empresa ou dos custos diretos mais os custos indiretos de fabricação.

O custo total pode ser equacionado da seguinte maneira:

$$CT = CF + CV \text{ ou } CT = CD + CIF$$

A sua determinação gráfica se resume na sobreposição dos custos variáveis aos custos fixos, de modo que a reta do CT será sempre paralela à reta do CV, partindo-se do CF, conforme representada na Figura 3.3.

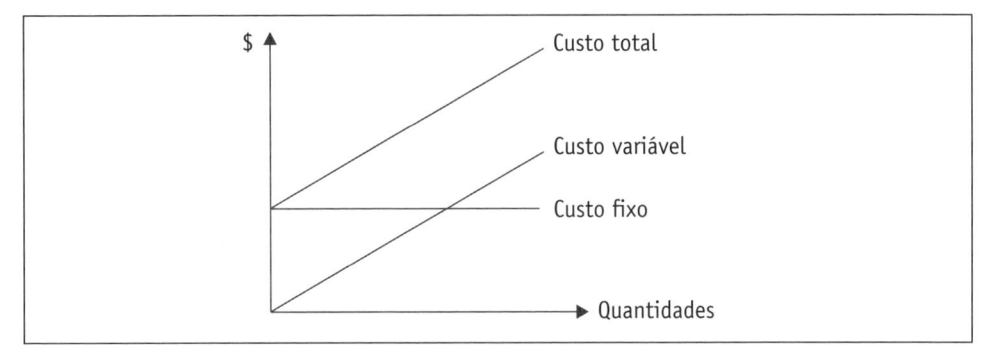

Figura 3.3 Representação gráfica de custo total

Observe-se que, em termos matemáticos, o CT também poderá ser obtido se a empresa conhecer o seu custo variável unitário (Cvu) e as quantidades produzidas.

Tal fato é comprovado da seguinte maneira:

$$CT = CF + CV \quad (1)$$

$$CV = Cvu \times Q \quad (2)$$

Substituindo-se (2) em (1), tem-se:

$$CT = CF + Cvu \times Q$$

3.5 Custos mistos

Os custos mistos são aqueles que apresentam certa variação em função do nível de produção, mas que também têm uma parcela fixa. Essa parcela fixa ocorrerá mesmo que nada seja produzido. A título de exemplo, citam-se:

- energia elétrica da fábrica: a concessionária de energia elétrica cobra uma taxa mínima, mesmo que não haja consumo no período;
- aluguel de copiadora: existe uma parcela fixa (referente ao aluguel da copiadora) e outra que varia em função do número de cópias tiradas;
- combustível para caldeira: varia de acordo com a produção. Porém, quando não se usar a caldeira, haverá um custo mínimo para mantê-la aquecida, porque ela não pode esfriar.

Observe-se que alguns autores utilizam uma nomenclatura, nem sempre correta, para conceituar esses custos mistos. Eles os consideram como semivariáveis ou semifixos.

A própria palavra *semi* significa a metade de alguma coisa. Nesse caso, cabe a crítica de que, se o gasto com a energia elétrica da fábrica for considerado um custo semifixo, pode-se deduzir que metade do custo é fixo, enquanto a outra metade é variável.

É de conhecimento geral que a parcela fixa da conta de energia elétrica é muito pequena, quando comparada à parte variável. Imagine-se uma indústria de cimento que recebe uma conta de energia elétrica de $ 2.000 em certo mês. A parcela fixa é de $ 20, enquanto a parte variável é de $ 1.980. Jamais poder-se-ia afirmar que os custos fixos se constituem na metade da conta.

O mesmo exemplo caberia no caso de aluguel com copiadoras etc.

3.6 Despesas

Como foi visto, as despesas são os gastos que a empresa apresenta para auferir algum rendimento, como vendas e distribuição dos produtos elaborados por ela ou até por terceiros.

As despesas dividem-se em fixas e variáveis.

Elas são consideradas fixas quando apresentam o mesmo valor, qualquer que seja o volume de vendas da empresa.

Nesse caso, exemplificam-se algumas despesas fixas:

- o aluguel de um escritório de vendas;
- o seguro do escritório;
- IPTU do prédio da sua filial.

Também existem certos tipos de despesas que são classificadas como fixas, apesar de não apresentarem o mesmo valor em determinados períodos consecutivos de tempo, mas que assim são classificadas porque ocorrem antes de as quantidades vendidas sofrerem alguma alteração.

É o caso típico dos gastos com publicidade e propaganda. Esses gastos são efetuados para que haja, no futuro, um incremento das quantidades vendidas, que poderá ocorrer a curto, médio ou até a longo prazo. Porém, como essa despesa não ocorre em função da variação das vendas, mas sim para fazer com que elas oscilem para mais, esse gasto é classificado como despesa fixa.

Observe que a grande maioria das despesas administrativas é classificada como fixa.

Outro exemplo de despesas fixas são ainda os gastos financeiros, como juros decorrentes de financiamentos contraídos pela empresa, que deverão ser amortizados durante certo período de tempo em parcelas iguais.

As despesas serão consideradas variáveis quando ocorrerem em função do volume de vendas.

A título de exemplos, têm-se:

- comissões dos vendedores;
- bonificações sobre vendas;
- frete de entrega.

Entretanto, existem exceções representadas por despesas variáveis que podem não ocorrer em função da variação da receita.

É o caso das despesas referentes a descontos de duplicatas. Elas poderão variar no seu montante, uma vez que a empresa efetua ou não esse tipo de operação, o que depende, logicamente, da posição financeira que ela estiver atravessando.

3.7 Custo total e custo unitário

O custo total de produção corresponde a todos os elementos que participaram do processo produtivo. É constituído por materiais usados no processo industrial, mão de obra e custos indiretos.

O custo unitário (Ca) é obtido dividindo-se o custo total pelas quantidades produzidas, sendo representado pela seguinte equação:

$$Ca = CT \div Q$$

Para se obter o Ca, não se deve dividir o CT pelas quantidades vendidas, uma vez que estas normalmente são diferentes das produzidas, com raras exceções, como é o caso de produção por encomenda.

Assim sendo, se uma empresa fabrica 20.000 unidades e vende 15.000 de um determinado bem, apresenta-se:

- custos com materiais diretos (MD) = $ 6.000;
- custos com mão de obra direta (MOD) = $ 1.600;
- custos indiretos de fabricação (CIF) = $ 1.400.

O CT será o somatório desses elementos, isto é, de $ 9.000.

Por outro lado, o custo unitário será o resultado da divisão dos $ 9.000 pelas 20.000 unidades produzidas, isto é, $ 0,45/unidade.

3.8 Custo de produção do período (CPP)

São os custos referentes ao processo produtivo que ocorrem em determinado período de tempo. Portanto, pode-se afirmar que o CPP é o CT que ocorreu em uma semana, um mês, um ano ou em qualquer outro período.

Sua equação básica é a seguinte:

$$CPP = MD + MOD + CIF$$

Onde:

CPP = custo de produção do período;

MD = materiais diretos;

MOD = mão de obra direta;

CIF = custos indiretos de fabricação.

Se não forem considerados os CIF na equação do CPP, tem-se a formulação do custo direto, também denominado custo primário por alguns autores, isto é, aquele que só considera os valores que ocorrem com os materiais diretos e a mão de obra direta e que são assim equacionados:

$$CD \text{ (ou CUSTO PRIMÁRIO)} = MD + MOD$$

De certa maneira, como o próprio nome indica, os custos diretos são aqueles que congregam os elementos específicos que participam na produção de determinado produto.

Pode-se encontrar ainda o conceito de custo de transformação como os valores referentes ao somatório dos custos representados pela mão de obra direta com os custos indiretos de fabricação.

$$\text{CUSTO DE TRANSFORMAÇÃO} = MOD + CIF$$

Nota-se que, nesse conceito, estão excluídos os custos referentes aos materiais diretos, uma vez que estes foram "transformados" em produtos acabados por meio da mão de obra que os manuseou, utilizando os recursos indiretos da fábrica.

Esses conceitos são importantes para a posterior compreensão dos sistemas e métodos de custeio, que serão abordados no decorrer deste livro.

TESTES

1. Os custos diretos são valorizados em função de:

    A) Rateios de acordo com sua participação na produção.

    B) Medidas de consumo durante a fase de fabricação.

    C) Rateios de acordo com o consumo de matérias-primas.

    D) Medidas de consumo dos CIF.

2. Se uma empresa apresentar, em certo período, os seguintes valores:
    - materiais diretos = $ 1.000;
    - mão de obra direta = $ 300;
    - aluguel e iluminação da fábrica = $ 50.

    Pode-se afirmar que:

    A) CD = $ 1.300 e CIF = $ 50.

    B) CD = $ 350 e CIF = $ 1.000.

    C) CD = $ 1.050 e CIF = $ 300.

    D) CD = $ 50 e CIF = $ 1.300.

3. Os CIF são gastos apropriados:

    A) Quando a empresa comercializa seus produtos.

    B) Quando medidos e apropriados a cada produto fabricado.

    C) Quando rateados para serem alocados aos diferentes produtos fabricados.

    D) Quando a empresa é produtora e vendedora.

4. Os custos fixos são gastos que:

    A) Dependem do volume produzido pela empresa.

    B) Não dependem do volume produzido pela empresa.

    C) Dependem das despesas totais da empresa.

    D) Dependem apenas das despesas fixas da empresa.

5. Os custos variáveis são os gastos que:

    A) Dependem do volume produzido pela empresa.
    B) Não dependem do volume produzido pela empresa.
    C) Dependem das despesas variáveis da empresa.
    D) Dependem apenas do volume vendido pela empresa.

6. Nos casos a seguir, aponte qual a alternativa que se enquadra na classificação de custos mistos:

    A) Embalagens e materiais indiretos.
    B) Energia elétrica e telefone da fábrica.
    C) Mão de obra direta e matérias-primas.
    D) Água e material indireto.

7. Diagnosticar qual o grupo de contas que só apresenta despesas variáveis:

    A) Comissões sobre vendas e seguro do escritório de vendas.
    B) Bonificações sobre vendas e comissões pagas aos vendedores.
    C) Aluguel do escritório e bonificações sobre vendas.
    D) Seguro do escritório central e materiais diretos.

8. Determine qual o grupo de contas que só apresenta despesas fixas:

    A) Bonificações sobre vendas e seguro do prédio da filial de vendas.
    B) Aluguel do escritório de vendas e comissão dos vendedores.
    C) IPTU do prédio da filial de vendas e juros de financiamentos.
    D) Aluguel da fábrica e fretes de vendas.

9. Se uma empresa produz 10.000 unidades de certo produto e apresentar os seguintes custos:

    - Materiais diretos = $ 18.000.
    - Mão de obra direta = $ 1.600.
    - Custos indiretos de fabricação= $ 2.400.
    - Qual a alternativa correta que corresponde aos valores de CD, CT e Ca, respectivamente?

    A) $ 19.600; $ 22.000; $ 2,20.
    B) $ 4.000; $ 19.600; $ 1,96.
    C) $ 20.400; $ 1.600; $ 1,96.
    D) $ 22.000; $ 19.600; $ 2,20.

10. Certa empresa apresenta a seguinte situação:
    - MD = $ 40.000.
    - MOD = $ 10.000.
    - CIF = $ 15.000.

    Qual a alternativa correta que corresponde aos valores de CPP e Custo de Transformação, respectivamente?

    A) $ 25.000; $ 50.000.

    B) $ 65.000; $ 55.000.

    C) $ 65.000; $ 25.000.

    D) $ 25.000; $ 65.000.

EXERCÍCIOS

1. Uma empresa de componentes eletrônicos apresentou em um certo mês os seguintes itens:

    Produção = 600.000 unidades.

    CF = $ 20.000.

    CV = $ 80.000.

    Faça os gráficos representativos dos custos fixos, variáveis e total.

2. Em certo mês, uma empresa apresentou a seguinte situação:

    Produção = 400.000 unidades.

    CV = $ 100.000.

    CT = $ 140.000.

    Determine:

    a) O valor do custo fixo.

    b) Representação gráfica dos seus custos.

3. Em um determinado período de tempo, certa empresa apresentou os seguintes dados:

    Produção = 200.000 unidades.

    CF = $ 50.000.

    Cvu = $ 0,80.

    Determine:

    a) O custo variável total.

    b) O custo total.

4. Em certo período, uma determinada empresa fabricante de móveis apresentou os seguintes gastos:

   Materiais diretos = $ 900.000.

   Mão de obra direta = $ 150.000.

   Custos indiretos de fabricação = $ 230.000.

   Determine o CPP.

5. Qual o valor gasto por certa empresa com seus operários, em determinado período, conhecendo-se os seguintes gastos:

   Materiais diretos = $ 650.000.

   Custos indiretos de fabricação = $ 50.000.

   Custo de produção do período = $ 850.000.

6. Qual o valor do custo direto de uma empresa que apresenta:

   Material direto = $ 400.000.

   Mão de obra direta = $ 80.000.

   Aluguel da fábrica = $ 150.000.

7. Qual o valor de materiais diretos gastos por certa empresa que apresenta a seguinte situação:

   Custos diretos = $ 700.000.

   Mão de obra direta = $ 60.000.

8. Qual o custo de transformação de uma empresa que apresenta os seguintes valores:

   MOD = $ 40.000.

   MD = $ 50.000.

   CIF = $ 90.000.

9. Uma fábrica de móveis produz 500 mesas por mês e utiliza os seguintes insumos para essa produção:

Itens	Quantidade	Preço (R$)
Aluguel da fábrica		1.550/mês
Barras de ferro (pés)	2.000 un.	5.000/mês
Energia elétrica da fábrica		600/mês
Madeira	900 m²	32/m²
Ordenado dos operários	8	7,00/hora/operário
Vigia da fábrica	2	1.300/vigia/mês
Supervisor de produção	2	1.600/supervisor/mês
Seguro da fábrica		4.800/ano
Verniz	225 l	1.620/mês

Obs.: Jornada de trabalho = 8 horas/dia; 5 dias/semana; 4,5 semanas/mês

Determine (por unidade produzida):

a) MD.
b) MOD.
c) CD.
d) CIF.
e) CT.

10. Uma fábrica de doces produz 20.000 potes de doce de leite com maracujá por mês e utiliza os seguintes insumos para essa produção:

Itens	Quantidade	Preço (R$)
Aluguel da fábrica		5.000/mês
IPTU da fábrica		4.200/ano
Leite	10.000 l	3,00 litro
Açúcar	5.000 kg	2,00/kg
Ordenado dos operários	12	7,50/hora/operário
Maracujá	20.000 un.	5.000/mês
Supervisor de produção	2	1.600/supervisor/mês
Etiquetas		600/mês
Embalagens (potes)		11.750/mês
Tampa das embalagens (potes)		5.900/mês
Energia elétrica da fábrica		400/mês
Seguro da fábrica		2.400/ano

Obs.: Jornada de trabalho = 8 horas/dia; 5 dias/semana; 4,5 semanas/mês.

Determine (por unidade produzida):

a) MD.
b) MOD.
c) CD.
d) CIF.
e) CT.

11. Uma fábrica de brinquedos produz em certo mês 20.000 ursinhos de pelúcia e utiliza os seguintes insumos para essa produção:

Itens	Quantidade	Preço (R$)
Enchimento de algodão	6.400 kg	2,70/kg
Aluguel da fábrica		2.500/mês
IPTU da fábrica		3.990/ano
Olhos de vidro para os ursinhos	40.000 un.	4.000/mês
Energia elétrica da fábrica		900/mês
Embalagem (caixa dos ursinhos)		20.000/mês
Pelúcia	10.000 m	8,00/metro
Gravata do ursinho		5.000/mês
Ordenado dos operários	30	8,00/hora/operário
Seguro da fábrica		3.240/ano
Linha para costura		2.000/mês
Supervisor de produção	1	2.400/mês

Obs.: Jornada de trabalho = 8 horas/dia; 5 dias/semana; 4 semanas/mês.

Determine (por unidade produzida):

a) MD.
b) MOD.
c) CD.
d) CIF.
e) CT.

ESTUDO DE CASO

ÓLEO DE SOJA MARCA "MUSUK"

1 Diagnóstico da situação atual

A Companhia MUSUK DA SOJA é uma empresa que esmaga grãos de soja e produz derivados desta oleaginosa: óleo enlatado e farelo de soja.

1.1 Esquema de produção

Para que se entenda bem este estudo de caso é necessário certo conhecimento do esquema produtivo para se chegar ao óleo refinado de soja:

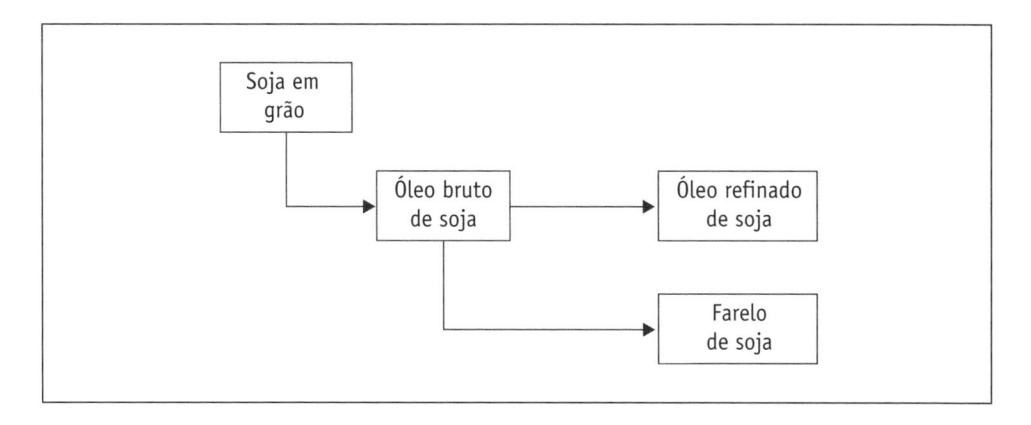

```
┌─────────────────────────────────────────────────────────────┐
│           ┌──────────┐                                       │
│           │ Soja em  │                                       │
│           │  grão    │                                       │
│           └────┬─────┘                                       │
│                │                                             │
│                ▼                                             │
│         ┌──────────┐        ┌──────────────┐                │
│         │ Óleo bruto│──────▶│ Óleo refinado│                │
│         │  de soja  │       │   de soja    │                │
│         └─────┬─────┘       └──────────────┘                │
│               │                                              │
│               │             ┌──────────────┐                │
│               └────────────▶│   Farelo     │                │
│                             │   de soja    │                │
│                             └──────────────┘                │
└─────────────────────────────────────────────────────────────┘
```

1.2 Dados históricos

A empresa iniciou suas atividades em um bairro da cidade de São Paulo, onde compra óleo bruto de soja e efetua o seu refino e enlatamento. O prédio onde se situa a refinaria paulista é alugado por $ 160.000/mês.

Algum tempo depois, comprou uma grande área em Maringá, no Paraná, onde construiu uma fábrica extratora de óleo bruto de soja. Portanto, a MUSUK DA SOJA efetua o esmagamento do grão em sua planta industrial, na cidade de Maringá-PR, onde obtém o óleo bruto e um subproduto, que é o farelo de soja. A partir daí, a empresa deixou de comprar óleo bruto dos seus antigos fornecedores e passou a transferi-lo da sua extratora, situada em Maringá, para a sua refinaria em São Paulo.

No entanto, a sua refinaria está situada em um bairro que se tornou muito populoso na cidade de São Paulo. Os moradores da vizinhança da refinaria têm feito várias representações nos órgãos públicos para que ela fosse retirada do local, uma vez que a fábrica está poluindo demais a região.

Sintetizando: a empresa extrai o óleo bruto de soja, por esmagamento do grão, em sua planta industrial localizada em um bairro afastado de Maringá-PR. O resíduo do grão de soja, após a extração do óleo, é o farelo desse vegetal, o qual é riquíssimo em proteína.

Após a obtenção do óleo bruto de soja, ele é transportado para São Paulo, onde é filtrado, desodorizado, neutralizado e enlatado com a marca MUSUK. Uma vez envasado, ele é embalado em caixas de papelão, com 24 latas em cada caixa.

Por outro lado, o farelo de soja é vendido a granel para as indústrias de ração animal, que retiram o produto na unidade de Maringá. A empresa produz e vende 1.500 toneladas de farelo por mês, proporcionando-lhe um faturamento bruto de $ 225.000, ou $ 0,15/kg.

Mensalmente, a Cia MUSUK DA SOJA extrai 4.500 toneladas de óleo bruto em Maringá. Este óleo bruto é transportado para a sua refinaria, em São Paulo, em caminhões-tanque, cujos fretes somam o valor de $ 100.000/mês. A refinaria consome todo o óleo bruto para transformá-lo em 4.000.000 de latas/mês de óleo comestível. O custo do óleo bruto consumido para fabricar as 4 milhões de latas é de $ 1.200.000.

2 Situação em estudo

A alta direção da Cia MUSUK DA SOJA está estudando a hipótese de construir uma nova refinaria, no terreno que a empresa possui, em Maringá, na sua unidade de esmagamento, e desativar a planta industrial que possui em São Paulo. Com essa operação, ela ficaria livre dos aborrecimentos causados pelo problema da poluição ambiental.

Como as máquinas da refinaria foram recentemente adquiridas, não há necessidade de investir nesses caríssimos equipamentos.

A empresa também contaria com outro grande benefício, constituído pelo não pagamento do aluguel da fábrica em São Paulo, no valor de $ 160.000/mês.

2.1 Gastos da refinaria em São Paulo

Em sua unidade fabril de São Paulo, a Cia MUSUK DA SOJA apresenta os seguintes gastos mensais:

Itens	$/Mês
Matéria-prima	1.200.000
Frete sobre compra de óleo bruto	100.000
Latas	420.000
Caixa de papelão para 24 latas	200.000
Ordenados dos operários	320.000
Honorários da Diretoria Administrativa	100.000
Encargos sociais dos operários	80.000
Salários dos supervisores de produção	160.000
Assistência médica do pessoal administrativo	50.000
Encargos sociais dos supervisores de produção	40.000
Depreciação de máquinas e equipamentos da produção	120.000
Aluguel da fábrica	160.000
IPTU da fábrica	40.000
Salários e encargos do pessoal administrativo	250.000
Energia elétrica da fábrica	80.000
Manutenção do prédio e dos equipamentos da fábrica	60.000
Seguro da fábrica	64.000
Custos de apoio à produção	80.000
Salários dos vendedores	260.000
Comissões dos vendedores	60.000
Bonificações sobre vendas	40.000
Fretes de vendas	80.000
Aluguel e seguro das filiais de vendas	120.000
Propaganda da marca MUSUK	320.000

2.2 Preço de venda do óleo enlatado Musuk

O óleo enlatado MUSUK é vendido a $ 2,80/lata aos seus clientes.

2.3 Faturamento bruto da empresa

Mensalmente, a empresa MUSUK DA SOJA apresenta um faturamento bruto de $ 11.425.000, sendo $ 225.000 representados pelo farelo de soja e $ 11.200.000 pelo óleo MUSUK.

2.4 Quadro de resultados do óleo MUSUK

Faça um Demonstrativo de Resultados da situação atual do óleo enlatado MUSUK, abrindo os seus custos em diretos e indiretos e as suas despesas em fixas e variáveis.

Itens	$
Faturamento Bruto	
(−) Custo Total	
(−) Custos Diretos (−) Custos Indiretos	
= Lucro Bruto	
(−) Despesas Totais	
= Lucro Operacional	

2.5 Situação proposta

Após vários estudos, a alta direção da empresa MUSUK DA SOJA definiu que a produção de 4.000.000 latas não deverá ser alterada. Contudo, consultando os vários níveis gerenciais, a direção notou que, com a mudança da refinaria para Maringá, alguns dos seus gastos passariam a sofrer alterações, enquanto outros permaneceriam nas mesmas condições. A seguir, são apresentados alguns indicativos que farão a alta direção da empresa tomar a decisão de mudar ou não a refinaria para Maringá.

A alta direção da empresa decidiu que só mudará a sua refinaria para Maringá se houver uma redução de no mínimo 8% nos custos totais, além de um acréscimo no lucro operacional de pelo menos 2,8%, observando que o total das despesas não poderá ser superior a 9,5% das atuais.

A alta direção da empresa deverá mudar a fábrica para Maringá? Responda justificando com um estudo em valores absolutos ($) e relativos (%) dos custos diretos, CIF, custo total, custo total unitário e despesas fixas e variáveis que a empresa terá com a nova situação em relação à anterior.

Os gastos que sofrerão alterações são os seguintes:

a) Preço das latas: incremento de $ 40.000, devido ao frete que a metalúrgica cobrará pela entrega em Maringá, uma vez que as metalúrgicas fornecedoras de latas situam-se em São Paulo.

b) Ordenados dos operários: haverá uma redução de $ 40.000, uma vez que em Maringá a mão de obra é mais barata do que em São Paulo.

c) Os salários dos supervisores de produção cairão em $ 40.000.

d) Como a unidade fabril de Maringá será de propriedade da Cia. MUSUK DA SOJA, não haverá mais pagamento de aluguel.

e) Os gastos com IPTU em Maringá são inferiores aos de São Paulo, havendo uma redução de $ 8.000.

f) Os gastos com manutenção da fábrica deverão cair de $ 60.000 para $ 48.000, pelo fato de os custos com mão de obra de manutenção serem inferiores em Maringá.

g) Como a fábrica é nova, o seu seguro será reduzido em $ 8.000, pois não há grandes riscos de incêndio.

h) Os fretes para os clientes sofrerão um acréscimo de 100%, provocados pela maior distância que será percorrida para a distribuição do produto.

i) Os honorários da diretoria aumentarão em 50%, por exigência dos diretores devido ao seu deslocamento.

Todos os demais gastos permanecerão iguais em Maringá.

Com as alterações que os gastos sofrerão, como ficará o valor de cada um deles com a nova situação?

4
MATERIAIS E ESTOQUES

4.1 Considerações iniciais

Toda empresa fabricante de algum bem transforma determinados materiais em produtos finais, os quais normalmente permanecem em estoque antes de serem vendidos.

Os materiais são todos os elementos adquiridos pela empresa e servirão para a fabricação dos produtos finais.

Toda empresa organizada se utiliza de algum método para computar o custo dos materiais comprados e, com isso, valorizar o produto elaborado.

Os métodos mais utilizados para se obter o custo dos materiais sempre levam em consideração as quantidades adquiridas e o preço de compra desses materiais. Seja qual for o método usado, as organizações deverão mantê-los atualizados, com base nos pedidos de compra nas faturas referentes às aquisições, nos preços pagos e nas datas em que foram adquiridos.

Por seu lado, os estoques também deverão ser contabilizados de forma criteriosa para que a empresa determine quando eles estão em níveis normais ou situando-se em volumes baixos e perigosos. É notório que, para não sofrerem problemas de continuidade da produção, as organizações procurem manter uma política saudável de estoques e, assim, os materiais sempre estarão disponíveis de forma oportuna para atender às solicitações da fábrica.

4.2 Materiais

Os materiais são os componentes que a empresa adquire para transformá-los em seus produtos finais.

Normalmente, o processo de transformação ocorre na fábrica e, por esse motivo, os materiais são os primeiros elementos de custos a serem estudados. O agente transformador (indústria) manipula os materiais, efetuando a sua transformação em produtos acabados.

O sistema de industrialização, que inclui desde a entrada dos materiais até a saída dos produtos acabados, pode ser apreciado na Figura 4.1.

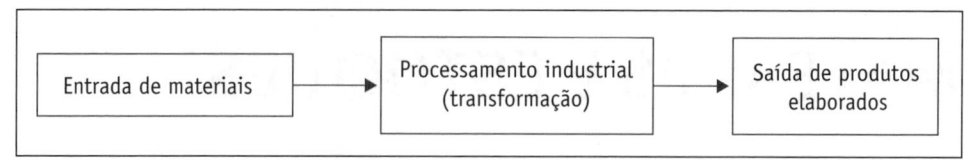

```
Entrada de materiais  →  Processamento industrial  →  Saída de produtos
                         (transformação)              elaborados
```

Figura 4.1 Sistema de industrialização

Portanto, esse sistema pode operar sob a forma de montagem ou transformação de matérias-primas em produtos finais. No caso da transformação, tratando-se de montagem, as partes componentes assumem uma importância que equivale às matérias-primas.

Os bens produzidos por qualquer empresa apresentam sua origem na aquisição de materiais extraídos da natureza. Quando a mão de obra for aplicada a algum material, este se apresentará de maneira "beneficiada", isto é, com algumas características diferentes daquelas de origem.

Os materiais que a empresa adquire ou fabrica, para inserir no processo produtivo, são classificados em:

- matérias-primas;
- materiais secundários;
- materiais auxiliares;
- embalagens.

A seguir, tem-se uma explanação sobre cada um desses elementos.

4.2.1 Matéria-prima

É a substância bruta essencial para a fabricação de alguma coisa. Assim, a matéria-prima é o principal elemento que compõe um produto acabado.

A matéria-prima abrange os bens no estado em que se apresentam na natureza ou semielaborados. Estes representam os insumos dos produtos que se deseja obter e que serão manipulados, processados e transformados.

Como exemplo, tem-se: a argila na fabricação de tijolo, o fio na produção de tecidos e o próprio tecido quando é empregado na produção do vestuário.

Assim, o que define a matéria-prima é o seu estado bruto ou semielaborado. Um mesmo bem pode ser o produto final na tecelagem e matéria-prima na indústria do vestuário. O mesmo ocorre com o lingote de aço; ele é produto acabado na usina de fundição e assume o papel de matéria-prima na indústria de laminação.

4.2.2 Materiais secundários

São aqueles que também participam do produto final, mas não apresentam o mesmo grau de importância da matéria-prima. Exemplifica-se com os botões e a linha que fazem parte integrante de uma camisa, ou os parafusos e a cola que participam de uma mesa.

4.2.3 Materiais auxiliares

São aqueles que ajudam no preparo e na fabricação de determinado produto, mas não fazem parte integrante dele. A título de exemplo, têm-se a graxa e os lubrificantes que conservam as máquinas da produção.

4.2.4 Embalagens

São todos os materiais que envolvem o produto acabado, isto é, sem os quais o produto final dificilmente seria comercializado. Torna-se necessário distinguir aqui os dois tipos de embalagens que podem ocorrer.

4.2.4.1 Embalagens utilizadas na linha de produção

São aquelas aplicadas ao produto como parte do processo de fabricação. Exemplos típicos são: latas de óleo, garrafas de refrigerante, invólucro do café moído, do macarrão etc.

Nesse caso, as embalagens são classificadas como custos.

4.2.4.2 Embalagens de acondicionamento do produto acabado para venda

São aquelas necessárias para o acondicionamento e a preservação das boas condições dos produtos, protegendo-os contra eventuais danos ou acidentes, tanto na estocagem quanto na entrega. Exemplos: o isopor, os sacos plásticos, as caixas de papelão, nos quais serão acondicionados os produtos acabados. Algumas destas são usadas na fase de estocagem e outras no transporte para o cliente.

Considerando que são utilizadas após os produtos estarem prontos, não serão custos, mas despesas de comercialização. É interessante enfatizar que o produto deixa de receber custos com o término do processo no qual foi produzido.

4.3 Classificação dos materiais

Neste estudo, os materiais serão divididos em dois grandes grupos: materiais diretos e materiais indiretos.

4.3.1 Materiais diretos

São recursos econômicos utilizados que podem ser facilmente identificados nos produtos em termos físicos e monetários. Exemplo: em uma camisa, o material direto de sua composição é o tecido do qual ela é composta.

Pode-se verificar, por medição, que, para fazer uma unidade de camisa, a indústria utiliza 1,80 m de tecido ao custo de $ 4 por metro.

Isso dará origem a um valor de $ 7,20 por camisa produzida, a título de material direto.

As características dos materiais diretos são as seguintes:

1. Utilização do material no produto.
2. Identificação direta do material usado no produto.
3. Mensuração objetiva.

Essas características enfatizam os aspectos de associação direta entre o custo dos materiais utilizados com o produto fabricado.

4.3.2 Materiais indiretos

Os materiais são classificados como indiretos quando não for possível, ou não for economicamente viável, a sua identificação no produto de forma objetiva. Exemplo: no caso de uma confecção de camisas, sabe-se a quantidade de botões a serem utilizados. Entretanto, devido à irrelevância do custo dos botões, torna-se antieconômico o controle mais rigoroso, o que leva a considerá-los de forma indireta.

Logicamente, se os botões forem feitos de materiais mais caros que os convencionais, eles farão parte integrante dos materiais diretos.

4.4 Estoques

Os estoques são bens que ficam armazenados na empresa pelo fato de não terem sido utilizados (no caso de materiais) ou comercializados (no caso de produtos acabados). A sobra de matéria-prima na produção de um bem irá se constituir em estoque físico daquele material. Se as vendas de certo período forem inferiores à produção, pode-se afirmar que houve estoque de produtos acabados.

Portanto, o estoque pode ser definido como o volume de bens disponíveis para uma produção futura, tratando-se de materiais que deverão ser transformados. Quando o estoque se refere a bens produzidos, as quantidades não comercializadas correspondem ao estoque de produtos elaborados.

Em qualquer dos dois aspectos, os estoques são os bens que se destinam à posterior comercialização. Eles são sensíveis ao tato e contêm valor intrínseco.

Os estoques representam um dos elementos mais importantes do ativo circulante por sua contribuição fundamental à obtenção dos lucros. Por esse motivo, o seu controle está no centro da gestão financeira.

Daí a necessidade de compreender os detalhes do controle físico, monetário, contábil e, consequentemente, a sua correta avaliação.

Em termos da sua natureza, os estoques são elementos concretos. Uma chapa de madeira, por exemplo, tanto pode ser usada como um insumo na confecção de uma peça de móvel quanto em uma caixa de embalagem, ou mesmo na montagem de uma bancada para uso interno.

A Lei nº 6.404/1976 refere-se aos estoques como os "direitos que tiverem por objeto mercadorias e produtos de comércio da companhia, assim como matérias-primas, produtos em fabricação e bens em almoxarifado".

Ao se referir a "bens do almoxarifado", o conceito legal está tratando daqueles bens que não se caracterizam como principais, no sentido técnico, mas poderão ser secundários ou auxiliares na elaboração do produto.

Muitas vezes, os estoques são de uso específico e não se prestam ao comércio, por exemplo, as vassouras e outros materiais de limpeza, bem como materiais de escritório para uso interno da empresa.

4.4.1 Tipos de estoque

Os estoques poderão estar alocados em um ou mais almoxarifados. Independentemente do local onde eles se apresentam fisicamente, existem vários tipos de estoque:

- estoque de produtos acabados;
- estoque de matérias-primas;
- estoque de materiais auxiliares;
- estoque de materiais em processamento;
- estoque de peças para manutenção e ferramentas.

Os produtos acabados são aqueles que já sofreram algum tipo de transformação e estão prontos para serem comercializados. A título de exemplo, tem-se o pão.

As matérias-primas são aquelas que deverão sofrer algum processo de transformação industrial. Como exemplo, a farinha de trigo para elaborar o pão.

Os materiais auxiliares são aqueles que se prestam para a elaboração do produto acabado, mas não fazem parte integrante dele. Exemplifica-se com os materiais de manutenção para as máquinas que fabricam o pão, material de limpeza etc.

Os materiais em processamento são aqueles que se encontram em fase de produção, mas ainda não foram completamente transformados, como a massa pronta para fabricar o pão.

As peças para manutenção e as ferramentas são elementos necessários para auxiliar na fabricação. No exemplo do pão, estão os estoques de peças para o forno industrial e as respectivas ferramentas.

4.4.2 Características dos estoques

Os estoques podem ser classificados como mercadorias, no caso de uma atividade de intermediação comercial, ou como materiais, no caso de atividade industrial, quando se dedica à transformação e à montagem dos produtos finais.

Sob a luz da teoria da contabilidade, dentre as características observáveis nos estoques, estão:

1. Propriedade e direito de transferência para terceiros acrescidos de margem de lucro.

2. Valor de mercado, determinado em função da demanda.

Normalmente, os estoques são representados pelos seguintes bens:

1. Bens de produção própria ou adquiridos de terceiros

Serão considerados pelo custo de aquisição. Porém, se sofrerem alguma transformação, poderão ser valorizados a preços maiores devido ao valor agregado.

2. Bens recebidos em consignação

Nessa categoria, há uma característica especial pelo fato de os bens recebidos sob essa modalidade estarem em poder da empresa, para serem vendidos. Destes detêm-se a posse e a missão de vendê-los.

3. Bens remetidos em consignação

Estes, enquanto estiverem sob a posse de terceiros, à espera do cliente ou consumidor final, ainda são ativos da empresa. Contrariamente ao item anterior, tem-se a propriedade e, embora em poder de terceiros, a proprietária poderá realizar esforços para comercializá-los.

4. Bens adquiridos em trânsito

Se adquiridos sob a cláusula FOB,[1] já ocorre a propriedade, merecendo da administração os cuidados a que estiverem sujeitos os demais recursos da empresa.

4.4.3 Controle de estoques

O controle é um meio de acompanhar alguma tarefa. Tratando-se de estoque, ele se dá pela valorização e acompanhamento do fluxo físico dos materiais que saem do almoxarifado para a linha de produção.

O objetivo de controlar os estoques é a obtenção do custo unitário de cada material que compõe o produto final. Além disso, esse controle permite atender a necessidade física da produção e também proporcionar condições para otimizar o manuseio e redução de perdas e desperdícios.

Dessa maneira, pode-se obter a melhor margem de lucro por unidade de material empregado no produto.

Os procedimentos de controle de estoques priorizam as suas disponibilidades, dada a facilidade de subtração (furto) ou de mau uso.

Os itens mais comuns incorridos na obtenção do custo unitário são os seguintes:

a) Preço do produto propriamente dito.

b) Gastos que complementam a compra, tais como: fretes, seguros e embalagens descartáveis.

c) Gastos agregados, como: o beneficiamento da madeira para a produção de móveis. Eles deverão ser acrescidos aos custos de aquisição.

Normalmente, não compõem os custos dos materiais diretos aqueles gastos referentes a compra, recebimento, inspeção, manuseio e armazenagem. Isso se explica pelo fato de serem impraticáveis a atribuição, a identificação e a mensuração direta e objetiva desses materiais. Portanto, constituem-se em custos indiretos.

Não devem compor o custo dos materiais os descontos financeiros e os juros incorridos no financiamento da aquisição, pelo fato de que tais gastos decorrem da situação financeira da empresa, e não de material propriamente dito.

Os descontos financeiros podem ser obtidos e aproveitados em decorrência de uma situação favorável de caixa da empresa e não estarem vinculados aos materiais em si.

É bom enfatizar que os juros de financiamentos, decorrentes da compra de matérias-primas, ocorrem em função da incapacidade financeira da empresa, sendo

---

[1] *Free on board*: significa que a compradora é proprietária a partir do momento que o material foi colocado no ponto negociado entre ela e a vendedora.

inadequado incluí-los como custos de aquisição dos materiais. Assim sendo, eles devem ser lançados diretamente como despesas no resultado do exercício.

Não é demais repetir: custo é a soma dos gastos incorridos para que um bem possa ser produzido. Portanto, na determinação dos custos de aquisição dos materiais, somente devem ser considerados aqueles necessários para que eles fiquem em condições de uso.

4.4.4 Avaliação dos estoques

Para a determinação dos custos dos materiais e avaliação dos estoques, há que se preocupar com os seguintes aspectos:

a) com o processo de determinação do custo do material adquirido que ingressou no estoque;

b) com o processo de determinação do custo do material entregue à produção ou até aos clientes pela venda realizada.

Os métodos para a avaliação dos estoques podem ser: contínuo (ou permanente) e periódico.

No método contínuo (ou permanente), a movimentação física será acompanhada pela escrituração contábil: as entradas, modificações e saídas dos estoques recebem os respectivos registros.

No método periódico, a apuração é efetuada de tempos em tempos, mediante o levantamento do inventário, pela aplicação da fórmula apresentada a seguir:

> CONSUMO = ESTOQUE INICIAL + COMPRAS − ESTOQUE FINAL

Fórmulas derivadas:

> COMPRAS = CONSUMO + ESTOQUE FINAL − ESTOQUE INICIAL

> ESTOQUE FINAL = ESTOQUE INICIAL + COMPRAS − CONSUMO

Esse é um método deficiente e pode ser usado apenas em situações nas quais o material apresente um valor irrelevante. Na verdade, não serve como instrumento de controle, mas somente para apurar o valor que estiver faltando no final do período.

Essencialmente, pode-se perceber que o método trata de apurar diferenças após certo lapso de tempo. Ainda que seja operacionalmente mais barato, traz o forte inconveniente de considerar possíveis erros, quebra de estoque e desfalques como se fossem consumos.

Há dois aspectos a serem considerados relativamente aos materiais:

- como avaliá-los nas entradas (que ocorrem de forma contínua);
- quais valores lhes serão atribuídos nas saídas.

Para as entradas, considere-se o conceito básico: o custo de determinado bem será a soma de todos os gastos inerentes à aquisição ou que sejam necessários para se dispor do bem. Por exemplo, na aquisição, pode-se pagar o preço combinado com o fornecedor, incorrendo em gastos com o transporte até o estabelecimento do comprador.

Por outro lado, pode acontecer que a inspeção do material adquirido revele que ele não veio exatamente como combinado com o fornecedor e este concorde em conceder uma redução no preço negociado. Essa redução é conhecida como abatimento sobre o preço de compra.

Portanto, o custo do material será o preço negociado acrescido do frete e reduzido do abatimento.

A título de exemplo: a Companhia ABC adquiriu 100 kg de materiais, com o envolvimento dos seguintes elementos e valores:

Preço pago ao fornecedor (sem impostos)	$ 1.200
Fretes e seguros	$ 50
Abatimentos obtidos (após a formalização da compra)	$ 100

Determinação do custo unitário ($)

Preço pago ao fornecedor (sem impostos)	1.200
(+) Fretes e seguros	50
(–) Abatimentos obtidos	(100)
(=) Custo total	1.150
Custo unitário = 1.150/100 kg	11,50

4.5 Avaliação das saídas

Quando os materiais diretos saírem do almoxarifado para a linha de produção, há que se considerar o seguinte:

a) se os custos de aquisição forem cotados sempre ao mesmo preço, não haverá dúvida sobre o valor dos materiais, uma vez que os preços de compra são constantes;

b) se os custos de aquisição forem diferentes, qual será o valor que deverá ser considerado como saída do almoxarifado para a produção?

Para este último caso, existem alguns métodos que deverão ser estudados. Explicaremos tais métodos nos tópicos a seguir.

4.5.1 PEPS (primeiro que entra, primeiro que sai)

É um pressuposto de que serão utilizadas as unidades mais antigas presentes no estoque.

Nesse método, a saída do material do almoxarifado para a produção será avaliada pelo custo das primeiras aquisições e o estoque final será considerado pelo custo das compras mais recentes. É interessante lembrar que o fluxo de saídas, sob esse pressuposto, tem toda a sua validade em um ambiente de variação geral no nível de preços de aquisições.

A título de aplicação, sugere-se a utilização das operações constantes na Tabela 4.1, sempre levando em consideração a ordem cronológica dos eventos.

Tabela 4.1 PEPS – Planilha com operações

Data	Itens	Qtde. (unidades)	Preço de Compra ($/unidade)
1	Estoque Inicial	1.000	10
18	Aquisição	2.000	13
25	Consumo	1.600	–

DATA	ENTRADAS			SAÍDAS			SALDOS		
	Qtde.	Preço	Valor	Qtde.	Preço	Valor	Qtde.	Preço	Valor
1							1.000	10	10.000
18	2.000	13	26.000				1.000	10	10.000
							2.000	13	26.000
							3.000		36.000
25				1.000	10	10.000	1.400	13	18.200
				600	13	7.800			
				1.600		17.800			
Totais	2.000		26.000	1.600		17.800	1.400		18.200

Por esse método, nota-se que o valor do custo total é $ 17.800, enquanto o saldo do estoque está avaliado em $ 18.200.

4.5.2 UEPS (último que entra, primeiro que sai)

É um método no qual serão utilizadas, em primeiro lugar, as unidades mais recentes presentes no estoque. Nele, as saídas do material do almoxarifado para a produção serão avaliadas pelo custo das últimas aquisições, e o estoque final será considerado pelo custo das compras mais antigas. Ainda nesse caso, também deve ser lembrado que o fluxo de saídas é importante em um ambiente de variação geral no nível de preços, considerando-se a ordem cronológica dos fatos.

Para a sua aplicação, também fica sugerida a utilização das operações constantes no enunciado da Tabela 4.1.

Tabela 4.2 UEPS – Planilha com operações

DATA	ENTRADAS			SAÍDAS			SALDOS		
	Qtde.	Preço	Valor	Qtde.	Preço	Valor	Qtde.	Preço	Valor
1							1.000	10	10.000
18	2.000	13	26.000				1.000	10	10.000
							2.000	13	26.000
							3.000		36.000
25				1.600	13	20.800	1.000	10	10.000
							400	13	5.200
							1.400		15.200
Totais	2.000		26.000	1.600		20.800	1.400		15.200

Por esse método, observe, na Tabela 4.2, que o valor do custo total é $ 20.800, enquanto o saldo do estoque está avaliado em $ 15.200.

4.5.3 CMPF (Custo médio ponderado fixo)

Esse método considera que o estoque inicial e as entradas do período são tratados como se fossem uma única aquisição. Quanto às saídas do período, elas são consideradas como se fossem uma única operação.

Com relação aos dados apreciados, o CMPF apresentará os valores constantes na Tabela 4.3.

Tabela 4.3 CMPF – Dados e valores

Itens	Qtde. (unidades)	$
Estoque Inicial	1.000	10.000
+ 1ª aquisição	2.000	26.000
= Soma	3.000	36.000
– Consumo	1.600	19.200
= Estoque Final	1.400	16.800

Na Tabela 4.3, o valor do estoque inicial é obtido multiplicando-se as 1.000 unidades pelo valor de $ 10.

A primeira aquisição é o resultado de 2.000 unidades multiplicadas por $ 13.

A divisão de $ 36.000 por 3.000 unidades resultará em $ 12 por unidade. Esse é o custo médio que deverá ser considerado para os demais cálculos.

O consumo desse material apresentará um custo total de $ 19.200 ($ 12 × 1.600).

O estoque final será valorizado por $ 16.800 ($ 12 × 1.400).

Apresenta-se, na Tabela 4.4, um resumo dos três métodos.

Tabela 4.4 Resumo dos métodos PEPS, UEPS e CMPF

Avaliação	PEPS	UEPS	CMPF
Custo do material utilizado ($)	17.800	20.800	19.200
Estoque final ($)	18.200	15.200	16.800

Observe-se que o PEPS é o único método aceito pela Legislação do Imposto de Renda da Secretaria da Receita Federal do Ministério da Fazenda.

O CMPF é um método muito utilizado pelas empresas pela sua facilidade de cálculo.

4.6 Impostos e contribuições

Os impostos e contribuições podem ou não integrar os custos dos materiais diretos. Eles podem ser recuperáveis ou não.

Quando recuperáveis, não integram os custos dos materiais diretos, enquanto os não recuperáveis fazem parte integrante dos custos.

Os impostos e contribuições recuperáveis são aqueles que possuem mecanismos de aproveitamento, no momento da venda, dos valores pagos na compra (não cumulativos).

Quanto ao tratamento a ser dado aos impostos e contribuições recuperáveis (ICMS, IPI, PIS e COFINS) na aquisição dos materiais diretos, há algumas situações que merecem atenção:

a) Quando os materiais são onerados por impostos, na compra, e os produtos tributados, na venda, a empresa funciona como intermediária entre o Estado e o cliente/usuário/consumidor final. Nesse caso, os tributos que virão embutidos no preço de compra serão excluídos (a compradora se credita) do preço para se chegar ao custo. Portanto, esses tributos não farão parte dos custos de aquisição.

b) Quando os materiais são tributados na compra e os produtos finais isentos na venda, a empresa não poderá se creditar de tais impostos. Portanto, acabam compondo os custos de aquisição.

c) Quando os materiais são onerados na compra e os produtos finais incentivados na venda, tal como ocorre com os produtos exportados, os preços de venda não conterão esses impostos. Nesse caso, a compradora não se credita de tais tributos compondo os custos dos materiais diretos. Os incentivos fiscais serão tratados como uma receita adicional às vendas incentivadas.

4.7 Custo dos materiais importados

Na modalidade de importação ocorrem diferenças no custo dos materiais quando comparada com as aquisições no mercado interno. Em primeiro lugar, surgem vários gastos próprios dos procedimentos de importação, tanto operacionais como determinados em lei. Além disso, a importação pode ser fato gerador do Imposto de Importação (II) e este não dispõe de mecanismo de crédito ou recuperação, tal como acontece com o ICMS e o IPI. Por essa razão, o Imposto de Importação será parte integrante do custo de aquisição.

Desde 1999, a regulamentação vigente sobre o custo de aquisição de materiais importados prevê que o custo desses materiais deverá levar em conta todos os gastos com transporte e seguro que ocorrerem até o estabelecimento do contribuinte (RIR/1999, art. 289 e seus parágrafos): "O custo de aquisição de mercadorias destinadas à revenda compreenderá os de transporte e seguro até o estabelecimento do contribuinte e os tributos devidos na aquisição ou importação".

No caso de importação de bens, o que deverá ser considerado como custo?

O custo dos bens importados compreende o preço de aquisição acrescido dos gastos incorridos com o transporte, seguro, embalagens descartáveis, com o desembaraço aduaneiro e os tributos gerados (II e IPI vinculado). Na importação de matéria-prima para industrialização, ou de mercadoria para revenda em que o estabelecimento seja industrial ou a ele equiparado, tanto o ICMS quanto o IPI não serão agregados ao custo, pois ambos serão recuperáveis.

Na Tabela 4.5, encontra-se um modelo para possibilitar o cálculo do custo de aquisição de um material importado.

Tabela 4.5 Modelo para cálculo do custo de aquisição

Itens	Valores
Preço FOB	$ 50.000
Frete	$ 8.000
Seguro	$ 2.000
Imposto de Importação	5%
IPI	10%
ICMS	18%
PIS	2,1%
COFINS	9,65%
SISCOMEX[1]	$ 214,50
AFRMM[2]	25% do frete (incl. no frete 8.000)

(1) SISCOMEX = Sistema Integrado de Comércio Exterior
(2) AFRMM = Adicional de Frete para Renovação da Marinha Mercante

Solução:

Preço FOB 30.000

Frete com AFRMM 8.000

Seguro 2.000

Preço CIF 40.000

Imposto de Importação .... 2.000 (5% de $ 40.000)

Valor Acumulado 42.000

IPI 4.200 (10%)

COFINS .... 3.860 (9,65% sobre o CIF)

PIS .... 840 (2,1% sobre o CIF)

SISCOMEX .... 214,50 (valor fixo)

Custo sem ICMS 51.114,50

Como o ICMS integra a sua própria base de cálculo, tem-se:

Custo com ICMS = 51.114,50 / 0,82 = $ 62.334,76

O valor do ICMS será de $11.220,26

TESTES

1. Se uma determinada empresa adquirir 1.000 unidades de matérias-primas para a industrialização, pagando o preço de $ 10.000 ao fornecedor, com o ICMS de 18% no preço, além de $ 1.000 pelo transporte e $ 400 pelo tingimento, o custo unitário será:

    A) $ 11,40.
    B) $ 10,00.
    C) $ 9,60.
    D) $ 6,60.

2. Admita-se a movimentação de estoques em um determinado mês:

    Estoque Inicial de Matéria-Prima (EIMP) $ 5.000 – Estoque Final de Matéria-Prima (EFMP) $ 8.000 – Consumo de Matérias-Primas no mês: $ 12.000.

    Pode-se afirmar que o custo das compras de matérias-primas no período foi:

    A) $ 17.000.
    B) $ 9.000.
    C) $ 15.000.
    D) $ 25.000.

3. A Cia. Alfa deu entrada em seus estoques de 5.000 kg de matérias-primas ao custo de $ 6.000. Considerando que esta matéria-prima foi adquirida com o ônus de ICMS de 18% e IPI de 10%, pode-se afirmar que o preço da compra foi:

    A) $ 7.788,00.
    B) $ 8.048,78.
    C) $ 7.866,67.
    D) $ 8.130,00.

4. Os materiais diretos são elementos...

    A) Dificilmente identificados nos produtos.
    B) Facilmente identificados nos produtos.
    C) Que podem ser confundidos com despesas.
    D) Que podem ser confundidos com investimentos.

5. Os materiais secundários são os que:

    A) Não participam do produto final.
    B) São classificados como despesas.

C) Também participam do produto final, com menor importância do que as matérias-primas.

D) Envolvem os produtos acabados.

EXERCÍCIOS

1. A lanchonete MATA FOME LTDA. faz diversos tipos de lanches. Entre eles, o mais pedido é o Hot Dog. Para sua produção são utilizadas várias quantidades de salsichas. No primeiro mês de atividade ocorreu a seguinte movimentação deste item:

Data	Operação	$/kg
03	Compra de 80 kg de salsicha	3,00
06	Consumo de 30 kg de salsicha	
09	Compra de 20 kg de salsicha	3,20
12	Consumo de 40 kg de salsicha	
15	Compra de 35 kg de salsicha	2,80
18	Consumo de 10 kg de salsicha	
21	Compra de 30 kg de salsicha	3,10
24	Consumo de 25 kg de salsicha	

Com base nestas informações, preencha a ficha de estoques pelos três métodos (PEPS, UEPS e CMPF), bem como o quadro comparativo dos métodos.

2. Preencha a ficha de estoque pelos métodos PEPS, UEPS e CMPF, bem como o quadro comparativo dos métodos de uma empresa que apresenta as seguintes características:

Data	Operação	$/kg
05	Compra de 450 kg de farinha	1,25
12	Consumo de 105 kg de farinha	
15	Compra de 210 kg de farinha	1,15
19	Consumo de 90 kg de farinha	
25	Compra de 300 kg de farinha	1,35
28	Consumo de 265 kg de farinha	
30	Consumo de 200 kg de farinha	

3. Preencha a ficha de estoque pelos métodos PEPS, UEPS e CMPF, bem como o quadro comparativo dos métodos de uma empresa que apresenta as seguintes características:

Data	Operação	$/unidade
10	Compra de 100 janelas	27,50
11	Venda de 70 janelas	
12	Compra de 50 janelas	32,50
13	Venda de 10 janelas	
14	Compra de 100 janelas	37,50
15	Venda de 155 janelas	

4. Preencha a ficha de estoque pelos métodos PEPS, UEPS e CMPF, bem como o quadro comparativo dos métodos de uma empresa que apresenta as seguintes características:

Data	Operação	$/kg
Estoque Inicial	15.000 kg de matéria-prima	15
6	Consumo de 13.000 kg de matéria-prima	
16	Compra de 15.000 kg de matéria-prima	16
19	Consumo de 14.000 kg de matéria-prima	
22	Compra de 15.000 kg de matéria-prima	12
24	Consumo de 16.000 kg de matéria-prima	

ESTUDO DE CASO

A empresa GULO-ZEIMA produz chocolate em pó, em barra e bombons. O seu produto em barras é comercializado em tamanho um pouco menor do que o da concorrência e pesa 80 g.

Os custos diretos do chocolate em barra de 80 g estão apresentados a seguir:

Itens	Custo unitário (em $)
Materiais diretos (cacau, leite, açúcar etc.)	0,85
Embalagens (alumínio e papel)	0,35
Mão de obra direta	0,10

A concorrência tem aproveitado a diferença de peso, com publicidade sobre o tema, e está levando vantagem nas vendas, tomando certa parcela deste mercado, que antes pertencia à GULO-ZEIMA.

A GULO-ZEIMA está estudando a mudança dos equipamentos industriais para alterar o peso do seu chocolate em barras para 100 g e, assim, retomar a parcela de mercado que ela perdeu.

Por meio de estudos, a empresa notou que a aquisição do novo equipamento somente será viável se os custos diretos do produto caírem pelo menos 25%.

Com a mudança da embalagem para 100 g, a empresa deverá apresentar a seguinte situação de valores:

- Materiais diretos: incremento de 25%.
- Embalagens: aumento de 37,14%. Esse aumento é maior do que os 25% esperados porque a fornecedora de embalagens vai apresentar perdas tanto no alumínio como no papel.
- Mão de obra direta: redução de 30%, uma vez que aumentará a velocidade de produção e empacotamento do produto.

Com base nos seus conhecimentos de custos, a empresa deverá ou não investir no novo equipamento que possibilitará a mudança da embalagem para 100 g? (Use apenas duas casas decimais.)

5

MÃO DE OBRA

5.1 Considerações iniciais

A mão de obra é constituída pelo conjunto dos empregados da empresa.

Quando o empregado presta serviços na produção, sua remuneração se constitui em custo para a empresa.

Caso o empregado manipule materiais para transformá-los em bens que serão comercializados, o seu ordenado é classificado como um custo de mão de obra direta (MOD), como é o caso dos operários.

Porém, se o empregado não manusear materiais, mas auxiliar na produção (como supervisores, pessoal que presta serviços de apoio à fabricação etc.), o seu salário representará um custo de mão de obra indireta (MOI).

Assim, a MOD refere-se a todo o pessoal que está intimamente ligado aos produtos fabricados pela empresa, manuseando-os.

Por outro lado, a MOI é constituída por todo o pessoal necessário para o processo industrial, mas que não trabalha diretamente nas unidades de fabricação.

Logo, a mão de obra é classificada, para efeito de custos, em MOD e MOI.

Os custos de mão de obra, tanto direta como indireta, são aqueles incorridos com os serviços prestados por pessoas com vínculo empregatício. O conceito prende-se ao pessoal empregado, com o qual a empresa assume diversos gastos. Alguns são decorrentes da legislação trabalhista e outros surgem de um potencial de benefícios. O custo com a mão de obra, em termos genéricos, compreende a remuneração dos empregados, os encargos legais e benefícios. Neste último caso, apresentam-se como exemplos a moradia em localidades onde for difícil encontrar força de trabalho, instrução para os empregados ou filhos destes e outros. Algo que de início deve ser lembrado: cada empresa insere-se em uma realidade e deve ser analisada como um caso específico.

5.2 Composição do custo da mão de obra

O custo da mão de obra compreende:

- remunerações;
- encargos trabalhistas e sociais;
- assistência médica;
- assistência social;
- seguros e outros gastos decorrentes do vínculo empregatício.

Deve-se entender como custo da mão de obra o tempo efetivamente empregado na produção, apurado mediante apontamento, ponto eletrônico ou ainda qualquer outro meio de que a empresa disponha para tal finalidade.

Os gastos adicionais à remuneração contratual agregam-se ao salário básico do empregado para compor o que deve ser entendido por custo da mão de obra.

A utilização de mão de obra aplicada na produção deve ser controlada e mensurada por meio de "apontamentos" das horas consumidas na fabricação de determinado bem ou serviço.

É importante frisar que, para apurar o custo de cada unidade fabricada de um produto, torna-se necessário dispor de um mecanismo que apure quanto tempo se gastou na produção. Em outras palavras, quanto tempo os empregados estiveram à disposição da empresa.

5.3 Os polêmicos encargos sociais

Os encargos sociais são gastos assumidos pelos empregadores decorrentes da manutenção do vínculo empregatício. Em função da tutela do Estado, boa parte desses gastos deriva da Constituição Federal (CF) e da Consolidação das Leis do Trabalho (CLT).

De modo geral, abrangem alguns valores que devem ser recolhidos aos cofres públicos e outros que devem ser entregues diretamente aos empregados. Os primeiros são as contribuições previdenciárias, os pagamentos ao FGTS, os valores que custeiam órgãos de assistência social, como SESC, SENAI, SEBRAE etc.

Os demais têm caráter de benefícios, como férias, 13º salário etc.

Existem instituições que aceitam como definição de encargos sociais os valores recolhidos aos cofres públicos. Quanto aos demais, são vistos como remunerações. Outras apegam-se ao caráter de obrigatoriedade dos encargos sociais, que em muito se assemelham aos tributos.

Sob o aspecto técnico é interessante entender a mão de obra como insumo produtivo ou como custo de produção. Prefere-se, então, uma abordagem que diga respeito à utilização dos fatores de produção.

Sob esse prisma, abandona-se a expressão *sociais* e adota-se um conceito mais amplo:

> Os encargos são todos os gastos havidos sem uma efetiva prestação de serviço.

Na verdade, os encargos abrangem aqueles gastos determinados pela legislação e outros que decorrem da rotatividade e da adequação da força de trabalho às necessidades do empreendimento. O problema todo se resume no seguinte:

- quanto custa a hora de mão de obra direta, isto é, do pessoal utilizado na produção?

Para tanto, torna-se necessário fazer uma classificação da mão de obra, tal como segue.

5.4 Mão de obra direta

A mão de obra direta corresponde aos gastos que a empresa tem com o pessoal que estiver diretamente envolvido no manuseio da maquinaria ou na manipulação dos materiais durante a fase da produção de bens.

Os custos com mão de obra direta são aqueles provenientes dos empregados da empresa que têm íntimo contato com os produtos elaborados, desde a manipulação das matérias-primas até a montagem e armazenamento do produto acabado. Exemplifica-se com os trabalhadores da linha de montagem, pintores, padeiros, serralheiros etc.

No caso de empresas prestadoras de serviços, a mão de obra direta é aquela que executa os serviços vendidos, como o desenhista de uma empresa de publicidade, o redator e o revisor de um jornal etc.

A forma mais usada para o cálculo dos custos com mão de obra direta é a quantidade de horas gastas nos processos de produção. Há casos em que são utilizados outros meios de cálculo, como a quantidade de produtos finais elaborados ou mesmo a quantidade de matéria-prima manuseada.

Portanto, esse custo é mensurado de maneira fácil e direta, assumindo o seu papel integrante na composição do custo direto.

A mão de obra direta também pode ser considerada um custo variável, uma vez que o valor a ser apropriado nos produtos fabricados oscila de acordo com a quantidade produzida.

5.5 Mão de obra indireta

A mão de obra indireta (MOI) corresponde ao gasto com o pessoal que não participa ativamente do manuseio dos materiais. Representa os gastos com o pessoal de apoio e caracteriza-se pela participação auxiliar na produção. Via de regra, esse pessoal participa do processo produtivo sem estar diretamente envolvido com ele, como:

- gerentes industriais;
- supervisores de produção;
- diretor de produção;
- vigias da fábrica;
- faxineiros da área de produção;
- programadores de produção;
- outros serviços prestados por pessoas na área fabril.

Portanto, os gastos com a mão de obra indireta (MOI) são relativos à produção e, pelas suas características, não são facilmente identificados e mensurados nos produtos fabricados. Essa questão será estudada no Capítulo 6, ao se tratar dos critérios de rateio dos CIF.

Observe-se que, no caso de empresas que recorrem aos serviços terceirizados, o pessoal contratado manuseia os materiais e não são classificados como MOD, e sim como CIF.

5.6 Apuração do custo da mão de obra direta

A MOD será aplicada ao produto de acordo com o tempo que cada unidade ou lote exigir. Portanto, é necessário que seja determinado quanto custa uma hora de MOD. O procedimento é calcular o custo-hora/ano e dividir o valor obtido pelo número de horas disponíveis.

5.6.1 Cálculo da MOD – base anual

A título de exemplo, suponha-se que um trabalhador tenha um salário de $ 8,64/hora. Qual o valor que deverá servir como base para ser apropriado aos produtos elaborados?

Cálculo:

Salário contratual	$ 8,64 por hora
Tempo de trabalho: 220 horas ÷ 30 dias = 7,333333 horas/dia ou 44 horas da semana de 6 dias = 7,333333 horas/dia (Lei Trabalhista)	

1º passo: Determinação do número de dias à disposição da empresa no ano:

Nº total de dias do ano	365
(–) DSR* (52 dias – 4 dias incluídos nas férias)	(48)
(–) Férias	(30)
(–) Feriados oficiais (em média)**	(12)
(=) nº de dias à disposição da empresa (NDD)	275

* Descanso Semanal Remunerado.
** É necessária especial atenção para o fato de que, além dos feriados oficiais, a empresa pode conceder, por liberalidade ou conveniência própria, a dispensa de trabalho de alguns dias, tais como: pontes entre o domingo e a terça-feira de Carnaval, Quinta-Feira Santa e outros. O planejamento do custo-hora deve ser feito segundo as expectativas da alta administração.

2º passo: Determinação do número de horas à disposição da empresa (NHD):

NDD × Jornada = NHD
275 dias × 7,333333 = 2.016,67 horas/ano

3º passo: Cálculo do Custo/hora:

		$
Salário	2.016,67 horas × $ 8,64	17.424,03
DSR	48 dias × 7,333333 × $ 8,64	3.041,28
Férias	220 horas × $ 8,64	1.900,80
Adicional de Férias	1/3 de $ 1.900,80	633,60
Feriados	12 dias × 7,333333 × $ 8,64	760,32
13º Salário	220 horas × $ 8,64	1.900,80
Soma das remunerações		25.660,83
(*) Encargos Sociais (de acordo com a lei)		
INSS: 9% × $ 25.660,83		2.309,47
FGTS: 8% × $ 25.660,83		2.052,87
Custo-total		30.023,23
Custo hora: $ 30.023,23 ÷ 2.016,67 horas		**14,89**

(*) **Tabela de Contribuição dos Segurados**
(Vigência a partir de 01.01.2019)

Salário de contribuição (R$)	Alíquota INSS
até 1.751,81	8%
de 1.751,82 até 2.919,72	9%
de 2.919,73 até 5.839,45	11%

Portanto, o valor que deverá compor o custo desse trabalhador como MOD será de $ 14,89, isto é, 100% sobre o valor que faz parte do contrato de trabalho.

5.6.2 Cálculo da MOD – base mensal

No caso da base mensal, o procedimento consta em determinar o custo mensal dividido pelo número de horas disponíveis no mês.

1º passo: Determinação do número de dias à disposição da empresa no mês:

O número de dias disponíveis é calculado retirando-se o descanso semanal remunerado e os feriados oficiais.

Nº total de dias do mês	30
(–) DSR	(4)
(–) Feriados oficiais (estimativas)	(1)
(=) nº de dias à disposição da empresa (NDD)	25

2º passo: Determinação do número de horas à disposição da empresa (NHD/mês)

Esse número já foi detalhado no sistema anual e consiste em multiplicar o número de dias à disposição da empresa pelo número de horas da jornada de trabalho.

$$NDD \times Jornada = NHD$$
$$25 \text{ dias} \times 7{,}333333 = 183{,}33 \text{ horas}$$

Remuneração mensal e encargos mínimos:

A seguir, está demonstrado o custo mensal com base nos elementos que participam ativamente dessa formulação, conforme tabela ilustrativa, sempre tomando-se como base o salário de $ 8,64/hora.

Itens	Cálculo	$
Salário	220 horas × $ 8,64	1.900,80
13º Salário	1/12 do salário	158,40
Provisão de Férias	1/12 do salário	158,40
Adicional de Férias	0,333333 × Provisão de Férias	52,80
INSS s/ Salários	9% s/ 1.900,80	171,07
INSS s/ 13º Salário	9% s/ 158,40	14,26
INSS s/ Provisão de Férias	9% s/ 158,40	14,26
INSS s/ o Adicional de Férias	9% s/ 52,80	4,75
FGTS s/ Salário	8% s/ $ 1.900,80	152,06
FGTS s/ Provisão de Férias	8% s/ $ 158,40	12,67

(continua)

(continuação)

Itens	Cálculo	$
FGTS s/ Adicional de Férias	8% s/ $ 52,80	4,22
FGTS s/ 13º Salário	8% s/ $ 158,40	12,67
Custo mensal		2.656,36

Custo mensal	2.656,36
Custo-hora: $ 2.656,36 ÷ 183,33 horas no mês	**14,49**

5.7 A gestão da mão de obra

Como a mão de obra é função da utilização do esforço do pessoal, tem a sua complexidade decorrente das implicações legais, já que o trabalho tem forte tutela estatal, além das relativas ao gerenciamento. Assim, a mão de obra deve ser objeto de cuidados gerenciais, especialmente no que se refere a:

a) preparação da folha de pagamento;

b) controle dos custos de produção e estudo de tempos e de movimentos;

c) recrutamento, seleção e treinamento do pessoal adequado às atividades;

d) relações humanas com os sindicatos;

e) relacionamento interno do pessoal com os problemas técnicos de planejamento, de engenharia e de atendimento aos clientes internos e externos;

f) relações humanas, segurança e higiene do trabalho;

g) outras.

Cada um desses fatores pode ser objeto de atividades específicas e atribuições gerenciais de acordo com a organização, nível de complexidade, funcionamento, nível de treinamento e de habilidade do pessoal envolvido.

Sob o aspecto financeiro, a mão de obra apresenta composição de elementos de diferentes fontes, pois não se pode considerar como custo de mão de obra apenas a remuneração contratual. A esta serão acrescidos os encargos trabalhistas, ou seja, os ônus decorrentes da legislação do trabalho e outros que, se não forem imperativos legais, são decorrentes das condições operacionais da empresa. Por exemplo, o oferecimento de transporte próprio em regiões em que seja necessário.

No Brasil, é normal a prática de remunerar a força de trabalho por tarifas contratualmente fixas por períodos de tempo (mensal). A remuneração é fato gerador dos encargos desembolsáveis mensalmente e de valores que serão pagos periodicamente, como o 13º salário, férias e outros. Disso decorre a necessidade de bons controles sobre a mão de obra.

De início, tem-se uma distinção:

A remuneração mensal a pagar ao empregado, em espécie ou em utilidades, ou um misto dos dois, considera-se como folha de pagamento.

O tempo empregado na produção propriamente dita, seja operando máquinas ou manuseando materiais, é o que se entende como custo de mão de obra direta.

Enquanto a folha de pagamento não guarda relação com a produção, o tempo consumido é função da quantidade produzida. A grande questão continua sendo a seguinte: Quanto custa o tempo empregado na produção de cada unidade de bens?

Isso leva a considerar que o custo da MOD compreende a soma de todos os gastos necessários para a utilização do empregado na produção. Aos salários somar-se-ão os encargos legais ou previstos em lei e aqueles que sejam convenientes à empresa transformados em horas aplicadas na produção.

Esquematicamente, os procedimentos burocráticos podem ser vistos na Figura 5.1.

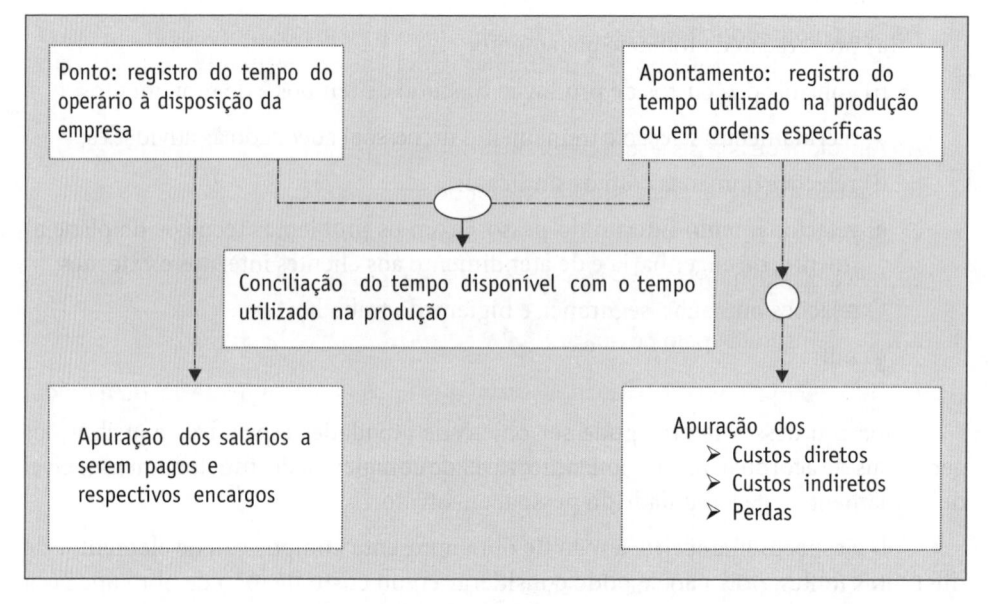

Figura 5.1 Procedimentos burocráticos

Enfim, a importância relativa da mão de obra na composição dos custos exige estudos e pesquisas, uma vez que existe uma tendência de substituição de empregados por novas tecnologias.

TESTES

1. Os custos com MOD são aqueles que ocorrem:

    A) Com o pessoal de vendas diretas.

    B) Com o pessoal que supervisiona a produção.

    C) Com o pessoal envolvido diretamente na produção.

    D) Com o pessoal do escritório.

2. Um dos elementos mais usados no cálculo da MOD é:

    A) A quantidade de bens vendidos.

    B) A quantidade de horas gasta no processo produtivo.

    C) O valor dos bens em estoque.

    D) O faturamento da empresa com os bens vendidos.

3. Em uma montadora de veículos, os trabalhadores da linha de montagem são classificados em MOD e MOI. Aponte a alternativa correta que corresponde a esta classificação, respectivamente:

    A) Ajustador de chassis e supervisor de produção.

    B) Supervisor de mecânica e programador de produção.

    C) Supervisor de montagem e mecânico de montagem.

    D) Mecânico de montagem e supervisor de vendas.

4. A MOI é constituída pelo pessoal:

    A) Necessário para o processo industrial e que trabalha diretamente ligado à produção.

    B) Necessário para o processo industrial, mas que não trabalha diretamente na produção.

    C) Necessário para o escritório central.

    D) Necessário para a equipe de vendas.

5. São dois elementos representativos da MOI:

    A) Operário e supervisor de produção.

    B) Operário e engenheiro de produção.

    C) Vendedor e operário.

    D) Supervisor de produção e engenheiro de produção.

6. A Lei Trabalhista determina que a base do número de horas semanais que os operários devem cumprir seja:

   A) 48 horas.
   B) 52 horas.
   C) 36 horas.
   D) 44 horas.

7. A Lei Trabalhista determina que a jornada básica dos operários seja:

   A) 7,33 horas.
   B) 8 horas.
   C) 8,33 horas.
   D) 6,23 horas.

8. Para efeito de custos, as férias deverão sempre ser calculadas sobre o seguinte número de horas:

   A) 275 horas.
   B) 180 horas.
   C) 220 horas.
   D) 183 horas.

9. O adicional de férias deve ser calculado da seguinte maneira:

   A) 1/3 de 220 horas.
   B) 1/3 de 7,333333 horas.
   C) 1/3 de 275 horas.
   D) 1/3 de 365 horas.

10. A alíquota máxima do INSS sobre salários de acordo com a lei é:

    A) 8%.
    B) 9%.
    C) 11%.
    D) 13%.

6

CRITÉRIOS DE RATEIO DOS CIF

6.1 Considerações iniciais

No Capítulo 2, afirmou-se que os custos totais são compostos pelos custos diretos (CD) e custos indiretos de fabricação (CIF). Observou-se que os custos diretos são formados por materiais diretos e mão de obra direta.

Também foi visto que os CIF representam todos os custos que a empresa tem e que não são caracterizados como material direto e mão de obra direta, mas necessários à atividade produtiva.

Os custos indiretos são aqueles que, embora necessários à produção, representam basicamente a estrutura produtiva da empresa, servindo para a produção de diversos bens. Portanto, tais custos não podem ser relacionados com qualquer produto específico. Ocorrem nos segmentos (departamentos) da fábrica onde se pretende manter o controle.

São, portanto, indispensáveis à produção dos vários bens e serviços, mas não se consegue (ou não vale a pena) identificá-los nos produtos.

Sob o ponto de vista do método de custeio por absorção, que será estudado adiante, os CIF devem ser alocados em seus departamentos de origem e, a seguir, rateados aos produtos.

Podem surgir em setores de apoio à produção, tais como a manutenção, o manuseio de materiais, a limpeza, e nos próprios departamentos específicos de produção, como a energia consumida pelas máquinas, a supervisão de produção e outros mais.

A alocação dos CIF é um processo que, embora sendo arbitrário, devido às múltiplas bases, permite que esse tipo de custo seja atribuído aos produtos. Esse processo de alocação dos CIF, bem como a concomitante mensuração dos custos diretos, tem como a mais importante razão a determinação dos estoques.

Quando a empresa produz apenas um produto, fica incoerente falar em custos indiretos, pois tudo o que foi gasto na fábrica destinou-se àquele produto, tratando-se apenas de custos diretos.

Os custos indiretos de fabricação são aqueles ocorridos nos departamentos fabris da empresa, tais como Corte e Costura em uma confecção.

Essa classificação é importante porque, como será visto adiante, as bases de rateio deverão estar de acordo com a fonte geradora de custos.

O método de custeio por absorção exige que todos os custos que tenham contribuído para a elaboração do produto façam parte do custo total. Observe que custeio é uma forma de apurar custos. Por outro lado, custeio por absorção é um método por meio do qual todos os custos são apropriados a cada unidade produzida pela empresa, ou absorvidos pelos produtos fabricados.

Assim, havendo um custo comum em uma empresa que produz vários produtos, é necessário fazer com que cada bem absorva uma parte desse custo comum. Admita-se, por exemplo, que o aluguel correspondente à fábrica seja de $ 6.000,00 e que nesse espaço físico (fábrica) sejam produzidos três produtos, A, B e C. Cada um desses produtos deverá absorver uma parcela dos $ 6.000,00, conforme algum critério de rateio.

Portanto, os CIF são aqueles custos que, para serem apropriados aos produtos, necessitam de algum cálculo ou rateio, uma vez que não participam de maneira clara e objetiva na formação do produto.

Observe que rateio é a distribuição dos valores de cada CIF aos diversos produtos, tanto os semielaborados quanto os acabados, fabricados pela empresa de acordo com algum critério. O rateio deve sinalizar uma utilização presumida dos custos pelos diversos produtos, por meio de uma estrutura que poderá ser um índice ou percentual, refletindo como os CIF serão apropriados pelos diversos produtos, independentemente do estágio de produção em que eles se encontrem.

6.2 Coeficiente de rateio

O rateio não passa de um artifício pelo qual se consegue aplicar uma parte dos custos indiretos a cada um dos diversos produtos fabricados pela empresa. Para tanto, usa-se um critério de proporcionalidade: os custos indiretos serão distribuídos aos produtos de acordo com uma proporção, segundo a qual se acredita que seja adequada às exigências do bem quando pronto. Essa proporção se traduz em uma base de rateio.

A determinação de uma base de rateio é, de certa forma, uma questão de julgamento: quanto maior a parcela dos custos que possa ser identificada nos produtos, tanto mais preciso será o custo final obtido. Assim, elege-se a melhor base de rateio, isto é, aquela que se acredita que o custo indireto tenha sido consumido na mesma proporção.

Após a escolha da melhor base, dentre as muitas disponíveis, divide-se o valor do custo indireto a ser rateado pelo total da base escolhida. Obtém-se então o coeficiente de rateio. Multiplicando-se esse coeficiente pelas parcelas que compõem a base, obtém-se a parte do custo indireto atribuída a cada produto.

A expressão que sinaliza o coeficiente de rateio (CR) é a seguinte:

$$CR = \frac{\text{Custos Indiretos Totais (a serem rateados)}}{\text{Total da base escolhida}}$$

A soma das parcelas atribuídas a cada produto deve igualar-se ao total do custo indireto rateado.

Os CIF totais são estimados por meio do exame dos contratos assinados, pela experiência dos executivos e pelas expectativas da administração. Pode-se pensar, por exemplo, que tais custos são estimados em $ 60.000 para o ano e que com esse montante a empresa espera trabalhar 15.000 horas-homem (h/h). Então, o coeficiente de rateio será:

$$CR = \frac{\$\ 60.000}{15.000\ h/h} = \$\ 4,00\ h/h$$

No exemplo, usou-se como base dos custos indiretos a mão de obra, acreditando-se que esta é um elemento bem representativo dos CIF.

Como regra geral, pode-se afirmar o seguinte:

Acredita-se que a melhor base é aquela que contribua mais fortemente no processo produtivo: relação de causa e efeito.

Caso, por imprecisão no arredondamento do coeficiente de rateio, a soma das parcelas do custo indireto atribuídas a cada produto não corresponda ao total rateado, deve-se aproximar essa diferença em um dos produtos para que a soma das parcelas de todos eles coincida com o total do valor rateado. Observe que o total rateado deverá sempre ser igual à soma das parcelas. O bom senso deve nortear os procedimentos nesse aspecto.

6.3 Base de rateio

A título de exemplo, observem-se alguns custos indiretos típicos e algumas bases de rateio normalmente utilizadas para determinar a que melhor se adapte a cada tipo de custo (Quadro 6.1). Vale lembrar que a experiência e o conhecimento do processo produtivo de cada empresa auxiliam muito na determinação da base mais sensata.

Quadro 6.1 Análise da base de rateio

Custo indireto	Base específica de rateio
Aluguéis	Área ocupada
Combustíveis de máquinas	Potência das máquinas
Controle de qualidade	Quantidade produzida
Depreciações	Horas de máquina, quantidades produzidas e, em alguns casos, o valor do equipamento
Energia (iluminação)	Área ocupada
Energia elétrica (força)	Horas de máquina
Limpeza	Área ocupada
Seguros do prédio	Área ocupada
Supervisão da produção	Número de pessoas, salário da MOD

Uma vez estimados os CIF e a base, pode-se-lhes aplicar o procedimento que convier à empresa. Tais procedimentos podem ser:

a) por alocação direta aos produtos; ou

b) por departamentalização.

No caso da departamentalização, os CIF gerados em cada departamento serão sequencialmente rateados aos demais departamentos e, finalmente, aos produtos. Essa é uma sistemática conhecida como rateios sucessivos de cada custo, na ordem do mais genérico para o mais particular, rateando-se o total anterior sobre o seguinte. A departamentalização será abordada no Capítulo 7.

O que caracteriza os CIF é a sua necessidade de rateio. Isso é o que torna imprecisos e questionáveis os custos apurados, em razão da arbitrariedade e subjetividade dos critérios de rateios adotados. Portanto, é melhor que se procure uma ligação entre o custo indireto e o processo produtivo.

Considerando-se que a escolha da base de rateio depende em grande parte de um critério de julgamento, quanto maior a proporção dos custos totais que possa ser classificada como diretos, tanto mais preciso se torna o custo final apurado.

Como se sabe, os custos indiretos de fabricação (CIF) são todos os gastos da empresa que não são enquadrados como material direto ou mão de obra direta, como os que seguem:

- energia elétrica da fábrica;
- água consumida pela fábrica;
- materiais diretos de pequeno valor;
- seguro da fábrica;
- mão de obra indireta (MOI);
- depreciação das máquinas;
- aluguel da fábrica;
- etc.

Dependendo da estrutura da empresa, sendo esta regida por tecnologias, automatizações, robotizações etc., é normal dizer que o maior número de itens custeados é classificado como CIF, uma vez que são gastos gerais que sobrecarregam todos os produtos em suas diversas fases de produção, enquanto os custos diretos (MD e MOD) são próprios de cada tipo de bem fabricado pela empresa.

Com relação aos CIF, estes são predominantemente fixos. O rateio dos CIF aos produtos, usando-se os métodos comuns, é arbitrário pela subjetividade da escolha da base.

6.4 Critérios de rateio dos CIF

6.4.1 Com utilização de bases específicas

Existem várias formas de rateio que podem ser aplicadas aos CIF. Dentre elas, pode-se destacar aquela em que a empresa utiliza bases específicas de rateio para cada CIF isoladamente, no que tange à alocação desses custos aos produtos fabricados.

A título de exemplo, considera-se uma empresa que produz dois produtos (A e B), sendo os custos diretos pertinentes a cada um deles, em determinado mês, demonstrados na Tabela 6.1.

Tabela 6.1 Produtos A e B e seus custos

Produtos	MD ($)	MOD ($)	CD ($)
A	57.000	29.000	86.000
B	42.000	18.000	60.000
Total	99.000	47.000	146.000

Os CIF dessa empresa compreendem:

- aluguel da fábrica: $ 34.000;
- seguro do galpão da fábrica: $ 68.000;
- ordenados dos supervisores de produção: $ 12.000.

Sabe-se que a área ocupada pela fábrica é de 170 m², e o departamento que fabrica o produto A ocupa 90 m² dessa área, enquanto a restante é ocupada para a produção do produto B. O total de operários que nela trabalham representa 25 pessoas, das quais 15 são direcionadas para a produção do produto A e as demais para o produto B.

A Tabela 6.2 representa o rateio dos CIF aos produtos, com bases específicas de rateio para cada um dos CIF.

Tabela 6.2 Produtos e rateio dos CIF

CIF		Rateio					Base específica de rateio
Itens	$	Produto A		Produto B		Total	
		Rateio	$	Rateio	$		
Aluguel da fábrica	34.000	90 m²	18.000	80 m²	16.000	170 m²	Área ocupada
Seguro do galpão da fábrica	68.000	90 m²	36.000	80 m²	32.000	170 m²	Área ocupada
Ordenado dos supervisores de produção	12.000	15 pessoas	7.200	10 pessoas	4.800	25 pessoas	Número de pessoas
Total	114.000		61.200		52.800		

Os cálculos dos rateios foram feitos como segue:

1. Memória de Cálculo: aluguel da fábrica

$$CR = \frac{\text{Aluguel da fábrica}}{\text{área ocupada}} = \frac{\$\ 34.000}{170\ m^2} = \$\ 200/m^2$$

Multiplicando-se o CR encontrado ($ 200/m²) pela área ocupada (90 m²) para a fabricação do produto A, encontra-se a parcela do CIF correspondente ao aluguel da fábrica consumida pelo produto A.

Proceder a esses cálculos para a apropriação desse CIF ao produto B.

2. Memória de Cálculo: seguro do galpão da fábrica

$$CR = \frac{\text{Seguro do galpão da fábrica}}{\text{área ocupada}} = \frac{\$\ 68.000}{170\ m^2} = \$\ 400/m^2$$

Multiplicando-se o CR encontrado ($ 400/m²) pela área ocupada (90 m²) para a fabricação do produto A, encontra-se a parcela do CIF correspondente ao seguro do galpão da fábrica consumida pelo produto A.

Proceder a esses cálculos para a apropriação desse CIF ao produto B.

3. Memória de Cálculo: ordenado dos supervisores de produção

$$CR = \frac{\text{Ordenado de supervisores de produção}}{\text{número de pessoas}} = \frac{\$\ 12.000}{25} = \$\ 480/\text{pessoa}$$

Multiplicando-se o CR encontrado ($ 480/pessoa) pela quantidade de operários (15 pessoas) que trabalham na fabricação do produto A, encontra-se a parcela do CIF correspondente ao ordenado dos supervisores de produção que será atribuída ao produto A.

Proceder a esses cálculos para a apropriação desse CIF ao produto B.

Por meio da utilização da alocação dos CIF isoladamente aos produtos, os custos totais foram computados conforme a Tabela 6.3.

Tabela 6.3 Produtos A e B e seus custos totais

Produtos	CD	CIF	CT
A	86.000	61.200	147.200
B	60.000	52.800	112.800
Total	146.000	114.000	260.000

A seguir, destacam-se as formas mais comuns de rateio dos CIF.

6.4.2 Com utilização de bases comuns

6.4.2.1 Rateio diretamente proporcional ao consumo de matéria-prima

Neste caso, os CIF poderão ser atribuídos aos produtos elaborados em função dos custos com matérias-primas. Esse exemplo vai ao encontro daquelas empresas nas quais a matéria-prima é o elemento predominante nos custos de produção. Exemplo: empresas refinadoras de óleo.

Como exemplo, se uma empresa que fabrica os produtos A, B e C apresentou gastos de $ 120.000 referentes ao seu CIF, como será possível ratear esse valor entre os três produtos A, B e C, sabendo-se que os gastos com matérias-primas somam $ 900.000?

Na Tabela 6.4, apresentam-se os gastos com matérias-primas para cada produto e o resultado do rateio dos CIF por tipo de produto.

Tabela 6.4 Produtos A, B e C e seus gastos com MP e rateio dos CIF

Produto	MP ($)	CIF ($)
A	270.000	36.000
B	288.000	38.400
C	342.000	45.600
Total	900.000	120.000

Nota-se que aqui foram feitas as seguintes relações:

$$CR \rightarrow \$\,120.000 \div \$\,900.000 = 0{,}1333$$

Esse coeficiente deverá ser multiplicado pelo consumo de matéria-prima para cada produto.

6.4.2.2 Rateio diretamente proporcional aos custos com materiais diretos

Neste caso, estabelece-se uma relação de cada produto com o total do custo com materiais diretos, obtendo-se os valores dos CIF que deverão ser absorvidos. Como exemplo, citam-se as empresas em que, além da importância da matéria-prima, outros materiais também são relevantes, como a embalagem e outros materiais diretos, tal qual ocorre nas fábricas de chocolate.

Exemplificando: se uma empresa apresentou gastos com materiais diretos no valor de $ 1.200.000, o rateio dos $ 120.000 dos CIF se processará por meio de uma relação diretamente proporcional entre cada custo de material direto e o seu total. O coeficiente encontrado será aplicado no total dos CIF, gerando assim a participação dele em cada produto (Tabela 6.5).

Tabela 6.5 Produtos A, B e C e seus gastos com MD e rateio dos CIF

Produto	MD ($)	CIF ($)
A	400.000	40.000
B	190.000	19.000
C	610.000	61.000
Total	1.200.000	120.000

Observe que, nesse caso, foram feitas as seguintes relações:

$$CR \rightarrow \$\,120.000 \div \$\,1.200.000 = 0{,}1000$$

Esse coeficiente deverá ser multiplicado pelo consumo de material direto para cada produto.

6.4.2.3 Rateio diretamente proporcional ao valor da mão de obra direta (MOD)

Este critério também é muito utilizado, visto que um dos fatores que causam a ocorrência dos CIF é a aplicação da MOD nos diferentes produtos que a empresa elabora.

No exemplo que segue, onde estão apontados os custos com MOD de três produtos, o rateio de $ 120.000 de CIF será efetuado de forma diretamente proporcional aos gastos de cada produto com a MOD (Tabela 6.6).

Tabela 6.6 Produtos A, B e C e seus gastos com MOD e rateio de CIF

Produto	MOD ($)	CIF ($)
A	4.000	32.000
B	6.000	48.000
C	5.000	40.000
Total	15.000	120.000

No caso de MOD, foram usadas as seguintes relações:

$$CR \rightarrow \$ 120.000 \div \$ 15.000 = 8,0000$$

Esse coeficiente deverá ser multiplicado pelo consumo de mão de obra direta para cada produto.

Observe-se que, qualquer que seja a base de rateio, sempre haverá alguma crítica, pois uma fábrica poderá produzir bens que utilizem a mesma matéria-prima e os mesmos materiais secundários, como uma manufatura de roupas masculinas (calças e paletós); já outras empresas poderão utilizar materiais diferentes, como uma fábrica de doces, sorvetes e chocolates. Logicamente, enquanto são somados materiais diretos de calças e paletós, não se cometerá um erro tão grande quanto ao se efetuar o somatório dos materiais diretos de doces, sorvetes e chocolates.

Considerando ainda o exemplo anterior da empresa que produz dois produtos (A e B), se fosse adotada uma das formas mais comuns de rateio dos CIF, no caso com base no rateio diretamente proporcional ao salário da MOD, a alocação dos CIF pode ser visualizada conforme a Tabela 6.7.

Tabela 6.7 Produtos A e B: alocação dos CIF no caso de rateio proporcional à MOD

Itens	Produto A	Produto B	Total
MD	57.000,00	42.000,00	99.000
MOD	29.000,00	18.000,00	47.000
CD	86.000,00	60.000,00	146.000
CIF	70.340,43	43.659,57	114.000
CT	156.340,43	103.659,57	260.000

$$CR \rightarrow \$ 114.000 \div \$ 47.000 = 2,4255$$

Esse coeficiente deverá ser multiplicado pelo total de MOD identificado em cada produto.

Como se pode observar, os custos totais para cada produto apresentam valores diferentes com relação à utilização do critério com bases específicas de rateio para cada CIF isoladamente (Tabela 6.8).

Tabela 6.8 Custos totais em diferentes bases de rateio

Bases de rateio	CT ($)	
	Produto A	Produto B
Específica	147.200,00	112.800,00
Comum	156.340,43	103.659,57

Por esse motivo, alguns profissionais são contrários ao método de custeio por absorção (que será analisado mais adiante), uma vez que o referido método utiliza-se dos critérios de rateio dos CIF para incorporar esse tipo de custo aos produtos elaborados.

Devido à multiplicidade de critérios de rateio, sempre haverá certa arbitrariedade na apropriação dos CIF a cada produto fabricado pela empresa.

TESTES

1. Os custos indiretos de fabricação são:

    A) Facilmente identificados nos produtos fabricados.

    B) Relacionados com qualquer produto específico.

C) Não podem ser relacionados com qualquer produto específico.

D) São identificados apenas quando a empresa fabrica um único produto.

2. Os CIF podem ser atribuídos aos produtos fabricados da seguinte maneira:

    A) Com base na melhor base de rateio.

    B) Apenas com base na MOD.

    C) Apenas com base nos MD.

    D) Apenas com base no CD.

3. O aluguel da fábrica pode ser rateado em função de:

    A) Horas de utilização das máquinas.

    B) Área ocupada pelos produtos.

    C) Salários da MOD.

    D) Número de máquinas instaladas na fábrica.

4. Quando os CIF são atribuídos aos produtos fabricados:

    A) Sempre haverá uma certa arbitrariedade na apropriação dos CIF.

    B) Não haverá arbitrariedade na apropriação dos CIF.

    C) Haverá uma exatidão na apropriação dos CIF.

    D) Não haverá dúvida na apropriação dos CIF.

5. O coeficiente de rateio dos CIF é o resultado da divisão:

    A) Dos CIF totais pela MOD.

    B) Dos CIF totais pelos MD.

    C) Dos CIF pelo total da base escolhida.

    D) Dos CIF totais pela MOI.

6. São gastos que se constituem em CIF:

    A) Aluguel da fábrica, bonificações sobre vendas, seguro do galpão da fábrica.

    B) Energia elétrica da fábrica, depreciação das empilhadeiras utilizadas na produção, juros de financiamento de aquisição de bancadas para a produção.

    C) Controle de qualidade, serviço de atendimento ao cliente (SAC), vigias da fábrica.

    D) Supervisores de produção, IPTU da fábrica, lubrificantes das máquinas da produção.

7. Os CIF poderão ser atribuídos em:

    A) Matéria-prima consumida.

    B) Produtos acabados e produtos semielaborados.

C) Somente produtos acabados.

D) Somente produtos semielaborados.

8. Quais são os valores do CD e CIF, respectivamente, de uma empresa que apresenta os seguintes gastos?

Itens	$
Materiais diretos de valor irrelevante	10.000
Ação trabalhista de um operário	18.000
Combustível do veículo de entrega	3.000
Matéria-prima	170.000
Mão de obra indireta	12.000
Peças e componentes	210.000
Mão de obra direta	31.000
Controle de qualidade	4.000
Seguro das máquinas da fábrica	8.000
Refeições e lanches do pessoal da fábrica	2.000

A) $ 411.000; $ 36.000.

B) $ 251.000; $ 26.000.

C) $ 241.000; $ 54.000.

D) $ 421.000; $ 46.000.

EXERCÍCIOS

1. Uma empresa fabrica meias e gravatas. Ela paga $ 50.000 de ordenado para a MOD que produz meias e $ 38.000 para a que confecciona gravatas.

    Os salários dos supervisores de produção somam $ 22.000. Quais os valores referentes aos supervisores de produção que deverão ser atribuídos a cada produto?

2. Em uma empresa que produz bolas e bonecas, a área ocupada pela produção de cada produto é a seguinte:

    Bolas = 240 m²

    Bonecas = 320 m²

    O salário total do pessoal da limpeza é de $ 3.360. Determine o coeficiente de rateio para os salários deste pessoal e quais os valores que deverão ser atribuídos para os produtos fabricados.

3. Uma indústria fabrica chocolate e sorvete. Em determinado mês, seus custos diretos foram os seguintes:

Produtos	MD (R$)	MOD (R$)	CD (R$)
Chocolate	74.100	37.700	
Sorvete	21.840	9.360	
Total			

Os CIF desta empresa compreendem:

Itens	R$
Depreciação das máquinas fabris	22.700
Salários dos supervisores de produção	15.600
Energia elétrica (iluminação)	3.900
IPTU da fábrica (anual)	24.600

Informações complementares:

Base específica de rateio	Chocolate	Sorvete	Total
Área ocupada pela fábrica (m^2)	160	80	
Número de operários (MOD)	25	10	
Quantidade produzida (unids.)	7.000	3.000	

Pede-se calcular:

a) Os CIF, custo total e custo unitário por produto.

4. Uma empresa metalúrgica fabrica pinos, parafusos e porcas. Em determinado mês, seus custos diretos foram os seguintes:

Produtos	MD (R$)	MOD (R$)	CD (R$)
Pinos	12.276	21.408	
Parafusos	22.623	39.248	
Porcas	7.021	10.704	
Total			

Os CIF desta empresa compreendem:

Itens	R$
Seguro da fábrica	30.000
Salário do supervisor de produção	2.000
Gastos do controle de qualidade	25.900
Gastos com limpeza da fábrica	3.270
Depreciação de máquinas da fábrica	13.300
Energia elétrica da fábrica (iluminação)	5.600
Força motriz	6.650

Informações complementares:

Base específica de rateio	Pinos	Parafusos	Porcas	Total
Área ocupada pela fábrica (m²)	420	700	280	
Número de operários (MOD)	22	34	17	
Quantidade produzida (unids.)	480.000	820.000	380.000	
Horas-máquina utilizadas	540	700	460	

Pede-se calcular:

a) Os CIF, custo total e custo unitário por produto.

7
DEPARTAMENTALIZAÇÃO DOS CIF

7.1 Considerações iniciais

Já se discutiu em outros capítulos que a maior parte dos itens de custos comuns a diversos produtos contribui para a produção desses vários bens de forma indistinta. São os custos indiretos de fabricação.

Conceitualmente, os CIF contribuem para a produção global e, consequentemente, serão considerados nos custos totais. Todavia, é imperiosa a necessidade de que sejam obtidos custos unitários dos produtos particularizados, seja para determinar os estoques, seja por outros motivos.

A determinação de qual parcela desses custos globais beneficiou este ou aquele produto é, por si só, um grande problema no manuseio dos custos. Uma forma de resolver o problema, ainda que insatisfatória, é o processo de rateio ou de alocação dos custos indiretos aos produtos, recorrendo-se a algum critério de proporcionalidade. Isso pode ser feito utilizando-se as quantidades produzidas de cada produto ou, ainda, o número de horas de trabalho exigidas na produção deles. Tal procedimento revela-se um tanto arbitrário, pois os produtos são díspares: cada um requer o emprego de recursos financeiros e humanos em montantes diferentes. Além disso, a complexidade atual da estrutura produtiva, juntamente com a necessidade de controlar de perto os níveis de atividades e de desempenho, estimula a utilização de procedimentos alternativos.

Um desses procedimentos consiste em departamentalizar os custos indiretos.

A departamentalização é o procedimento de dividir ou segmentar a fábrica. Cada segmento será conhecido como Departamento, ou Centro de Custo, de acordo com um critério específico de homogeneidade de atividades, ou mesmo de tecnologia empregada na produção.

Podem-se visualizar duas situações: uma tradicional de alocação dos CIF globais aos produtos e outra com os CIF localizados ou atribuídos, de início aos departamentos e depois aos produtos, conforme Figuras 7.1 e 7.2.

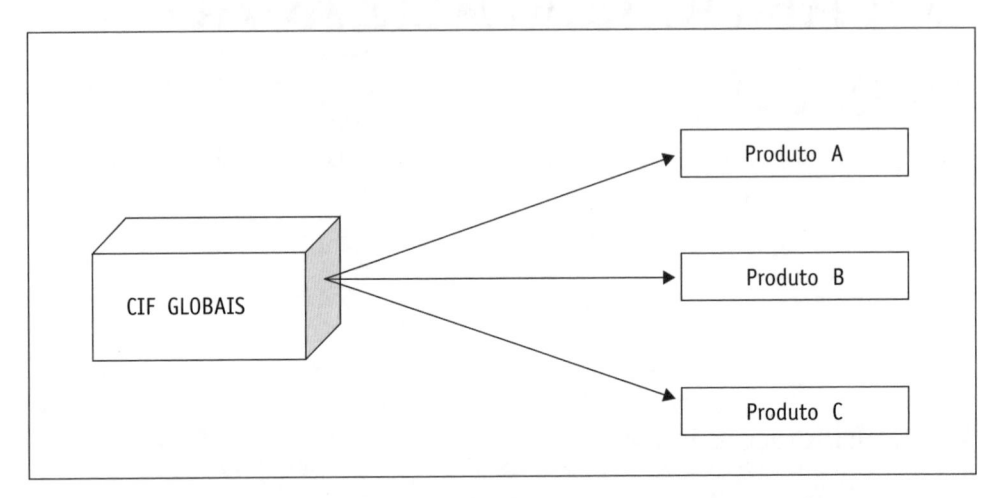

Figura 7.1 Alocação dos CIF Globais diretamente aos produtos

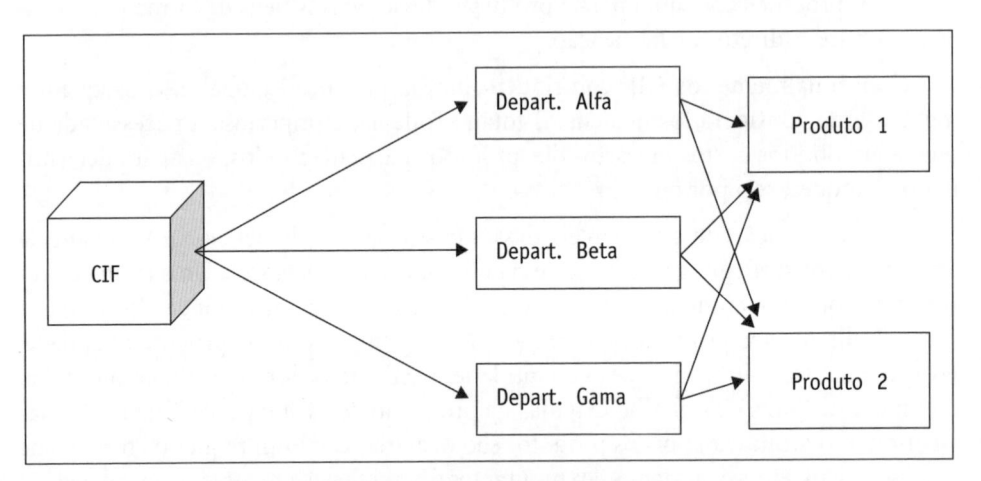

Figura 7.2 Alocação por departamentalização

Na Figura 7.2, os CIF são gerados inicialmente no departamento responsável, para daí seguirem para os produtos.

A departamentalização cabe primordialmente aos CIF, por ocorrerem em toda a fábrica. São decorrentes de atividades que, em um primeiro instante, são originadas da capacidade de produção e, em segundo lugar, dos produtos em si.

Com a fábrica departamentalizada, pode-se obter maior grau de sucesso no gerenciamento dos recursos, no controle e na avaliação de desempenho do pessoal, pois assim é possível determinar os custos com menor nível de subjetividade, e o processo de controle torna-se mais eficiente.

Para tanto, é necessário que o segmento denominado Departamento, ou Centro de Custo, obedeça fielmente ao fluxo de produção. Deve ser suficientemente reduzido para manter uma homogeneidade de atividades que permitam adotar um instrumento de medida da fabricação. Não se pode deixar de observar que os gastos de um departamento devem ser sempre controlados e, portanto, de responsabilidade de uma pessoa encarregada. Além disso, cada departamento contribui com um índice diferente para o processo produtivo.

A departamentalização se faz a partir do chão da fábrica e requer uma boa percepção do fluxo dos produtos, considerando a tecnologia empregada, pois é comum que o produto de um departamento seja a matéria-prima do departamento seguinte.

Para que o procedimento de departamentalização atinja seus fins, é necessário ter sempre em mente a presença dos atributos supracitados, que se resumem em:

a) homogeneidade de atividades, processos e equipamentos;

b) um instrumento para avaliar a produtividade de cada departamento, pois, via de regra, um departamento dispõe de recursos próprios para as suas atividades;

c) a presença de uma pessoa com autoridade para conduzir os trabalhos do departamento e, consequentemente, responder pelos seus gastos.

É comum as pessoas atribuírem importância a outros fatores, além dos citados, como localização do departamento ou o número de departamentos a criar.

A eficiência na gestão e nos controles dos custos depende, basicamente, de dois fatores:

1. Alguns custos, embora sejam indiretos em relação aos produtos, são diretos (ou seja, podem ser diretamente atribuíveis) aos departamentos.

    Exemplos:

    a) Depreciação das máquinas do departamento.

    Este é um custo indireto em relação aos vários tipos de produtos fabricados, mas diretamente atribuível aos departamentos que utilizam tais máquinas.

    b) Material indireto usado no departamento.

    c) Mão de obra indireta usada no departamento.

Estes dois últimos são custos indiretos em relação aos vários tipos de produtos fabricados, mas diretamente atribuíveis aos departamentos que utilizam materiais indiretos e mão de obra indireta.

2. Nem todos os produtos passam por todos os departamentos e, caso passem, geralmente o fazem em proporções diferentes.

Em face disso, é interessante observar as figuras apresentadas. A Figura 7.1 é uma forma simplista de ratear os CIF (sem departamentalização) por meio da proporcionalidade apresentada por um dos fatores dos custos diretos, tal como a matéria-prima, ou, mais comumente, a mão de obra, ou mesmo por fatores quantitativos, como número de horas-homem, número de horas-máquina etc. Isso até pode ser válido em situações em que os produtos não apresentam marcantes diferenças entre si.

Na Figura 7.2, os CIF são departamentalizados, isto é, apurados nos departamentos para, em seguida, serem atribuídos aos produtos.

O seguinte exemplo pode facilitar a compreensão:

A Cia. Industrial Euri fabrica dois produtos, X e Y. Os custos indiretos de fabricação, em determinado mês, são os constantes na Tabela 7.1.

Tabela 7.1 CIF dos produtos X e Y

Mão de obra indireta (MOI)	10.000
Energia elétrica (força)	6.000
Manutenção dos equipamentos	4.000
Outros custos indiretos	5.000
Total	25.000

Tendo em vista que os gastos com MOI representam 40% dos CIF totais, a empresa decide ratear os CIF entre os produtos de acordo com o volume de horas trabalhadas pela mão de obra direta, que foram as seguintes:

- Produto X: 400 horas
- Produto Y: 600 horas
- Total: 1.000 horas

O CIF médio por hora trabalhada será:

$ 25.000 ÷ 1.000 horas = $ 25 por h/MOD, e o rateio ficará assim:

Produto	CIF Atribuídos
X............	400 horas × $ 25 = $ 10.000
Y............	600 horas × $ 25 = $ 15.000
Totais...... 1.000 horas .... $ 25.000	

Nesse caso, os CIF seriam rateados em $ 10.000 para o produto X e $ 15.000 para o produto Y. Nota-se, aqui, que a estrutura de rateio é muito simples, crua e bruta. Pode ser que, apesar da importância do percentual (40%), a MOD não contenha uma relação causal com os produtos. Uma taxa global como essa não contempla a situação comum de que os produtos podem ser feitos, em boa parte, com o uso de máquinas e alguns podem usar mais horas-máquina que outros e, finalmente, não considera o auxílio advindo dos departamentos de apoio.

Essa taxa parte da hipótese de que todos os produtos ou encomendas utilizam os serviços na mesma proporção, tais como tempos de máquinas, energia, preparação para a produção e outros.

7.2 Custos indiretos departamentalizados e não departamentalizados

A partir de agora, serão analisados os efeitos da departamentalização e quando esta não ocorre. No exemplo que segue, pode-se notar melhor esse fato:

A empresa Industrial Brasnorte produz três produtos: PA, PB e PC. Os custos são apresentados diretamente na Tabela 7.2. Os custos diretos, por pertencerem aos produtos, já estão neles alocados. Os CIF estão apresentados pelos totais, necessitando de rateio.

Tabela 7.2 Produtos PA, PB e PC e seus custos e CIF

Itens	PA	PB	PC	CIF	Totais
Matérias-primas	28.000	12.000	30.000		70.000
MOD	22.000	18.000	15.000		55.000
Custos indiretos					
Depreciação de equipamentos				20.000	20.000
Manutenção de equipamentos				35.000	35.000
Energia elétrica				30.000	30.000
Supervisão da fábrica				10.000	10.000
Seguros				8.000	8.000
Outros custos industriais				12.000	12.000
Totais				115.000	240.000

A administração apurou que há uma predominância dos CIF decorrentes do uso de maquinaria e decidiu fazer o rateio com base em horas-máquina, ou seja, quanto tempo de máquina cada produto requer. Apuraram-se, então, o número de horas-máquina e as respectivas proporções (Tabela 7.3).

Tabela 7.3 Horas-máquina dos produtos PA, PB e PC

Produtos	Nº h/m	%
PA	400	40
PB	200	20
PC	400	40
Total	1.000	100

O custo indireto médio por hora de máquina é:

$$CR = \frac{\text{CIF totais}}{\text{Total da base}} = \frac{\$\,115.000}{1.000} = \$\,115/h/m$$

O coeficiente de rateio foi encontrado em $ 115 por h/m e, com base nele, os custos dos produtos podem ser determinados conforme consta na Tabela 7.4.

Tabela 7.4 Custos dos produtos PA, PB e PC

Coeficiente × nº h/m	PA	PB	PC
$ 115 × 400 h/m	46.000		
$ 115 × 200 h/m		23.000	
$ 115 × 400 h/m			46.000

Pode-se, então, determinar os custos totais (Tabela 7.5).

Tabela 7.5 Custos totais dos produtos PA, PB e PC

Itens	PA	PB	PC	Totais
Custos diretos	50.000	30.000	45.000	125.000
Custos indiretos	46.000	23.000	46.000	115.000
Custos Totais	96.000	53.000	91.000	240.000

Com a Departamentalização

Em análise mais detalhada, a direção verificou que, no total, o número de horas estava correto, mas não era igualmente distribuído entre os três departamentos da empresa, isto é, corte, montagem e acabamento. O PA passa por todos os departamentos, ou seja, pelo corte, pela montagem e pelo acabamento. O PB passa apenas por dois: corte e montagem. E o PC também, por dois departamentos, mas que não são coincidentes com os do produto PB: montagem e acabamento.

Um levantamento quantitativo dessa distribuição mostrou que as quantidades de horas-máquina por departamento são as apontadas na Tabela 7.6, apresentando tempos diferentes em cada um deles.

Tabela 7.6 Distribuição do tempo utilizado em cada departamento

	PA	PB	PC	Totais
Corte – h/m	100	100		200
Montagem – h/m	50	100	250	400
Acabamento – h/m	250		150	400
Totais	400	200	400	1.000

Como se vê, a produção não é realizada uniformemente nos departamentos.

Em seguida, será necessária a localização dos custos nos departamentos. A empresa já possui conhecimento da distribuição dos CIF por departamento, que se encontra na Tabela 7.7.

Tabela 7.7 Localização dos custos nos departamentos

Itens	Corte	Montagem	Acabamento	Totais
Supervisão	5.000	2.000	3.000	10.000
Manutenção	20.000	3.000	12.000	35.000
Depreciação	10.000	3.000	7.000	20.000
Energia	6.000	4.000	20.000	30.000
Seguros e outros	4.000	3.000	13.000	20.000
Totais	45.000	15.000	55.000	115.000
Dividido por	200 h/m	400 h/m	400 h/m	
Custo médio p/h/m – $	225,00	37,50	137,50	115,00

Com as taxas médias departamentais, pode-se, então, elaborar a alocação dos CIF de cada departamento para cada produto acabado (Tabela 7.8).

Tabela 7.8 Alocação dos CIF de cada departamento para cada produto acabado

PA		PB		PC		Total
100 h/m × $ 225	22.500	100 h/m × $ 225	22.500			45.000
50 h/m × $ 37,50	1.875	100 h/m × $ 37,50	3.750	250 h/m × $ 37,50	9.375	15.000
250 h/m × $ 137,50	34.375			150 h/m × $ 137,50	20.625	55.000
	58.750		26.250		30.000	115.000

Os custos de cada produto com e sem departamentalização podem ser vistos na Tabela 7.9.

Tabela 7.9 Diferença dos custos: com e sem departamentalização

Produtos	Sem Departamentalização	Com Departamentalização	Diferenças	
			em valores	em %
PA	46.000	58.750	−12.750	(27,70)
PB	23.000	26.250	−3.250	(14,10)
PC	46.000	30.000	16.000	34,80
Total	115.000	115.000		

Na Tabela 7.9, podem-se notar diferenças de apuração de custos de até 34,8% em relação aos produtos fabricados. Tal fato mascara a lucratividade dos produtos, podendo prejudicar algumas tomadas de decisão.

Pode-se concluir que a apuração dos CIF mediante o processo de departamentalização é muito mais acurada, em virtude do nível de detalhamento. Tal fato ocorre porque os CIF foram rateados em função de o uso do elemento tomado como base (horas-máquina) ter sido usado em graus diferentes. Responsabiliza-se, então, o departamento segundo o seu consumo de horas-máquina, e não em termos gerais, como foi feito sem a departamentalização.

7.3 Departamentos auxiliares

Uma análise da estrutura produtiva permite que sejam identificados dois tipos de departamentos, segundo as funções que exercem. O primeiro tipo exerce funções nitidamente de apoio à produção e são chamados de Departamentos de Serviços, Departamentos Auxiliares ou Departamentos de Apoio. Tais departamentos têm suas atividades caracterizadas pelos serviços que prestam aos demais, isto é, cabe-lhes garantir que as atividades de manufatura ocorram sem interrupções, sem problemas e sem perturbações. Não manuseiam matérias-primas na fase de transformação em produtos e também não operam máquinas. Podem-se citar como exemplos:

- compras;
- recebimentos e manuseio;
- assistência médica;
- controle da produção;
- pessoal (RH);
- administração do prédio fabril;
- gerência e supervisão;
- manutenção;
- controle de qualidade.

Como são auxiliares, também são denominados Departamentos Improdutivos. Essa designação não é apropriada, uma vez que esses departamentos produzem alguns serviços.

7.4 Departamentos de produção

O segundo tipo refere-se aos departamentos de produção.

Por departamentos de produção entendem-se aqueles que cuidam da transformação de matérias-primas em produtos finais ou de montagem de produtos. Por eles passam as matérias-primas e neles atua a MOD.

Como exemplos:

- corte;
- montagem;
- furação;
- mistura (de materiais);
- acabamento;
- envasamento.

7.5 Predeterminação dos CIF

Até este ponto, discutiram-se o conceito, a classificação, o rateio ou a distribuição e a departamentalização dos CIF.

No início de cada período orçamentário, devem-se estimar os custos indiretos prováveis do ano, pois não se pode esperar que a produção esteja acabada para determinar o seu custo. Aí já seria tarde demais.

Outra situação é a necessidade de cotar preços de pedidos de clientes no decorrer do ano ou participações em concorrências. Torna-se, então, necessário conhecer os custos antecipadamente, mesmo que seja por estimativa. Assim, determina-se, antecipadamente, uma taxa que será aplicada aos produtos, à medida que forem sendo elaborados. Essa taxa é chamada taxa de aplicação ou taxa de absorção.

Isso significa que cada unidade receberá uma parcela de CIF estimados com base na taxa de absorção previamente estabelecida.

A apuração dos custos reais, com a atribuição dos CIF aos produtos, é feita *a posteriori*, geralmente no final do período. Nesse momento, ocorrerá uma diferença entre os CIF reais aplicados aos produtos e aqueles atribuídos pela taxa anteriormente estimada.

As discrepâncias apuradas para mais (superaplicação) ou para menos (subaplicação) serão atribuídas proporcionalmente ao custo da produção vendida (CPV) e aos estoques, a menos que as diferenças sejam irrelevantes (caso em que são ajustadas diretamente no resultado).

A localização dos CIF nos departamentos de produção e de serviços também ocorre no encerramento de um período (geralmente um mês). Todavia, é importante que se faça o acompanhamento do custo de produção no decorrer do mês e, para isso, devem-se elaborar estimativas antes de a produção ocorrer, para que se possa acompanhá-la.

Contudo, deve-se ter em mente a seguinte observação:

Quando os CIF gerados são atribuídos aos produtos já elaborados, os custos unitários podem sofrer variações de período para período, com reflexos indesejáveis nos estoques e nos resultados e, também, nas decisões que os tenham como base. Essas variações podem ocorrer em consequência dos seguintes motivos:

- variações nos preços e nos custos de mão de obra;
- variações na eficiência;
- variações no nível de atividade ou nos volumes produzidos. Os custos fixos por unidade aumentarão ou diminuirão em consequência de variações nos volumes de produção;
- custos anormais em determinados meses, que podem ter sido causados por atividades nos períodos anteriores;
- alguns CIF não ocorrem uniformemente durante o período, tais como férias coletivas, manutenção, consertos do equipamento etc. Nesses casos, há que se distribuir esses custos pela produção do ano inteiro.

Essas são algumas das razões para predeterminar taxas de CIF a serem aplicadas à produção, à medida que esta for sendo realizada. A maior vantagem é que o uso de taxas predeterminadas normaliza os custos, eliminando as oscilações devidas aos fatos anteriormente citados.

A taxa predeterminada é obtida estimando-se previamente os custos indiretos de um período, conforme foi mencionado anteriormente. Encontra-se uma taxa mais adequada quando o nível de atividade for expresso em termos de um índice (horas-homem, horas-máquina ou outro) que possa refletir o nível de atividade produtiva. Estima-se o montante dos CIF em relação a esse nível previsto ou orçado.

Assim, é predeterminada a taxa que será aplicada aos custos dos produtos elaborados. Ela é obtida dividindo-se os custos estimados pelas quantidades orçadas, obtendo-se uma medida da atividade orçada, cuja unidade será a base para a aplicação da taxa.

O cálculo dessa taxa predeterminada é feito da seguinte maneira:

$$\frac{\text{Custos estimados ao nível orçado}}{\text{Índice da atividade orçada}}$$

Esse procedimento possibilita estimar os custos previamente à produção. Com os custos diretos não há problema maior, pois cada unidade exige quantidades de materiais e mão de obra fixas. Entretanto, a taxa de aplicação predeterminada exige maiores cuidados para que os custos previstos sejam mais próximos da realidade. Na verdade, ocorrerão desvios. Isso poderá ocorrer tanto por excesso como por falta, na estimativa de custos ou nos níveis de atividades orçadas. Todo cuidado é pouco para determinar a taxa de CIF, para que as variações entre o custo estimado e o custo real permaneçam dentro de limites aceitáveis.

Não é demais lembrar as observações apresentadas antes em relação à taxa global. O ideal é aplicar ao processo um nível maior de detalhamento, considerando, por exemplo, cada departamento.

TESTES

1. Pelo fato de os critérios de rateio apresentarem alguma arbitrariedade, a departamentalização pode:

    A) Manter constante essa arbitrariedade.

    B) Aumentar essa arbitrariedade.

    C) Reduzir essa arbitrariedade.

    D) Zerar essa arbitrariedade.

2. A apuração dos CIF é:

   A) Mais correta com o processo de departamentalização.
   B) Mais correta sem o processo de departamentalização.
   C) Indiferente com ou sem a departamentalização.
   D) Correta apenas com pleno conhecimento das despesas.

3. A taxa de aplicação (ou de absorção) pode ser útil para se conhecerem os custos:

   A) Durante o processo produtivo.
   B) Antes do processo produtivo, mesmo que estimados.
   C) Após o processo produtivo.
   D) Após o conhecimento dos investimentos e seus retornos.

4. Como alguns CIF não ocorrem de maneira uniforme, durante um período (ano), a empresa deverá contabilizá-los nos departamentos:

   A) Mantendo os CIF mais elevados nos meses de maior atividade produtiva.
   B) Distribuindo esses CIF pela produção do período, eliminando oscilações.
   C) Deixando os CIF maiores nos respectivos meses em que ocorrem.
   D) Deixando os CIF menores nos respectivos meses em que ocorrem.

5. O uso de uma taxa de CIF predeterminada:

   A) Elimina os problemas de incerteza decorrentes do rateio.
   B) Garante que os CIF aplicados pela taxa predeterminada sejam iguais aos CIF reais.
   C) Contribui para evitar as oscilações nos CIF unitários decorrentes da aplicação dos CIF reais à produção.
   D) Facilita a apuração dos custos reais.

6. O emprego de apenas uma taxa de CIF é suficiente:

   A) Quando utilizada apenas para os departamentos de serviços.
   B) Quando uma mesma base é aplicável aos diversos departamentos envolvidos.
   C) Quando o produto requer predominantemente horas de máquinas.
   D) Quando o produto é fabricado sob encomendas.

EXERCÍCIOS

1. Calcule o rateio dos CIF por produto sem e com departamentalização, de uma empresa que fabrica dois tipos de produtos, X e Y, e que apresenta a seguinte situação em certo mês:

Custos indiretos de fabricação:

Itens de CIF	$
Seguro da fábrica	150.000
Manutenção da fábrica	120.000
Força motriz	180.000
MOI	300.000
Total dos CIF	750.000

Horas trabalhadas pela MOD:

Produto	Horas trabalhadas pela MOD
X	300
Y	700
Total	1.000

Tempo que os produtos passam em cada departamento (em horas):

Produto	Depto. A	Depto. B	Depto. C	Total
X	50	150	100	300
Y	400	100	200	700
Total	450	250	300	1.000

Distribuição atual dos CIF por departamento (em $):

CIF	Depto. A	Depto. B	Depto. C	Total
$	400.000	100.000	250.000	750.000

2. Calcule o rateio dos CIF por produto sem e com departamentalização de uma empresa que produz dois produtos, X e Y, e efetue a comparação entre os dois tipos de rateio, conhecendo-se os CIF mensais:

Itens	$
Manutenção	60.000
MOI	240.000
Seguro da fábrica	100.000
Total	400.000

Produto	Horas trabalhadas pela MOD
X	500
Y	300
Total	800

Tempo, em horas, em que os produtos passam em cada departamento:

Produto	Depto. A	Depto. B	Depto. C	Total
X	150	280	70	500
Y	120	30	150	300
Total	270	310	220	800

A empresa conhece a distribuição dos CIF por departamento:

Depto. A = $ 120.000
Depto. B = $ 180.000
Depto. C = $ 100.000

ESTUDO DE CASO

A empresa "Bom Cheiro", do ramo de perfumes, fabrica três produtos diferentes: Cítrico, Alfazema e Madeira. No quadro a seguir, estão discriminados os seus custos:

Itens	Cítrico	Alfazema	Madeira	CIF	Total
Materiais diretos	40.000	14.000	46.000	–	100.000
MOD	18.000	12.000	20.000	–	50.000
CIF					
Depreciação				13.000	13.000
Manutenção				7.000	7.000
Energia elétrica				6.000	6.000
Supervisão				15.000	15.000
Seguro				16.000	16.000
Aluguel				5.000	5.000
Totais	58.000	26.000	66.000	62.000	212.000

A gerência de produção sempre apurou os CIF de cada perfume em função do departamento de embalagem, rateando-os de maneira diretamente proporcional às horas gastas no envasamento de cada produto, que são as seguintes:

Perfumes	Horas gastas no envasamento	%
Cítrico	320	40
Alfazema	280	35
Madeira	200	25
Total	800	100

Dessa forma, a gerência de produção afirmava que os CIF apresentavam um valor médio de $ 77,50, obtido da seguinte maneira:

CIF médio = $ 62.000/800 h = $ 77,50

Com base nesse CIF médio, cada perfume apresentava os seguintes valores para seus CIF:

Itens	Cítrico	Alfazema	Madeira	Totais – $	Totais – %
$ 77,50 × 320	$ 24.800	–	–	$ 24.800	40
$ 77,50 × 280	–	$ 21.700	–	$ 21.700	35
$ 77,50 × 200	–	–	$ 15.500	$ 15.500	25
Totais				$ 62.000	100

A alta direção desejava tirar o perfume Cítrico do mercado, pois a ele eram atribuídos 40% do total dos CIF. A diretoria não achava coerente um perfume apresentar-se responsável por tão alta taxa de participação nos CIF.

Enviou o caso ao departamento de custos, que o analisou e concluiu que o perfume Cítrico não apresentava mais do que 36,6% de participação no CIF total da empresa.

Dessa maneira, o perfume Cítrico continuou a ser produzido.

Justifique a conclusão, usando o processo de departamentalização, conhecendo-se os seguintes elementos:

1. A distribuição do tempo dos produtos em cada departamento está no quadro que segue, já expresso em horas:

Departamento	Cítrico	Alfazema	Madeira	Totais
Mistura	200	180	220	600
Envasamento	320	280	200	800
Totais	520	460	420	1.400

2. O departamento de custos já conhecia o comportamento dos CIF por departamento:

CIF	Mistura	Envasamento	Totais
Depreciação	5.000	8.000	13.000
Manutenção	6.000	1.000	7.000
Energia elétrica	2.500	3.500	6.000
Supervisão	9.000	6.000	15.000
Seguro	6.000	10.000	16.000
Aluguel	3.000	2.000	5.000
Totais	31.500	30.500	62.000
Divisão dos totais pelo nº de horas	600 h/m	800 h/m	
Custo médio por h/m	$ 52,50	$ 38,13	

PARTE II

Sistemas e Métodos de Custeio

8
OS SISTEMAS DE CUSTEIO

8.1 Considerações iniciais

Um sistema é um conjunto de elementos estruturados que funcionam como um organismo para atingir determinado objetivo. Quando se fala em sistema, dentro do contexto da contabilidade, imediatamente vêm à mente as rotinas, os fluxos, os formulários e as pessoas, tudo funcionando de forma ordenada e sistemática.

Em termos de custeio, pode-se estender o conceito para considerar como sistema um meio de representar o funcionamento do processo produtivo da empresa. Com isso, a empresa obterá subsídios para a apuração de seus custos em cada fase da produção.

O desenho, a implantação e a operacionalização de um sistema de custeio dependem de que sejam respondidas algumas questões básicas:

1. Quais fatores são fundamentais para a utilidade do sistema?
2. Quais informações são necessárias e como podem ser usadas no gerenciamento das atividades?
3. Quão detalhadas e com qual periodicidade as informações devem ser produzidas?

De fato, quanto maior a fidelidade do sistema de custeio ao processo produtivo, maior será a possibilidade de se obter boa qualidade das informações. A utilidade dos sistemas, no âmbito da contabilidade, decorre da presença necessária de normalidade nos procedimentos de apuração dos gastos das diversas operações produtivas.

A implantação de um sistema tem início com um estudo das operações "chão da fábrica". Com tal estudo, obter-se-á uma visão dos fluxos físicos, os quais são conjugados ao fluxo monetário, culminando com um conjunto de informações do processo.

Isso se deve ao fato de que os sistemas de custeio devem ser implantados em função da natureza do processo produtivo, do tipo de custo a ser apurado e, ainda, levando-se em consideração o nível de detalhes das informações a serem fornecidas segundo as necessidades de cada usuário.

Tais necessidades podem variar por diversas razões. As informações serão, por certo, mais agregadas e abrangentes para os membros da administração superior e com maior nível de detalhes, além de serem mais específicas para os executivos de níveis inferiores. Assim, cada executivo deve receber as informações que lhe sejam pertinentes e com os detalhes suficientes, até mesmo para que ele próprio possa fazer uma avaliação de seu desempenho.

Em todos esses casos, são necessários os custos dos itens de produção. Também, são importantes o custo da produção vendida, o custo dos estoques, bem como o resultado.

Quanto aos custos de produção, são utilizados dois métodos para efetuar a sua apuração:

1. O custo real apurado posteriormente à fabricação. Neste, os custos reais de materiais e de MOD são atribuídos ao objeto de custeio, seja produto, seja serviço. Os custos indiretos também são alocados com bases em volumes reais.

2. O custo estimado ou determinado anteriormente à fabricação. Neste caso, os custos diretos são reais, tal como no método anterior. Os CIF são alocados com base em taxas de aplicação previamente determinadas com base em custos indiretos e volumes de produção orçados. Nesta situação, a taxa de aplicação será fixada pela razão entre os custos indiretos orçados e o volume de atividades também previsto. Ambos deverão focar o mesmo período.

O método do custo real tem o mérito de apresentar-se com maior realidade ou acurácia, considerando que foram computados custos realmente incorridos. Todavia, isso não é obtido senão ao término do período.

O segundo método, por ser estimado, carrega a vantagem de ser apurado no momento em que for necessário para orçamentos operacionais, preços de encomendas de clientes, licitações e outras situações. É especialmente útil para servir de referência no acompanhamento do progresso das atividades manufatureiras no decorrer do ano.

Tais métodos não são mutuamente excludentes. Antes, são complementares, pois é necessário estimar os custos e também apurar a realidade deles posteriormente.

Sob a abordagem da natureza do processo produtivo, um sistema de custos visa produzir as informações de acordo com a forma em que o produto acabado é obtido. Os dois principais sistemas usados para abordar o processo produtivo são os seguintes:

1. Sistema por Ordens de Produção ou por Lotes.
2. Sistema por Processo Contínuo.

Os sistemas são construídos em consonância com essas formas. A ambos podem ser aplicados os critérios de custo histórico (ou real) ou de custo predeterminado (ou padrão).

Na prática, a complexidade do processo produtivo ou mesmo as características do mercado que a empresa pretende atender podem impor a adoção de variações e combinações desses dois sistemas.

8.2 Sistema por Ordens de Produção (OP)

Neste sistema, cada produto é elaborado sob as especificações dos clientes, o que torna cada ordem de produção ou lote diferente dos demais. Na área de serviços, isso é típico, pois cada um deles será realizado de acordo com as necessidades do cliente. Pense-se, como exemplo, nos serviços médicos, ou nos serviços de reparos em veículos. Para cada encomenda recebida dos clientes, abrir-se-á uma ordem de produção (ou de serviço), em que cada elemento do custo é acumulado separadamente, segundo as necessidades do produto, ou especificações do encomendante, ou, ainda, sob as instruções específicas de produção ditadas pelo Departamento de Programação e Controle de Produção (PCP).

Tais ordens de produção são emitidas para o início da execução da encomenda ou do serviço. São necessárias para que a empresa consiga produzir com eficiência o que for designado, e ainda servirão de base para o custeio. O objetivo é a determinação do custo da OP, pois cada ordem de produção é um produto.

Os estoques finais consistirão apenas naquelas encomendas que, mesmo prontas, ainda não foram entregues. Portanto, em princípio, não ocorrerão estoques a não ser pela razão mencionada.

8.2.1 Características e procedimentos das ordens de produção

A OP é um documento emitido que autoriza a fabricação, dando-se, com ela, início à produção. Contudo, podem acontecer situações em que a OP fica aguardando a disponibilidade de pessoas e/ou de equipamentos. Em termos de procedimentos de apuração dos custos, o sistema deve manter um controle para cada OP ou lote. Isso se dá por meio de registros em uma conta denominada Produção em Andamento, na qual cada item de custos será mantido isoladamente.

Os CIF são registrados, inicialmente, nas contas que representam os departamentos de serviços ou de produção. Em seguida, os CIF dos departamentos de serviços são redistribuídos àqueles de produção e, finalmente, a cada OP concluída.

Como citado anteriormente, não se pode aguardar o término da produção para saber o custo da encomenda. Isso deve ser determinado antecipadamente, para fins de cotações, concorrência etc.

O cuidado na predeterminação da taxa de aplicação dos CIF é fundamental, pois cada produto, sendo diferente dos demais, pode receber CIF em excesso ou insuficientemente. Por si, esse é um problema crucial do sistema de custeio.

Naturalmente, a escolha do sistema de custeio não é arbitrária, mas obedece à maneira com que a empresa opera. O custeio por OP, comparativamente ao sistema de custeio por processo, oferece algumas desvantagens, como o elevado nível de serviços burocráticos necessários para registro de dados minuciosos e acompanhamento permanente.

Os formulários e documentos internos e externos devem estar integrados à contabilidade financeira, por razão de controle interno e até mesmo por imperativo fiscal-tributário. Tais documentos e formulários são Requisições de Materiais, Notas de Devolução de Material Não Utilizado, Folha de Apontamentos de Horas Trabalhadas, Folha de Apropriação dos CIF e outros que possam ser úteis, segundo o nível de detalhamento e complexidade operacional.

Os custos indiretos são aplicados às OP pela taxa predeterminada e, geralmente, são fixados com base em volume, tal como material direto, mão de obra direta, horas-homem, horas-máquina etc.

É oportuno lembrar que um sistema mais complexo não é necessariamente melhor que outro mais simples. Na verdade, a excelência de um sistema de custeio (aliás, de qualquer coisa) é determinada pelo nível de simplicidade, e não de complexidade. O importante é que se consiga atender aos objetivos.

A Ordem de Produção pode ser elaborada em diversos modelos. Basicamente, pode ser como apresentado na Figura 8.1.

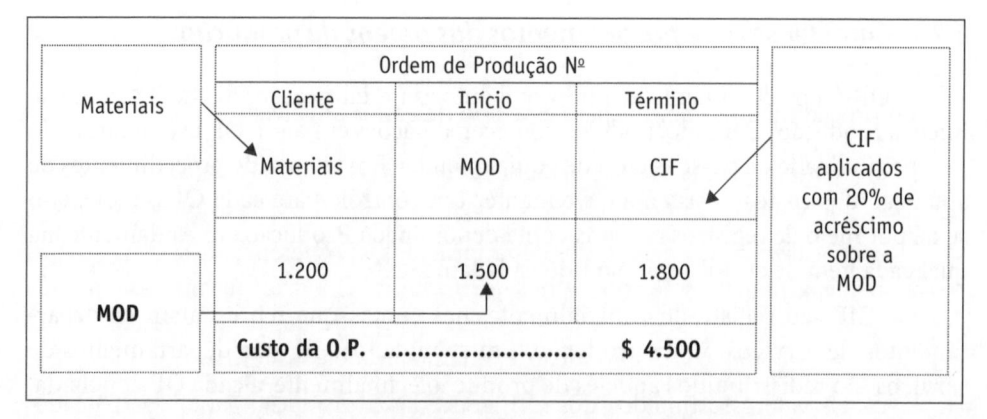

Materiais	Ordem de Produção Nº			
	Cliente	Início	Término	CIF aplicados com 20% de acréscimo sobre a MOD
	Materiais	MOD	CIF	
MOD	1.200	1.500	1.800	
	Custo da O.P. .... $ 4.500			

Figura 8.1 Exemplo de Ordem de Produção

A quantidade de detalhes a constar de uma Ordem de Produção dependerá das necessidades de controle. Nas OP, podem ser inseridos detalhes como os departamentos e os respectivos encarregados, tempos de execução, custos de materiais e outros mais.

8.2.2 O custeio dos materiais

O principal documento de suporte na contabilização do material é a Requisição emitida pela gerência de produção, logo após a emissão da OP. Nela, estarão consignados o número da OP, o cliente e a quantidade dos materiais necessários.

No fechamento, ao final do período, as requisições são reunidas em sumários para o registro contábil.

Na eventualidade de devolução de sobras ao estoque, esta deverá estar acompanhada por um documento, que pode ser uma Nota de Devolução ou outro documento semelhante, para o reingresso físico e contábil ao Estoque de Materiais.

8.2.3 O custeio da mão de obra aplicada à OP

A apropriação da mão de obra aplicada em cada OP será feita pela folha de apontamento ou outro mecanismo. A folha de apontamento também deve indicar a natureza da mão de obra, se direta ou indireta, pois a primeira estará identificada com a OP, enquanto a segunda irá para a conta de controle dos CIF.

As folhas de apontamentos também serão objeto de sumarização para fins de registro contábil e posterior conciliação com os valores consignados na folha de pagamento pela contabilidade financeira.

8.2.4 Controle dos CIF

O controle dos CIF traz um pouco mais de problemas ao custeio. Na verdade, abrange os materiais indiretos, a mão de obra indireta e os demais gastos, que podem ser de estrutura produtiva.

Os procedimentos comuns para esse tipo de gastos envolvem:

a) Acumulação de custos por departamento, tais como os gastos com aluguéis, manutenção, depreciação, encarregados e supervisores, seguros e outros.

b) Localização dos custos nos departamentos, após terem sido segregados nos departamentos de apoio e nos de produção. Os custos localizados em cada departamento serão, posteriormente, redistribuídos para os demais, como os de apoio e os de produção, e, finalmente, aos produtos.

c) Os valores estimados dos CIF aplicados à produção serão confrontados com os valores reais e, geralmente, aparecerá uma variação. Tal variação será encerrada proporcionalmente contra a produção em andamento, a produção acabada e o custo da produção vendida.

8.2.5 Sistema por ordens de produção – aplicação ilustrativa

A Companhia Marapé desenvolve suas atividades com dois departamentos: usinagem e montagem. Os CIF são agrupados segundo a utilidade para os dois departamentos.

A empresa predetermina uma taxa de CIF para alocação às OPs. Os CIF do departamento de usinagem são alocados às OPs usando como base as horas de máquinas. No departamento de montagem, a alocação se faz com base no custo de MOD.

A empresa está passando por uma reformulação administrativa com um novo gerente, o qual pensa, no momento, em estudar e readequar as taxas de aplicação dos CIF. A contabilidade informa à direção que no departamento de usinagem utiliza-se pouca MOD. Grande parte dos CIF naquele departamento decorre da operação de máquinas, tais como depreciação, manutenção, peças de reposição etc. Assim, a direção concluiu que o uso de horas de máquinas como base de rateio é mais adequado.

No departamento de montagem, são utilizadas poucas máquinas e predomina o uso de mão de obra, a qual é composta, em grande parte, por pessoal qualificado e uma pequena quantidade de operários com baixa qualificação. Aqui, a gerência da empresa optou pela adequação do custo de MOD como sendo uma base razoável, porque boa parte dos custos nesse departamento sofre variação constante.

As estimativas de CIF levantadas para o ano estão listadas na Tabela 8.1.

Tabela 8.1 Estimativas de CIF

Itens	Usinagem	Montagem
CIF	$ 1.400.000	$ 2.400.000
Custo da MOD	$ 700.000	$ 1.000.000
Nº de horas de MOD	35.000 horas	100.000 horas
Horas de máquinas	25.000 h/m	10.000 h/m

Por esses dados, as taxas de aplicação dos CIF foram assim determinadas:

$$\text{Usinagem} = \frac{\text{CIF estimados}}{\text{Total da base}} = \frac{\$\ 1.400.000}{25.000\ \text{h/m}} = \$\ 56/\text{h/m}$$

$$\text{Montagem} = \frac{\text{CIF estimados}}{\text{Total da base}} = \frac{\$\ 2.400.000}{\$\ 1.000.000} = 2,4$$

O gerente da empresa, novato em questões de custos, para certificar-se de que entendeu como é feita a alocação dos CIF às OP, recalculou os custos de uma OP, a de nº 246. Esta foi a última OP concluída e entregue ao cliente. Da folha de Ordem de Produção, obteve os elementos listados na Tabela 8.2.

Tabela 8.2 Dados da OP nº 246

Itens	Valores	
Departamentos	Usinagem	Montagem
Materiais diretos requisitados	$ 40.000	$ 70.000
MOD (custo apontado)	$ 28.000	$ 10.000
Dados quantitativos:		
Horas de MOD	200 horas	1.000 horas
Horas de máquinas	100 horas	500 horas

Usando as taxas de aplicação dos CIF, o gerente recalculou os custos da OP:

Usinagem: 100 h/m × $ 56	5.600
Montagem: 2,4 × $ 10.000	24.000
	29.600

O custo da OP apresenta-se na Tabela 8.3.

Tabela 8.3 Custo da OP nº 246

Itens	Valores		
Departamentos	Usinagem	Montagem	Total
Materiais diretos requisitados	$ 40.000	$ 70.000	$ 110.000
MOD (custo apontado)	$ 28.000	$ 10.000	$ 38.000
CIF apropriados	$ 5.600	$ 24.000	$ 29.600
Totais	$ 73.600	$ 104.000	$ 177.600

8.2.6 Os CIF superaplicados e subaplicados

Os CIF aplicados foram decorrentes de estimativas, de conformidade com um elemento gerador dos custos e determinado nível de capacidade. Os CIF reais são os gastos incorridos no decorrer do período. Assim, é natural que ocorra uma diferença ou variação.

Após apurar o valor da variação, devem ser feitos os ajustes dos CIF reais com os CIF predeterminados e aplicados. Esses ajustes devem ser realizados periodicamente, para eliminar os resquícios de incertezas das estimativas.

Quando se determina a taxa de aplicação, estima-se tanto o valor dos CIF (numerador) quanto o volume de base (denominador). Ao final do período, os valores dos CIF nas contas de inventários (Produção em Andamento) podem resultar em excessivos ou insuficientes, de modo que requerem os ajustes.

Os CIF superaplicados ocorrem quando os custos reais forem menores que os CIF aplicados. Contrariamente, os CIF subaplicados ocorrem quando os custos reais forem maiores que os CIF aplicados. A correção da variação constatada se dará pela comparação entre os dois elementos.

Suponha-se a situação da Tabela 8.4.

Tabela 8.4 Dados do Departamento X

Dados	Estimados (Orçados)	Reais
Custo de MOD	$ 36.000	$ 34.000
÷ Número de horas da MOD	8.000	7.500
= Taxa de Aplicação do CIF	$ 4,50/h/MOD	

Cada unidade produzida recebe, a título de CIF, $ 4,50 por h/MOD utilizada.

Considerando que foram trabalhadas 7.500 horas, os CIF aplicados totalizaram $ 33.750 ($ 4,50 × 7.500 horas).

Tem-se, então:

CIF Reais Incorridos	$ 34.000
(–) CIF Aplicados	$ 33.750
= Subaplicação	$ 250

Se os produtos ainda estiverem no estoque, devem ser ajustados recebendo os $ 250 faltantes e, se já tiverem sido vendidos, esse ajuste terá um acréscimo no Custo de Produção Vendida (CPV). Se apenas uma parte ainda restar no estoque, é necessário fazer o ajuste proporcional nos dois itens.

8.3 Sistema de custeio por processo

Este sistema é aplicável quando a atividade se constitui em industrializar diversos bens que são virtualmente iguais, feitos segundo as especificações que o fabricante acredita serem do desejo do mercado. Por essa razão, a produção é contínua. A sua aplicação cabe na produção em massa de produtos similares e que mantêm homogeneidade no processo produtivo, como no caso de refrigerantes, alimentos enlatados, eletrodomésticos e outros.

Nesses casos, a produção é feita para estoques à espera de vendas e o marketing trata de realçar-lhes as qualidades no mercado. Em geral, os produtos são elaborados em curto período. São de produção repetitiva, similares em esforços e recebem a mesma quantidade de recursos em um fluxo contínuo. Assim, é factível o objetivo de apuração do custo de uma unidade produzida, por unidade de tempo.

No custeio por processo, os custos não são atribuídos a cada unidade isoladamente. São alocados à produção total, procurando obter os valores médios dos custos unitários.

Um modelo simples do custeio por processo contínuo assume que, se em um período toda produção iniciada tivesse sido concluída, o custo unitário seria obtido dividindo-se, simplesmente, os custos totais pela quantidade.

Todavia, em razão da continuidade do processo produtivo, no início e no fim de um período podem existir unidades por concluir, ou seja, existirão estoques iniciais e estoques finais. Isso leva ao âmago da característica do sistema de custeio por processo: à presença de estoques no final do período e, consequentemente, às unidades equivalentes para a avaliação de unidades incompletas no fim do período. As unidades incompletas são convertidas em termos de unidades acabadas para que se possa ter o denominador do cálculo do custo unitário. Estas são denominadas Unidades Equivalentes (UEQs).

Normalmente, os materiais são aplicados à produção no início do processo, enquanto a mão de obra e os custos indiretos são aplicados no decorrer dele, o que leva a considerar a existência de duas categorias: os materiais e os custos de conversão (mão de obra e os custos indiretos de fabricação). Tais insumos são considerados isoladamente. Os estoques conterão esses insumos em diferentes proporções.

O elemento gerador dos custos é a quantidade. Se o objetivo é calcular a razão de consumo de materiais, isso será feito dividindo-se o custo total dos materiais pela quantidade produzida, considerando as unidades acabadas e as UEQs, obtendo-se, assim, os custos unitários.

O cálculo de custos unitários abrange custos de elementos agregados. Para fins de decisão, deve-se tomar cuidado com os custos unitários, pois podem levar a algum engano.

Quando o período se iniciar sem estoques iniciais e com estoques no final, tem-se uma situação um pouco mais complexa. Haverá a necessidade de segregar os custos dos diferentes insumos aplicados, porque tais insumos são aplicados à produção em ritmos diferentes. Geralmente, os materiais são aplicados no produto no início do processo produtivo. A MOD é aplicada durante todo o processo e os gastos indiretos são aplicados de formas diferentes, podendo ser em ritmo gradual ou mesmo no fim do processo.

Pode-se ainda pensar em duas modalidades:

- os processos sequenciais, nos quais uma fase ou operação se sucede a outra; e
- os processos paralelos, em que dois ou mais processos são trabalhados simultaneamente e se juntam no final da produção.

No processo sequencial, uma fase é trabalhada e o que for feito será matéria-prima da fase seguinte (ver Figura 8.2).

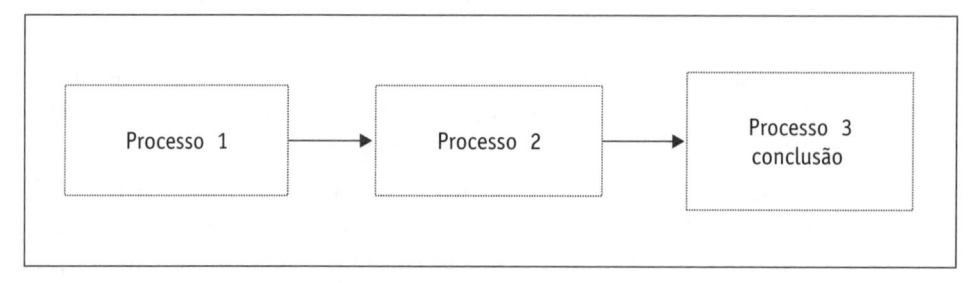

Figura 8.2 Processo sequencial

Na Figura 8.3, ilustra-se o processo paralelo pelos processos 1 e 2, que são trabalhados simultaneamente para, em seguida, se juntarem no processo 3 e acabados no processo 4.

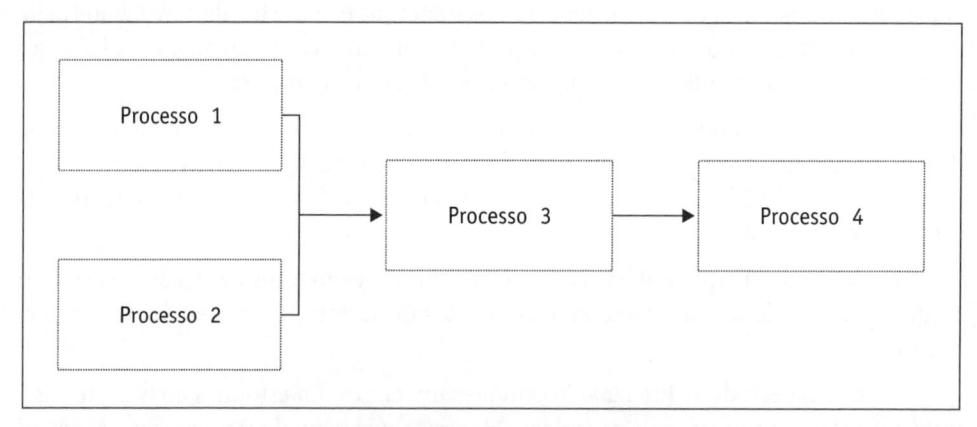

Figura 8.3 Processo paralelo

O ponto-chave no custeio por processo é o conceito de unidades equivalentes (UEQs), citado antes. Trata-se de converter as unidades ainda incompletas em equivalentes à unidade acabada, e as unidades por terminar podem estar em diferentes estágios, considerando os componentes do produto. Outra situação ocorre quando os CIF são aplicados em razão do consumo da MOD. Isso significa que os estágios de acabamento para esses dois tipos de recursos são os mesmos.

Esta é uma razão para considerar o conceito de Custo de Conversão, que é a soma da MOD e os CIF. O custo a ser apurado é o custo unitário médio por período.

Há que considerar dois elementos: as quantidades e o correspondente custo. Para realizar o cálculo, deve-se preocupar com as unidades físicas acabadas e as unidades incompletas em equivalentes.

Por exemplo: o estoque final é de 40 unidades incompletas, para as quais faltam apenas 20% de materiais, MO e CIF para terminá-las. Se cada elemento estiver no mesmo estágio de acabamento, podemos converter essas 40 unidades incompletas em equivalentes a 32 unidades prontas, ou seja, 40 unidades × 80%. Note que nenhuma dessas unidades está completa, mas proporcionam um meio de avaliar o custo dos recursos nelas utilizados.

Os materiais podem também ser aplicados em determinados pontos do processo. Nesse caso, considera-se o que foi utilizado e cada unidade poderia estar, por exemplo, 80% acabada em relação aos materiais e, em outro percentual, em relação aos demais gastos. Se os materiais tivessem sido aplicados totalmente no início do processo, então cada unidade estaria 100% completa em relação aos materiais.

O procedimento abrange as unidades físicas acabadas na mesma escala de medida das unidades parcialmente completas. Com isso, evitam-se somar bolo e açúcar, isto é, coisas diferentes. Se os custos totais fossem divididos pelas quantidades físicas, os custos unitários resultantes estariam mal apurados, subavaliando o verdadeiro custo do produto acabado.

Portanto, será necessário um relatório de produção ao qual serão aplicados os valores monetários.

Pode-se pensar em uma sequência:

a) analisar o fluxo das unidades processadas;

b) calcular as UEQs para os materiais e para o custo de conversão;

c) calcular o custo unitário;

d) aplicar o custo unitário ao estoque final de produtos ainda em processamento e ao estoque de produtos acabados.

O sistema de custeio por processo pode ser trabalhado tanto em termos reais (pós-produção) quanto em termos estimados (orçados). O uso de taxas de aplicação de CIF predeterminadas normaliza os custos em relação aos CIF, isolando os problemas decorrentes de oscilação nos níveis de atividades, queda nas vendas e outros.

A partir de agora, todos os produtos em processo de fabricação e ainda não terminados serão denominados de estoques iniciais de produtos em processo (EIPP).

O trabalho realizado no período anterior constitui-se no EIPP do atual período. As unidades parcialmente completadas no período anterior podem receber a avaliação pelo método do PEPS (primeiro que entra é o primeiro que sai) ou pelo método do custo médio.

Sob o método PEPS, os custos do estoque inicial (recebido do período anterior) são separados dos custos do período corrente. São calculados separadamente.

Sob o método do custo médio, as unidades do EIPP são misturadas com as unidades iniciadas no período atual. Daí obtêm-se as unidades equivalentes médias e os respectivos custos.

Esse cálculo será feito da seguinte maneira:

Unidades completadas e saídas em transferência para o departamento seguinte ou para o depósito de produtos acabados, se estiverem prontas
+ Unidades equivalentes de Produção no final do período
= Equivalente de Produção

Note-se que, no método do custo médio, as unidades parcialmente completas no início do período são trabalhadas ao mesmo tempo e somadas às unidades completadas e já saídas. Portanto, ocorrerá uma fusão de custos do período anterior e custos do período corrente. Esta é a sua principal vantagem: a simplicidade.

8.4 O tratamento dos refugos

O custeio por processo tem ainda outro ponto de complexidade, que é a inclusão dos refugos. Os refugos constituem-se no custo dos recursos inaproveitados, por resultarem em produtos com defeitos, que não podem ser recuperados com trabalhos adicionais ou por reciclagem.

Os refugos podem ser consequência normal do processo produtivo. Um tratamento que pode ser dado aos custos dos refugos é considerá-los como parte inerente do processo de produção. Assim, as unidades boas absorverão os custos das unidades refugadas. Se forem relevantes em valor, devem ser segregados e reportados de modo que os gerentes possam avaliar as consequências e dispor de oportunidade para considerar os meios possíveis de eliminar ou reduzir tais custos.

Os cálculos para as unidades refugadas são feitos da mesma maneira que os dos produtos bons. Contudo, as unidades devem ser divididas em boas e estragadas. As unidades equivalentes também devem ser separadas de maneira que se possam atribuir custos que devam caber às unidades estragadas. O estágio de produção, em percentual, do acabamento para as unidades estragadas depende do instante em que o estrago é detectado e de qual porção de trabalho aplicada a essas unidades, até aquele momento.

Os trabalhos para essa modalidade incluem:

a) Determinar o número de unidades. As unidades devem ser separadas em três partes, em vez de duas. Antes, as unidades eram divididas entre aquelas que estavam completadas e transferidas adiante e aquelas que sobraram no estoque final. Com a presença de unidades estragadas, surge um terceiro grupo: aquelas que foram rejeitadas. Deve-se calcular o número de unidades equivalentes para esses grupos, separadamente.

b) A segunda fase é igual à anterior: consiste em determinar os custos a serem atribuídos às unidades.

c) A terceira fase é também igual àquela já discutida, exceto pelo fato de que é necessário reportar os custos das unidades rejeitadas e, portanto, o custo das unidades equivalentes será diferente.

d) Na quarta fase, os custos devem ser atribuídos às unidades completadas, ao estoque final e às unidades refugadas.

Os custos dos refugos inevitáveis podem ser atribuídos ao resultado, como despesa, como parte dos gastos das vendas ou ainda tratados como parte dos custos do processo de produção, e serão contados como um custo das unidades boas.

Como ilustração, apresenta-se a Cia. de Brinquedos Guri. A empresa produz um brinquedo em bases contínuas. É uma pequena empresa que opera com um só departamento. O estoque vai sendo reabastecido à medida que os produtos fabricados são vendidos. A empresa está em fase inicial de atividades. O objetivo do sistema de custeio, como visto antes, é o de apurar o custo unitário por período, já que os produtos são de fabricação contínua e feitos sob as especificações do fabricante. No primeiro mês de atividades (janeiro, por exemplo), é levantado o relatório da produção em conjunto com o inventário. Não havia estoque no início do período.

Os dados são os constantes na Tabela 8.5.

Tabela 8.5 Relatório da produção

EIPP	0
Quantidade acabada durante o mês	8.000 unidades
Estoque Final de Produtos em Processo (EFPP)	2.000 unidades
Estágio de acabamento do estoque final	60%

Para manter a ilustração em um bom nível de simplicidade, admite-se que todos os componentes do produto, isto é, a matéria-prima, a MOD e os CIF, estão em mesmo grau de acabamento. Na verdade, é mais comum, e mesmo lógico, pensar que toda ou quase toda a matéria-prima seja inserida no processo no primeiro momento, ou no primeiro estágio da produção. Assim, o grau de acabamento em relação à matéria-prima estaria em 100% ou próximo disso. A mão de obra, via de regra, é aplicada uniformemente durante todo o processo de produção, embora em ritmos diferentes, quando se trabalhar com diversos produtos. Situação semelhante ocorre com os custos indiretos. Portanto, na realidade pode ocorrer que, quando do levantamento do estoque final, os componentes estejam presentes nos produtos em graus diferentes. Entretanto, para a ilustração, como mencionado, os três componentes estão no mesmo patamar.

O levantamento físico é comparado com os custos monetários incorridos no período constante do relatório de custos de produção do mês, conforme podemos ver na Tabela 8.6.

Tabela 8.6 Relatório da produção – Janeiro

	$
Matérias-primas	16.560
MOD	11.040
CIF aplicados	12.880
Custos totais do mês	40.480

Com os informes em mãos, pode-se proceder ao cálculo das quantidades equivalentes, que permitirá determinar o custo unitário. Lembre-se de que os produtos são similares em custos, características físicas e de produção contínua. Então, há os dados da Tabela 8.7.

Tabela 8.7 Cálculo da quantidade equivalente

Quantidade produzida no mês	Unidades
Quantidades acabadas e transferidas para venda	8.000 unidades
EFPP: 2.000 unidades × 60% (grau de acabamento)	1.200 unidades
Produção equivalente (quantidade acabada + quantidades ainda em processo transformadas em equivalência às unidades acabadas)	9.200 unidades

A partir desses dados, há condições de calcular o custo unitário.

Em primeiro lugar, determina-se o custo unitário por componente.

Cálculo dos custos unitários:

Custos	$
Matérias-primas ($ 16.560 ÷ 9.200 unidades)	1,80
MOD ($ 11.040 ÷ 9.200 unidades)	1,20
CIF ($ 12.880 ÷ 9.200 unidades)	1,40
Totais	4,40

Cálculo dos custos da produção acabada e do estoque final:

Custos		$
Custo da produção acabada: 8.000 unidades × $ 4,40		35.200
Custos do Estoque final:		5.280
Matérias-primas em processo (2.000 unidades × 0,60 × $ 1,80)	2.160	
MOD (2.000 unidades × 0,60 × $ 1,20)	1.440	
CIF (2.000 unidades × 0,60 × $ 1,40)	1.680	
Custos totais		40.480

No segundo mês de produção, já se conta com EIPP, que são as 2.000 unidades não completadas do mês anterior que devem ser terminadas neste mês. Nessa situação, pode-se adotar para a apuração dos custos do presente mês o critério do PEPS ou o Custo Médio. Nesta ilustração, adotou-se o critério do Custo Médio (Tabela 8.8).

Tabela 8.8 Relatório da produção – Fevereiro

EIPP	2.000 unidades	
Quantidade acabada durante o mês	7.000 unidades	
EFPP	1.000 unidades	
Estágio de acabamento do estoque final	80%	
Custos do EIPP:		
Matérias-primas	$ 2.160	
MOD	$ 1.440	
CIF aplicados	$ 1.680	
Custos totais do mês		$ 5.280
Custos de produção do mês:		
Matérias-primas	$ 15.000	
MOD	$ 11.820	
CIF aplicados	$ 13.920	$ 40.740
Custos totais incorridos no mês		$ 46.020

Cálculo da quantidade equivalente:

Produção	Unidades
Quantidade produzida no mês:	
Quantidades acabadas e transferidas para venda	7.000
EFPP: 1.000 unidades × 80% (grau de acabamento)	800
Produção equivalente (quantidade acabada + quantidade ainda em processo transformada em equivalente às unidades acabadas)	7.800

Cálculo dos custos unitários:

Custos	$
Matérias-primas ($ 2.160 + 15.000) ÷ 7.800 unidades	2,20
MOD ($ 1.440 + 11.820) ÷ 7.800 unidades	1,70
CIF ($ 1.680 + 13.920) ÷ 7.800 unidades	2,00
Totais	5,90

Cálculo dos custos da produção acabada e do estoque final:

Custos		$
Custo da produção acabada: 7.000 unidades × $ 5,90		41.300
Custos do Estoque final:		
Matérias-primas em processo (1.000 unidades × 0,80 × $ 2,20)	1.760	
MOD (1.000 unidades × 0,80 × $ 1,70)	1.360	
CIF (1.000 unidades × 0,80 × $ 2,00)	1.600	4.720
Custos totais		46.020

8.5 Diferenças e similaridades entre o processo por OP e o processo contínuo

Conforme discutido, os dois sistemas são básicos nos processos administrativos que comandam a produção das instituições produtoras.

Os dois sistemas não são mutuamente excludentes. Uma indústria poderá trabalhar com os dois simultaneamente, mesmo que dê preferência a um deles. Todavia, os sistemas são diferentes em muitos fatores. Vale a pena ter-se em mente as principais diferenças e similaridades entre ambos.

8.6 Diferenças entre o custeio por OP e o custeio por processo contínuo

A seguir, serão apontadas as principais diferenças entre os dois sistemas:

a) no processo contínuo, os custos são preferencialmente acumulados por departamentos. Isso difere do custeio por OP, no qual a priorização recai sobre as ordens individuais;

b) no processo contínuo, o principal documento é o relatório, indicando os custos da produção acabada e os custos da produção em andamento, enquanto na OP o documento é a folha da OP ou um sumário das OP no período, organizados pelos elementos de custo;

c) no processo por OP, os produtos não são feitos para serem estocados. O mesmo não acontece no processo contínuo.

TESTES

1. São ramos de atividades nos quais seria aplicável o custeio por processo:
   A) Lâmpadas elétricas, medicamentos e cozinhas moduladas.
   B) Medicamentos sob manipulação, cadernos e televisores.
   C) Refrigerantes, computadores e calçados.
   D) Sabonetes, perfumes e embarcações.

2. As atividades de uma agência de propaganda, uma clínica e um escritório de advocacia teriam seus custos acumulados:
   A) Por cliente atendido.
   B) Por processo.
   C) Por período.
   D) Por continuidade.

3. Sob o sistema de custeio por OP, quando houver subaplicação dos CIF, ter-se-á:
   A) Custo aplicado maior que o real.
   B) Custo aplicado menor que o real.
   C) Custo aplicado igual ao real.
   D) Custos iguais às despesas.

4. Para a acumulação de custos sob um sistema de custeio por OP, é fundamental:
   A) A requisição de materiais ao estoque.
   B) A conta de produtos em fabricação.

C) A autorização de produção.

D) A conta de produtos semiacabados.

5. Em determinada empresa, os CIF que são fortemente correlacionados com o emprego de MOD foram orçados em $ 567.000 para um nível de atividades de 63.000 horas de trabalho. Uma OP específica que exigiu o trabalho de 120 horas teve os CIF apurados em $ 1.150. Houve, portanto:

   A) Uma subaplicação de CIF de $ 70.

   B) Uma superaplicação de CIF de $ 50.

   C) Uma superaplicação de CIF de $ 20.

   D) Uma superaplicação de CIF de $ 70.

6. Se, em determinado período, os CIF tiverem sido superaplicados, significa que:

   A) A taxa de aplicação dos CIF foi determinada insuficientemente.

   B) A taxa de aplicação dos CIF foi determinada em excesso.

   C) Os custos reais resultaram maiores que os custos orçados.

   D) Os custos reais resultaram iguais aos custos orçados.

7. A Empresa Líder em determinado mês obteve 2.500 unidades completadas e transferidas para o estoque de produtos acabados. O estoque final é de 500 unidades 100% completas em relação aos materiais e 70% completas em relação aos custos de conversão. Os custos foram de $ 12.000 de materiais e $ 8.550 de custos de conversão. Não havia estoque inicial. O custo das unidades completadas e transferidas foi:

   A) $ 15.500.

   B) $ 17.500.

   C) $ 17.985.

   D) $ 18.850.

EXERCÍCIOS

1. A Cia. Assaí dedica-se a atender a clientes com a fabricação de ferramentas especiais. A OP nº 415 acaba de ser concluída necessitando, portanto, da apuração do custo e da sua respectiva ordem. Os dados relativos a essa OP são os seguintes:

Materiais diretos usados	$ 6.000
Horas de MOD utilizadas	280 horas
Custo-hora da MOD	$ 7,50/hora
Horas de máquinas utilizadas	150 horas
Taxa de aplicação dos CIF com base no custo da MOD	$ 2,50 por h/MOD

A gerência pede que seja calculado:

a) O custo da OP.

b) O preço a ser faturado ao cliente com lucro de 20% sobre o preço final.

2. A Cia. de Embalagens Paulista trabalha com a produção de embalagens sob encomendas. Sua estrutura de produção contém dois departamentos: Injeção (Depto. A) e Acabamento (Depto. B). Os custos de produção orçados para o ano corrente são:

Custos orçados para o ano	Depto. A	Depto. B
Materiais diretos	600.000	100.000
MOD	250.000	600.000
CIF (com base no custo da MOD)	750.000	360.000

No momento, está em fase de conclusão a encomenda representada pela OP nº 55. Os custos reais de materiais e de MOD debitados à OP em referência são:

Itens	Depto. A	Depto. B	Total
Materiais diretos	60.000		60.000
MOD	16.000	24.000	40.000

Determine o custo da OP nº 55.

3. A Companhia Industrial Birigui trabalha com um sistema por ordens de produção. Durante o mês de abril, a OP nº 47 foi iniciada e terminada, mas ainda não entregue aos clientes. Essa OP consumiu:

a) $ 10.000 de materiais diretos.

b) 500 horas de MOD ao custo de $ 15 por hora.

c) Os CIF a serem aplicados a cada OP foram predeterminados em $ 18.000 (+) 120% do custo-hora de MOD para cada hora de MOD utilizada.

Durante o mês, as atividades totais, incluindo a OP nº 47, exigiram:

- Requisições de materiais incluindo para a OP nº 47: $ 90.000.
- MOD: 24.000 horas ao custo de $ 15 por hora.

a) Determine o custo de todas as OP do mês.

b) Determine o custo da OP nº 47.

4. A COMPANHIA ALFA utiliza um sistema por processo sob o método da média ponderada. Todos os materiais são introduzidos no processo no início da produção. Os custos de conversão são incorridos uniformemente durante o processo produtivo. As seguintes informações são relativas ao mês de setembro:

EIPP (25% acabados)	10.000 UEQs
Produção completada durante o mês	50.000 UEQs
EFPP (75% acabados)	12.000 UEQs

O contador da empresa já havia calculado o custo unitário por unidade equivalente: materiais $ 5 e custos de conversão $ 12.

Calcule o custo dos produtos completados durante o mês e o custo do EFPP.

5. A CIA. ERICTEX calculou o fluxo das unidades físicas completadas para o Departamento de Extrusão no mês de outubro de XX, conforme segue:

Unidades completadas do EI	15.000
Da produção do próprio departamento	35.000
Soma	50.000

Os materiais são agregados à produção no início do processo.

O EIPP estava 60% acabado em relação aos custos de conversão e no final do mês havia 20.000 unidades, que estavam 70% acabadas em relação aos custos de conversão.

Determine as unidades equivalentes usando o método PEPS.

6. A Companhia Catanduva adiciona materiais, no início do processo produtivo, no Departamento de Usinagem. Os custos de conversão (MOD + CIF) estavam 75% completados em relação às 8.000 unidades do EIPP e 60% completados em relação às 6.000 unidades do EFPP. Durante o mês, 15.000 unidades foram completadas e transferidas para o departamento seguinte. Uma análise dos custos referentes ao EIPP mostra:

Itens	Custos	
	Materiais	Conversão
EIPP	11.200	8.850
Custos adicionados no mês	14.000	14.400

Determine o custo unitário equivalente para o mês, utilizando o método do custo médio.

9
MÉTODOS DE CUSTEIO

9.1 Considerações iniciais

Segundo alguns dicionários da língua portuguesa, **custeio** é o ato ou efeito de custear. Assim, pode-se condicionar o termo *custeio* a uma forma de apropriar custos.

Todos os métodos de custeio objetivam determinar o custo unitário de cada bem ou serviço produzido por uma empresa. Para tanto, eles partem das configurações dos custos diretos e indiretos. Os métodos procuram atribuir os gastos apresentados pela organização para cada um dos bens ou serviços produzidos.

Os métodos de custeio apresentam um único objetivo, que é a determinação dos custos, mas a sistemática adotada por eles difere de um para outro método.

Existem alguns métodos utilizados pelas empresas para efetuar o custeio de seus produtos. Os mais importantes são os seguintes: custeio por absorção, custeio variável, custo-padrão e custeio ABC.

9.2 Custeio por absorção

É um método de custeio que consiste na alocação de todos os custos (diretos e indiretos) em cada fase da produção. Nesse método, todos os gastos que participam da elaboração dos produtos fabricados deverão ser absorvidos por eles.

Esse é o único método de custeio aceito pela Contabilidade Financeira que atende aos princípios contábeis.

De fato, o custeio por absorção, que alguns denominam "custeio integral", indica que cada unidade produzida "absorveu" todos os gastos necessários para obtê--la, diretos, isto é, próprios do produto, ou indiretos, que são aqueles que auxiliam a produção. Com esse método podem-se apurar os saldos dos estoques, o custo da produção vendida (CPV), além de demonstrar a situação patrimonial no Balanço.

Também é o único método válido para fins de obtenção do Quadro Demonstrativo de Resultados dos exercícios fiscais. Talvez resida aí a maior importância desse tipo de custeio, uma vez que esse método está de acordo com os princípios contábeis geralmente aceitos e vai de encontro às leis tributárias brasileiras e outras tantas internacionais.

O custeio por absorção é o método de custeio mais usado em quase todo o mundo, pois incorpora todos os tipos de custos aos produtos, possibilitando a extração do custo unitário de cada um deles. Além disso, com base no custo total, é possível a formação do preço de venda de cada produto a partir do seu custo, que servirá de referência para a atuação no mercado.

Neste método, existem algumas premissas básicas:

1ª) A distinção entre Custos, Despesas e Perdas

Essa distinção é fundamental, pois o importante é obter com razoável precisão apenas o que se gastou para a produção, não incluindo os gastos com despesas e perdas. As despesas são gastos que auxiliam nas vendas, enquanto as perdas somente reduzem o patrimônio.

Além do mais, se qualquer despesa for confundida com custo, ocorrerá uma distorção no lucro bruto da empresa. Alguns produtos que são lucrativos podem ser abandonados e outros deficitários podem acabar sendo mantidos, pois não se apurou corretamente quanto custa cada produto. Havendo essa distorção, quando uma despesa é lançada como custo e a produção não tiver sido totalmente vendida, os valores dessa despesa estarão estocados, embutidos no estoque de produtos acabados.

2ª) Apropriação dos custos diretos e indiretos à produção realizada em certo período de tempo

Os custos diretos são próprios do produto, enquanto os indiretos são basicamente da estrutura produtiva. É necessário atentar-se para a observância do princípio da competência quando se tratar dos custos indiretos apropriáveis aos produtos. A correta apuração do lucro bruto depende de um rigoroso tratamento dos custos do período.

3ª) Apuração do custo da produção do período (CPP)

A partir do momento em que foram apurados os valores, por produto, dos custos diretos e indiretos, pode-se ter a noção do custo da produção do período (CPP).

4ª) Apuração do custo unitário de produção

O custo unitário de produção será obtido com o resultado da divisão do CPP de cada produto pelas quantidades produzidas durante o período.

5ª) Apuração do custo dos produtos vendidos (CPV) e dos estoques finais

Multiplicando-se cada custo unitário pelas quantidades vendidas, obtém-se o CPV de cada produto. Da mesma maneira, para custear os estoques finais, basta multiplicar cada custo unitário pelas quantidades em estoque de cada bem elaborado.

O Quadro 9.1 tem como objetivo ilustrar os passos que deverão ser seguidos até essa 5ª premissa.

Quadro 9.1 Passos para a apuração do CPV e estoques finais

Observações*	Itens	Prod. A	Prod. B	Total
	Matérias-primas			
	+ Materiais secundários			
1	= Materiais diretos			
2	+ MOD			
3	= Custo direto			
4	+ CIF			
5	= CPP			
6	÷ Produção (unidades)			
7	= Custo unitário (Ca)			
8	Ca × Vendas (unidades)			
9	= CPV			
	Ca × Estoque físico			
10	= Estoque final – $			

* Observações:
1. O valor do material direto é obtido somando-se o seu estoque inicial às compras ocorridas durante o período e deduzindo-se do seu estoque final.
2. O valor da mão de obra direta é calculado com base no tempo de trabalho dos operários na elaboração de cada tipo de bem produzido.
3. Os custos diretos são calculados pela soma dos itens 1 e 2.
4. O total de custos indiretos de fabricação é calculado somando-se todos os seus componentes. Depois, rateia-se esse total por produto.

5. O custo de produção do período é o resultado do somatório dos itens 3 e 4.
6. A quantidade produzida é o referencial pelo qual deverá ser dividido o CPP.
7. O custo unitário é o resultado da divisão do CPP pelas quantidades produzidas.
8. As quantidades vendidas são o referencial pelo qual será obtido o CPV.
9. O custo da produção vendida será o resultado da multiplicação do custo unitário pelas quantidades vendidas.
10. A valorização dos estoques de cada produto e do estoque final será obtida pela multiplicação do custo unitário pelas quantidades que não foram comercializadas.

6ª) Apuração do resultado do período

No Quadro 9.2, pode ser observado o quadro de resultados do período e do lucro líquido.

Quadro 9.2 Resultados do período e do lucro líquido

Itens	Prod. A	Prod. B	Total
Receita operacional bruta			
– Impostos			
= Receita operacional líquida			
– CPV			
= Lucro bruto			
– Despesas			
= Lucro líquido			

Ilustração:

Determinar, pelo método de custeio por absorção, o resultado do exercício e os valores dos estoques de uma empresa que produz e vende dois tipos de produtos e que, em certo período, apresentou as seguintes características:

Itens	Produto A	Produto B
Produção (em unidades)	95.500	840.000
Preço de venda ($)	5,80	6,30
Quantidade vendida (em unidades)	83.200	132.000
Valor da matéria-prima ($)	138.000	290.000
Materiais secundários ($)	26.000	38.000
MOD ($)	55.000	72.000

Demais informações:

Seguro da fábrica – $ 19.000

Aluguel da fábrica – $ 21.000

Força motriz – $ 57.000

Total de despesas – $ 41.000

Gastos dos departamentos de apoio à produção – $ 62.000

ICMS – 18%

Observação: ratear o CIF total de forma diretamente proporcional às matérias-primas.

SOLUÇÃO

1. Rateio dos CIF

Itens	Matéria-prima	CIF
Produto A	$ 138.000	$ 51.266,36
Produto B	$ 290.000	$ 107.733,64
Total	$ 428.000	$ 159.000,00

2. Quadro auxiliar

Itens	Prod. A	Prod. B	Total
Matérias-primas	138.000,00	290.000,00	428.000,00
+ Materiais secundários	26.000,00	38.000,00	64.000,00
= Materiais diretos	164.000,00	328.000,00	492.000,00
+ MOD	55.000,00	72.000,00	127.000,00
= Custo direto	219.000,00	400.000,00	619.000,00
+ CIF	51.266,36	107.733,64	159.000,00
= CPP	270.266,36	507.733,64	778.000,00
÷ Produção	95.500	840.000	
= Custo unitário	2,83	0,60	
× Vendas	83.200	132.000	
= CPV	235.456,00	79.200,00	314.656,00
Est. físico	12.300	708.000	
Est. final – $	34.809,00	424.800,00	459.609,00

3. Quadro de resultados

Itens	Prod. A	Prod. B	Total
Receita operacional bruta	482.560,00	831.600,00	1.314.160,00
– Impostos	86.860,80	149.688,00	236.548,80
= Receita operacional líquida	395.699,20	681.912,00	1.077.611,20
– CPV	235.456,00	79.200,00	314.656,00
= Lucro bruto	160.243,20	602.712,00	762.955,20
– Despesas			41.000,00
= Lucro líquido			721.955,20

9.3 Custeio variável (ou gerencial)

O método de custeio variável pode ser definido como aquele no qual os custos fixos são alocados aos resultados como se fossem despesas (independentemente do volume de produção da empresa), enquanto os custos e despesas variáveis são elementos fundamentais para a obtenção da margem de contribuição (MgC). Aos produtos cabem apenas os elementos variáveis.

A grande vantagem desse método é a utilização do conceito de MgC. A MgC é obtida subtraindo-se do preço de venda os custos e despesas variáveis. Na verdade, a margem de contribuição é o mais importante elemento para a tomada de decisões. Tais decisões podem ser exemplificadas como a identificação do produto mais lucrativo, abertura de novo canal de distribuição, implantação de nova linha de produto, compra ou fabricação interna, fabricação ou terceirização de um produto ou uma linha de produtos, direcionamento ou redirecionamento dos investimentos etc.

Como o custeio por absorção (incluindo os custos indiretos sob o processo de rateio) produz insegurança e dificuldade no manuseio dos dados contábeis para fins decisoriais, a alternativa, portanto, é o método do custeio variável. Alguns autores referem-se a esse método como custeio direto, o que não é a melhor terminologia, pois aqui se trata de manipular os custos fixos e variáveis.

Portanto, somente serão apropriados à produção os custos variáveis. Cabe, entretanto, incluir outra novidade: as despesas variáveis, isto é, aquelas que apresentam variação em função do volume de vendas. Considerando, como foi citado, que o conceito de MgC é fundamental, devem-se considerar, na sua apuração, também as despesas variáveis.

Observe que os elementos mais importantes focados por esse método são os gastos variáveis, porque eles são os responsáveis diretos pela produção e venda dos bens e serviços. Esses gastos variáveis só existem em virtude da fabricação e comercialização dos produtos. A partir do momento em que os produtos deixarem de ser produzidos e vendidos, esses gastos deixarão de existir.

Por esse motivo, esse método considera como custos apenas os elementos variáveis, deixando os fixos para serem incorporados posteriormente.

Como os custos fixos ocorrem de qualquer maneira, mesmo que não haja qualquer quantidade produzida no período de tempo em análise, eles são considerados como se fossem despesas, que deverão ser pagas por uma margem de contribuição gerada pelos produtos vendidos. Nesse método, os custos e despesas fixas não são absorvidos por um ou outro produto em particular, mas atribuídos a todos os bens produzidos pela empresa.

O custeio variável serve apenas como instrumento de gerência, pois fere os princípios contábeis da Realização, Competência e Confrontação. Ocorre que os custos fixos, nesse método, são reconhecidos como despesas, ainda que nem todos os produtos fabricados tenham sido vendidos.

Outra diferença em relação ao custeio por absorção consiste na maneira de apresentar o Resultado. No custeio variável, a diferença entre Receita Líquida e os Gastos Variáveis produzirá a MgC. Deduzindo as despesas fixas e os custos fixos da margem de contribuição, obtém-se o lucro operacional líquido, conforme o Quadro 9.3.

Quadro 9.3 Custeio variável: obtenção do lucro operacional líquido

Receita operacional líquida
Custos variáveis
Despesas variáveis
Margem de contribuição
Custos fixos
Despesas fixas
Lucro operacional líquido

9.3.1 Vantagens do custeio variável

a) Elimina as variações nos resultados oriundos da quantidade produzida e vendida, uma vez que o lucro líquido não é afetado por variações nos inventários.

b) Facilidade de obtenção da margem de contribuição por tipo de produto elaborado.

c) Maximização da margem de contribuição em valores totais mediante a visualização dos produtos com maior margem de contribuição unitária.

d) É uma ferramenta adequada para a tomada de decisão, pois só considera como custo do produto os elementos variáveis.

e) Facilita aos gerentes industriais o entendimento do processo de custeio dos produtos, pois os custos variáveis são, geralmente, de sua responsabilidade. O custeamento variável é totalmente integrado com o custo-padrão e o orçamento flexível, possibilitando o correto controle de custos.

f) O custeamento variável proporciona maior clareza no planejamento do lucro e na tomada de decisão.

g) Oferece condições para os gerentes avaliarem o seu próprio desempenho de forma mais significativa, uma vez que eles só podem ser responsabilizados pelos custos variáveis (controláveis), e não por aqueles contratados pela alta direção, como os custos fixos.

9.3.2 Desvantagens do custeio variável

a) Dificuldade de segregação efetiva dos custos fixos e variáveis, como nos custos mistos. Isso é necessário, para maior exatidão dos elementos decisoriais.

b) O custeio variável fere os princípios contábeis e, por isso, não é aceito para fins fiscais ou para uso de terceiros, especialmente nas empresas de capital aberto.

Como já foi afirmado, para efetuar a apropriação dos custos de cada produto, esse método não utiliza qualquer sistema de rateio, uma vez que os gastos variáveis são calculados com base na sua participação direta sobre cada produto elaborado e vendido pela empresa.

A seguir, apresenta-se, no Quadro 9.4, o quadro de resultados que sintetiza esse método para uma empresa que fabrica e vende três produtos.

Quadro 9.4 Quadro de resultados – método custeio variável

Itens	Produto X1	Produto X2	Produto X3	Total
Faturamento Bruto				
(–) Impostos Diretos				
= Faturamento Líquido				
(–) CV (MD + MOD)				
(–) Despesas Variáveis				
= Margem de Contribuição – $				
= Margem de Contribuição – %				
(–) CF				
(–) Despesas fixas				
= Lucro Operacional				
(–) Impostos indiretos (IR/CSLL)				
= Resultado do exercício				

Observe que a margem de contribuição deverá ser calculada em valores absolutos (monetários) e em valores relativos (percentuais). Estes últimos serão calculados contra o Faturamento Bruto.

Até a margem de contribuição, cada produto apresentará uma medida monetária. Como o método não apresenta características de rateio, a partir da margem de contribuição, os gastos e demais cálculos serão apropriados ao valor total dos bens produzidos e comercializados pela empresa.

Pelos motivos já apontados, esse método é tipicamente gerencial. Portanto, ele pode proporcionar à alta direção da empresa certas tomadas de decisões quanto à forma de participar no mercado, permitindo fazer alterações sobre a participação de cada produto elaborado.

Assim, determinado produto pode apresentar margem de contribuição maior que outro. Dessa maneira, a alta direção da empresa poderá tomar decisões baseada nas margens de contribuição dos seus produtos.

Suponha, por exemplo, que certa empresa fabrique e venda dois produtos X1 e X2 e deseje investir no incremento de produção de um de seus produtos. O produto X1 apresenta margem de contribuição de 25%, enquanto o produto X2 apresenta margem de 40%.

Qual dos dois produtos deverá receber incremento de produção?

Os fatos estão indicando que o produto X2 colabora mais do que o produto X1 para cobrir os gastos fixos e para a formação do lucro da empresa e, dessa maneira, deverá ser o escolhido para ter a sua produção incrementada.

Consequentemente, a alta direção deverá optar em aumentar a produção de X2 em detrimento do produto X1, que apresenta margem menor.

Esse método também permite a correção do preço de venda de qualquer produto fabricado pela empresa, uma vez que existem fatores conhecidos que colaboram efetivamente para esse fim:

a) conhecimento dos custos variáveis;

b) conhecimento das despesas variáveis;

c) conhecimento da margem de contribuição;

d) conhecimento dos custos fixos totais;

e) conhecimento das despesas fixas totais;

f) valor da rentabilidade total esperada.

A seguir, será apresentado um exemplo para verificação do Resultado do Exercício, com base no método de custeio variável.

Determinar, pelo método de custeio variável, o quadro de resultados de uma empresa que produz e vende biquínis e maiôs e que apresenta em determinado mês a seguinte situação:

Itens	Biquíni	Maiô
Produção em unidades	40.000	20.000
Vendas em unidades	30.000	15.000
Gastos com matérias-primas ($)	50.000	40.000
Gastos com materiais secundários ($)	8.000	5.000
Preço de venda ($)	45	30
Gastos com MOD ($)	20.000	15.000

Demais informações (em $):

Depreciação de Máquinas e Equipamentos 10.000
Aluguel da Fábrica 14.000
Energia Elétrica da fábrica 1.500
Despesas Administrativas 40.000
Despesas Comerciais 67.635
ICMS 18%
IR 25%
CSLL (Contribuição Social sobre o Lucro Líquido) 9%

Obs.: ratear as despesas variáveis em função do Faturamento Bruto

Itens	Biquíni	Maiô	Total
MD	58.000	45.000	103.000
MOD	20.000	15.000	35.000
CV	78.000	60.000	138.000

Quadro de Resultados

Itens	Biquíni	Maiô	Total
Faturamento Bruto	1.350.000	450.000	1.800.000
– ICMS	243.000	81.000	324.000
= Faturamento Líquido	1.107.000	369.000	1.476.000
– CV	78.000	60.000	138.000
– DV	50.726	16.908	67.635
= MgC $	978.274	292.091	1.270.365
MgC %	72,5%	64,9%	
– CF			25.500
– DF			40.000
= Lucro Operacional			1.204.865
– IR (25%)			301.216
– CSLL (9%)			108.437
= Resultado do Exercício			**795.212**

9.4 O capital de giro e sua influência sobre as despesas financeiras

Este item apresenta a finalidade de estudar o capital de giro, no contexto das decisões das empresas, para melhor análise e entendimento da movimentação financeira das organizações.

O termo *giro* nasceu em virtude dos recursos financeiros de curto ou médio prazo que as instituições são obrigadas a manter para poderem girar no mercado durante determinado período. Normalmente, esse período é contabilizado em termos de um mês. Porém, algumas organizações, devido às peculiaridades dos seus negócios, têm o hábito de considerá-lo para períodos mais longos, chegando a um ano.

No método de custeio variável, muito utilizado para análise gerencial e na tomada de decisões por parte da alta direção das empresas, não se pode deixar de atentar para a importância das despesas financeiras, principalmente no que diz respeito ao capital de giro e aos juros que este item poderia trazer em benefício dos proprietários da firma se, em vez de aplicar o dinheiro na sua atividade produtiva, tivessem feito investimentos em seus benefícios, no mercado financeiro.

Portanto, na formulação das despesas financeiras, além dos elementos comuns que as compõem, como títulos a pagar, descontos de duplicatas etc., a atenção também deve estar focada para o capital de giro da empresa e os juros decorrentes desse capital.

9.4.1 *Capital de giro*

O capital de giro é um valor monetário que a empresa deve dispor para poder "girar" no mercado que disputa, durante determinado período. Observe, a título de reforço, que esse período de tempo considerado é, normalmente, de um mês. Portanto, o capital de giro é o sacrifício financeiro que a empresa deve manter disponível para financiar o seu ciclo operacional, isto é, envolve a aquisição dos materiais diretos e a sua estocagem, os estoques de produtos acabados e o recebimento dos valores referentes à comercialização dos bens ou serviços.

O capital de giro é o resultado das operações que ocorrem com alguns elementos necessários para a empresa poder manter-se de maneira competitiva no mercado.

Os elementos que compõem o capital de giro são os seguintes:

a) **Devedores por Vendas (Clientes)**: é o valor correspondente ao montante com o qual a empresa financia seus clientes pelo fato de vender a prazo. Observe-se que, atualmente, a maioria das empresas fabricantes de bens comercializa seus produtos em prazos de 30, 60 ou 90 dias, dependendo do grau de confiança que têm em seus clientes. É notório que a empresa teve custos e despesas para fabricar e vender os seus produtos. O fato de que ela somente vai receber o valor das vendas depois de certo prazo já justifica um gasto decorrente desse tipo de comercialização.

Portanto, todo faturamento que não ocorrer "à vista" deverá fazer parte integrante do título Devedores por Vendas.

Assim, se uma empresa comercializa seus produtos a 45 dias da data, significa que ela somente receberá o valor das suas vendas no prazo de 45 dias. Logo, o valor correspondente a Devedores por Vendas será o resultado do seu faturamento multiplicado pelo índice em dias de 45/30.

Exemplo: em certo mês, uma empresa comercializou seus produtos e o faturamento correspondente foi de $ 400.000. Como a sua política de vendas é faturar a 60 dias, o valor correspondente a Devedores por Vendas será de $ 800.000:

$$(60/30) \times \$\ 400.000 = \$\ 800.000$$

b) **Estoque de Materiais Diretos**: é o valor monetário correspondente aos estoques de materiais diretos que a empresa é obrigada a manter, para não sofrer problemas de continuidade de produção. Com esses estoques, a empresa não precisará adquirir continuamente os materiais de que necessita para manter a sua produção em nível constante.

Logicamente, esses estoques deverão ser mantidos em virtude de certos elementos que levam em consideração sua utilização, durabilidade, preço e o período de tempo que o fornecedor demora para efetuar a entrega desses materiais diretos.

Assim, se uma empresa necessita manter um estoque de material direto durante sete dias, o montante correspondente desse estoque será o valor de compra do mesmo multiplicado pela razão 7/30.

Exemplo: em certo mês, uma empresa adquiriu $ 150.000 de materiais diretos. A sua política consiste em manter nove dias de estoque desses materiais. Portanto, o valor correspondente a Estoque de Materiais Diretos será de $ 45.000:

$$(9/30) \times \$\ 150.000 = \$\ 45.000$$

c) **Estoques de Produtos Acabados**: é o valor monetário correspondente aos estoques de produtos acabados que a empresa deve manter, para não incorrer em problemas de falta de produtos prontos para atender a suas vendas. Com esses estoques, a empresa não correrá o risco "perder vendas" e, assim, os seus clientes ficarão satisfeitos com o pronto atendimento aos seus pedidos.

Esses estoques também deverão ser mantidos em virtude de certos elementos, tais como durabilidade e sazonalidade do produto elaborado.

Dessa forma, se uma empresa necessita manter determinado estoque de produtos acabados para atender a uma demanda de cinco dias, o valor correspondente desse estoque será o seu custo total multiplicado pela razão 5/30.

Exemplo: em certo mês, uma empresa apresentou um custo total de $ 200.000. A sua política consiste em manter 12 dias de estoque desses produtos. Portanto, o valor correspondente a Estoque de Produtos Acabados será de $ 80.000:

$$(12/30) \times \$\ 200.000 = \$\ 80.000$$

d) **Fornecedores**: representa determinado valor em que os fornecedores de materiais diretos financiam a empresa que os adquire. É notório que esse fato só ocorre quando a empresa adquire os seus materiais diretos a prazo. Esse financiamento recebido pela empresa decorre em virtude de ela pagar pelos materiais diretos em certo prazo, que poderá ser de 30, 60 ou 90 dias da data da compra deles.

Assim, se certa empresa efetua os pagamentos correspondentes a materiais diretos em 50 dias, o valor correspondente a fornecedores será o resultado do montante da compra multiplicado pela razão 50/30.

Exemplo: em determinado mês, uma empresa adquiriu materiais diretos pelo valor de $ 150.000. A sua política consiste em pagar os seus fornecedores em 60 dias da data da compra. Portanto, o valor correspondente a Fornecedores será de $ 300.000:

$$(60/30) \times \$\ 150.000 = \$\ 300.000$$

Nesse exemplo, os fornecedores da empresa estarão financiando-a em um valor de $ 300.000.

9.4.2 O cálculo do capital de giro

Com base nos dados dos exemplos citados, o capital de giro que a empresa está apresentando será o resultado dos elementos negativos a ela, deduzido do único elemento positivo, que é o item fornecedores.

Os elementos denominados "negativos" são representados por aqueles para os quais a empresa deve dispor de numerário suficiente no seu caixa para poder girar durante 30 dias na sua atividade.

Por outro lado, o único elemento "positivo" no capital de giro é constituído pelos fornecedores de materiais diretos da empresa. Observe agora que a empresa, ao adquirir os materiais diretos necessários para a sua produção, passa a ser uma devedora por venda dos seus fornecedores.

Tomando como base os dados já citados, o capital de giro da empresa apresentará um valor de $ 625.000, assim demonstrado:

Devedores por vendas = $ 800.000

+ Estoques de materiais diretos = $ 45.000

+ Estoques de produtos acabados = $ 80.000

Total dos fatores negativos = $ 925.000

Fornecedores = $ 300.000

Total dos elementos positivos = $ 300.000

Assim, o capital de giro dessa empresa será de $ 625.000 ($ 925.000 − $ 300.000).

9.4.3 Juros sobre o capital de giro

O valor correspondente ao capital de giro deverá ser taxado por um percentual que corresponde à taxa de juros que o mercado financeiro está praticando. Qual é o motivo da inclusão desse novo parâmetro?

O raciocínio é o seguinte: as possibilidades de aplicação do dinheiro levam em consideração um conceito econômico denominado "custo de oportunidade". Esse custo de oportunidade representa um processo de escolha para os empresários.

Imagine o leitor se um empresário, em vez de aplicar o seu capital na empresa e daí em diante incorrer em gastos com a implantação da firma, aquisição de materiais, pagamento de mão de obra e, dessa forma, auxiliar o seu país a incrementar o seu desenvolvimento econômico (gerando mais produto, mais renda, mais poupança e mais investimentos), ficasse no ócio, aplicando o seu dinheiro em outras possibilidades de investimento, como em Caderneta de Poupança, Certificado de Depósito Bancário etc.

Esse investidor, ao aplicar o seu capital no mercado financeiro, não estaria contribuindo para o desenvolvimento econômico do seu país, pois não iria gerar produtos nem empregos. Ele ficaria em casa ou na praia, mas continuaria a ganhar certa remuneração pelo seu dinheiro aplicado. O valor correspondente à taxa de juros que o mercado lhe pagaria (e o empresário está deixando de ganhar pelo fato de ser um empreendedor) é o que se denomina custo de oportunidade. A taxa de juros correspondente ao custo de oportunidade dá origem aos "Juros sobre o Capital de Giro".

Esse valor referente aos juros sobre o capital de giro deverá ser contabilizado junto às Despesas Financeiras da empresa, pois corresponde à remuneração que o empresário deixa de ganhar pelo fato de não aplicar o seu numerário em títulos (CDB, Poupança etc.) que lhe renderiam algum valor.

Logicamente, o montante desses juros somente poderá fazer parte integrante das despesas quando se utiliza o método gerencial de custeio variável, uma vez que a própria Secretaria da Receita Federal do Ministério da Fazenda não permite este tipo de apropriação de cálculo nas Demonstrações dos Resultados das Empresas.

Continuando com os dados do exemplo do capital de giro, supondo-se que o mercado financeiro esteja remunerando os investimentos com uma taxa de juros de 1,2% ao mês, os Juros sobre o capital de giro representariam um valor de $ 7.500.

Esse valor é obtido por meio da seguinte fórmula:

> Juros sobre o capital de giro = Capital de Giro × Taxa de juros

> Juros sobre o capital de giro = $ 625.000 × 1,2% = $ 7.500

Portanto, o valor de $ 7.500 deverá ser considerado junto com as despesas variáveis no quadro de resultados do custeio variável.

Exemplos:

Calcular os valores do capital de giro e juros sobre o capital de giro nas seguintes situações:

Itens	Situação 1	Situação 2	Situação 3
Faturamento bruto	2.000.000	3.500.000	5.600.000
Compra de materiais diretos	140.000	180.000	230.000
Custo total	480.000	620.000	850.000
Devedores por vendas	30 dias	45 dias	60 dias
Estoque de materiais diretos	6 dias	9 dias	12 dias
Estoque de produtos acabados	3 dias	6 dias	15 dias
Fornecedores	21 dias	30 dias	50 dias
Taxa de juros	1,5%	1,2 %	0,80%

Solução da Situação 1:

- Devedores por vendas = (30/30) × $ 2.000.000 = $ 2.000.000
- Estoque de materiais diretos = (6/30) × $ 140.000 = $ 28.000
- Estoque de produtos acabados = (3/30) × $ 480.000 = $ 48.000
= Valor total dos elementos negativos = $ 2.076.000

(–) Valor do elemento positivo (Fornecedores) = (21/30) × $ 140.000= $ 98.000
= Capital de giro da empresa = $ 1.978.000
Juros sobre o capital de giro = 1,5% de $ 1.978.000 = $ 29.670

Solução da Situação 2:

- Devedores por vendas = (45/30) × $ 3.500.000 = $ 5.250.000
- Estoque de materiais diretos = (9/30) × $ 180.000 = $ 54.000
- Estoque de produtos acabados = (6/30) × $ 620.000 = $ 124.000

= Valor total dos elementos negativos = $ 5.428.000

(–) Valor do elemento positivo (Fornecedores) = (30/30) × $ 180.000 = $ 180.000

= Capital de giro da empresa = $ 5.248.000

Juros sobre o capital de giro = 1,2% de $ 5.248.000 = $ 62.976

Solução da Situação 3:

- Devedores por vendas = (60/30) × $ 5.600.000 = $ 11.200.000
- Estoque de materiais diretos = (12/30) × $ 230.000 = $ 92.000
- Estoque de produtos acabados = (15/30) × $ 850.000 = $ 425.000

= Valor total dos elementos negativos = $ 11.717.000

(–) Valor do elemento positivo (Fornecedores) = (50/30) × $ 230.000 = $ 383.333

= Capital de giro da empresa = $ 11.333.667

Juros sobre o capital de giro = 0,8% de $ 11.333.667 = $ 90.669

9.4.4 Caso atípico – capital de giro favorável à empresa

Em todas as situações analisadas nos exemplos anteriores, nota-se que o capital de giro é desfavorável para a empresa e, consequentemente, os juros sobre o capital de giro são valores que devem ser contabilizados como despesas.

Porém, há empresas que trabalham com dinheiro alheio, isto é, o seu capital de giro é negativo e, logicamente, os juros sobre o capital de giro deverão ser abatidos do total de despesas financeiras. É o caso de lojas de autosserviço, por exemplo, que apresentam grande rotatividade dos produtos comercializados, e a forma de recebimento do seu faturamento bruto ocorre à vista.

Essas lojas, chamadas de supermercados, apresentam sempre um faturamento bruto à vista e pagam os seus fornecedores em prazos dilatados, superiores a 30 dias, além de apresentarem grande rotatividade dos seus estoques.

No caso que segue, nota-se esse fato:

Itens	Supermercado
Faturamento bruto	10.000.000
Compra de mercadorias	6.000.000
Custo total	8.000.000
Devedores por vendas	Zero
Estoque de materiais diretos	Não há
Estoque de mercadorias	15 dias
Fornecedores	60 dias
Taxa de juros	1,2%

O cálculo do capital de giro desse supermercado é o que segue:

- Devedores por vendas = zero
- Estoque de materiais diretos = zero
- Estoque de mercadorias = (15/30) × $ 6.000.000 = $ 3.000.000
  Valor dos elementos negativos = $ 3.000.000
- Valor do elemento positivo (Fornecedores) = (60/30) × $ 6.000.000 = $ 12.000.000

Capital de giro do supermercado = ($ 9.000.000)

Juros sobre o capital de giro do supermercado = 1,2% de $ 9.000.000 = $ 108.000

Nesse caso, as despesas financeiras variáveis deverão ser deduzidas em $ 108.000.

9.5 Custo-padrão

Um padrão é uma referência. É um elemento quantitativo ou financeiro que servirá de base de comparação com os resultados futuros.

Nesse sentido, o método do custo-padrão tem como propósito prefixar um custo "meta" e controlar os custos *a priori*, isto é, antes que sejam incorridos na produção.

A contabilidade, sob o método do custo-padrão, baseia-se na predeterminação dos custos que devem ocorrer, ou, em outras palavras, procura antecipar-se aos montantes de custos para fabricar um ou mais produtos.

Posteriormente, será feita uma comparação com os custos realmente incorridos. O custeio-padrão é um método de alocação de custos aos produtos. Porém, isso é feito antecipadamente à produção.

O custo-padrão não substitui os sistemas de custeio por processo ou por ordens de produção, lotes, ou contratos, mas complementa-os. Entretanto, é necessário um destaque para as situações nas quais a indústria trabalhe com ordens de produção ou fabricando produtos sob encomenda, em que a produção é composta de bens diferenciados e não similares.

Nesse tipo de fabricação, os produtos são personalizados e a produção irá requerer situações produtivas específicas em relação aos próprios produtos e às quantidades, o que dificulta o emprego do custo-padrão.

O emprego desse método é proveitoso apenas nas seguintes situações:

- quando a fábrica trabalha com grandes quantidades de produtos iguais ou lotes;
- quando a produção contratada tem grande quantidade de itens similares.

Isso pode ser feito mediante o uso de orçamentos operacionais, tendo como base o padrão de elementos que será utilizado em qualquer produção.

Pelas características de produção repetitiva de produtos similares, o custo-padrão oferece maior utilidade quando aplicado em situação de produção por processo contínuo. Os dados orçados comporão o orçamento operacional e, uma vez dispondo do orçamento fixado com base nos padrões, o controle fica exequível.

Em se tratando de controle global das operações, este se completa quando o método de custeio sob padrões for acoplado aos sistemas citados, que são reais, no sentido de que a apuração é posterior à produção. Na verdade, é simplesmente uma técnica diferente de mensurar os custos de produção.

O método do custo-padrão tem, como estrutura, a boa condução das operações e pode ser baseado em:

- *Monitoramento dos custos*: os padrões de custos racionalmente estabelecidos incorporam preços de aquisições de insumos e os recursos mínimos, porém suficientes e essenciais à produção.
- *Tempo*: é necessário para a execução da produção, sendo fundamental para que a empresa preserve sua habilidade de competir no mercado.
- *Qualidade*: bons padrões de qualidade dos custos auxiliam a mantê-los em níveis ótimos.

O custeio-padrão não é implantado e mantido com um fim em si mesmo. Deve servir a propósitos maiores. Entre eles, está a identificação das diferenças entre o padrão e o real.

A administração que utiliza o custo-padrão poderá servir-se dele para os seguintes fins:

1. Dispor de condições para a negociação de preços, especialmente em situações de encomendas, contratos, lotes etc.
2. Dispor de bases para acompanhar os estoques de produtos acabados e em elaboração, quando se tem um nível adotado como o adequado sob os padrões estabelecidos.
3. Dispor de bases para o monitoramento das operações, avaliação de desempenho, identificação de gargalos ou pontos de ineficiências controláveis, por meio das diferenças apuradas entre o custo-padrão e o custo real. Essas diferenças serão objeto da ação corretiva por parte da Administração (Administração por Exceção).

As diferenças entre o custo-padrão e o real são denominadas variações. Por meio delas, pode-se avaliar rapidamente o motivo da discrepância, identificar as responsabilidades e, com esses procedimentos, buscar a eficiência nas operações.

Apenas as variações seriam objeto de cuidados corretivos. Se o real for igual ao padrão, não há nada a fazer. Normalmente, os padrões são fixados antes do início do exercício e ficam sujeitos a revisões periódicas. Se forem encontradas alterações nas condições básicas de fixação dos padrões, ou ainda se for detectado que o padrão fixado é irreal, este deverá ser prontamente revisto.

Entretanto, as variações podem ser negativas ou positivas. Em qualquer dos casos, elas devem ter a origem e a responsabilidade esclarecidas. Só assim servirá como instrumento de controle gerencial. Portanto, o custo-padrão pode ser considerado como um referencial de excelência.

Muitos conceitos são atribuídos ao custo-padrão. Um deles é a ideia de que o padrão deve ser um custo ideal de produção. Isso significa atingir o máximo de eficiência, com absoluta ausência de problemas com materiais, com a mão de obra, nenhuma parada no uso dos recursos e perfeita sincronização de movimentos no processo produtivo. Não inclui refugos, ineficiências e outros fatores que estão frequentemente presentes no ambiente de produção. Isso é muito próprio de um custo de laboratório. Portanto, um padrão ideal fixado é inatingível em curto prazo e, ao invés de estimular a eficiência, poderá tornar-se contraproducente.

O custo-padrão deve ser usado como um instrumento de motivação, de busca de eficiência e de promoção da redução dos custos por meio da produtividade. O maior foco é a obtenção do nível ideal de eficiência. Mas isso somente pode ser alcançado em prazo mais longo do que o próximo exercício.

Outro conceito mais útil é o estabelecimento de um padrão normal ou atingível. Aqui se trata de reconhecer certas ineficiências, em termos de materiais (no que diz respeito a prazos de recebimento e qualidade), ou na mão de obra.

Devem ser consideradas as necessidades de atendimento dos reclamos do pessoal ou exigências trabalhistas, ou mesmo a qualidade do pessoal empregado.

Reconhece-se ainda a possibilidade de ocorrências de situações que estão além da vontade ou da capacidade de ação da administração, como paradas por quebras dos equipamentos, falta de energia e situações semelhantes.

A fixação do custo-padrão corrente requer uma avaliação da habilidade do pessoal, além da capacidade de produção de cada máquina, segundo suas próprias características operacionais.

Na verdade, preveem-se eventuais paradas para configuração de máquinas, falta de energia, imprevistos que possam impedir o uso do pessoal ou equipamento em carga normal.

O padrão normal será fixado como meta atingível em curto prazo. Será difícil e desafiador, mas não é impossível de ser atingido. Geralmente, está conjugado ao processo orçamentário operacional global. Normalmente, um padrão refere-se à unidade produzida e um orçamento diz respeito às operações como um todo.

O custo-padrão teve origem na necessidade de obter antecipadamente as informações de custos dos produtos. Isso possibilitaria decisões sobre encomendas e viabilidade de negócios. O custo adquire sua plena utilidade em atividades ou operações repetitivas e não dispensa a presença de uma contabilização normal, ocorrida com dados e transações reais sob qualquer sistema. Somente assim poder-se-ão realizar as comparações e detectar as variações, que são o objeto de estudo do custo-padrão.

Como já comentado, o custo-padrão se diferencia do custo real, no sentido de que ele é um custo que deverá ocorrer, que é um objetivo da empresa, enquanto o custo real mostra o que realmente aconteceu. Assim, pode-se considerar a importância que o custo-padrão assume como instrumento de gerência das operações.

Por ser um ponto crucial, é interessante reafirmar que o custo-padrão não é substituto, mas deve ser considerado complementar ao custeio real, qualquer que seja a modalidade em operação.

Cada elemento que componha os custos de produção será objeto de um padrão. Em outras palavras, o padrão será fixado para as matérias-primas, mão de obra e CIF. Isso é tarefa complexa, demorada, que requer familiaridade com o processo produtivo. A contabilidade financeira poderá contribuir para a sua obtenção, fornecendo dados históricos, tendências e outras informações contábeis para a fixação dos padrões.

A apuração das variações que compõem o complexo do custo-padrão tem duas fontes:

- variações nos preços dos insumos;
- variações nos níveis de consumo desses mesmos insumos.

Nisso consistem a implantação e a operação do custo-padrão no âmbito industrial. Um elemento a ser lembrado é que o padrão tem grande utilidade pela sua aplicabilidade às operações repetitivas, padronizadas e realizadas sistematicamente.

Além disso, se bem planejado e executado, o custo-padrão pode funcionar como um elemento de estímulo no âmbito industrial. O pessoal que executa as atividades controladas por padrões fica compelido a melhor cumprir as tarefas que lhe cabem, de forma que não afete as seguintes, deixando de comprometer o todo.

Finalmente, o custo-padrão, tendo a sua utilidade voltada para fins decisoriais, pode também servir a propósitos externos (imposto de renda, por exemplo). Basta que, para isso, as variações sejam ajustadas aos saldos reais no final do período de controle fiscal.

9.5.1 A fixação dos padrões

O padrão deve ser fixado em quantidades físicas e valores, porque o custo dos produtos é composto desses elementos.

Isso leva a detalhar a fixação dos padrões dos insumos, seja em unidade de materiais, litros, metros, quilos, seja em outros, como horas-homem, horas-máquina, quantidade de movimentos, kWh etc.

A fixação dos padrões requer a existência dos elementos básicos em um verdadeiro banco de dados e necessita da conjunção de esforços do pessoal técnico e do pessoal da contabilidade.

O custeio-padrão deve ser fixado gradualmente dentro da empresa para que, durante a fase de implantação, os ajustes possam ser feitos para resultar em obtenção de resultados satisfatórios mais rapidamente.

Um controle feito sob padrões deve ser tão dinâmico quanto a própria empresa. Sua longevidade depende de que sejam feitas revisões periódicas. Isso é fundamental, pois tanto a tecnologia empregada quanto a dinâmica de operações comerciais tendem a se modificar com alta rapidez. Se não houver um acompanhamento da validade dos padrões implantados, estes tendem a ser desacreditados e perder qualquer utilidade.

9.5.2 Padrão de materiais

Um padrão de custo de materiais deve conter um padrão físico e um padrão monetário.

O padrão físico será fixado como base nas estimativas e nos estudos, a respeito da quantidade de materiais necessária para completar uma unidade, segundo o pessoal de engenharia de produção.

Por outro lado, o padrão monetário será o custo corrente de tais materiais, de acordo com as estimativas do pessoal de compras. Tal fato se explica porque os preços escapam ao controle da administração, cabendo ao pessoal de compras o seu devido monitoramento. A alta direção exerce controle sobre as quantidades a serem compradas e consumidas, o tempo de entrega, o custo de estocagem de acordo com o tempo de espera para uso, as condições financeiras e descontos oferecidos pelos fornecedores para compras de quantidades maiores e os gastos acessórios às compras. Em tais gastos acessórios, incluem-se os fretes (estes devem ser controlados em contas específicas para evitar oscilações nos custos devidos às compras feitas com urgência).

Devido a esse fato, o padrão de custo dos materiais é composto de duas parcelas: um padrão de quantidade e um padrão de valor de custo.

O padrão de quantidade é o volume normal de materiais previsto como necessário para a produção de uma unidade. Em consideração à normalidade, será admitido um grau de tolerância para as sobras que forem especificamente inerentes ao processo produtivo.

Admitindo-se que uma unidade de certo produto, pelas suas especificações, necessite de 5 kg ao custo esperado de $ 10 por quilo, isto é, $ 50, esse custo será fixado como um padrão para o material que compõe esse produto.

9.5.3 Padrão de mão de obra

Um padrão de custo de mão de obra é baseado em estimativas das horas de mão de obra necessárias para produzir uma unidade de produto e no custo de mão de obra por unidade. Ao estabelecer um padrão de custo de mão de obra, os executivos dos vários departamentos contribuem com seus conhecimentos das operações de processamento.

O tempo será determinado mediante os estudos do pessoal técnico da produção, o qual apontará quanto tempo será necessário para executar cada operação e, daí, cada unidade de produto. O custo é decorrente das informações do departamento de recursos humanos com a aplicação das taxas salariais confrontadas com os níveis de salários, as expectativas de acordos ou dissídios coletivos de trabalho e a facilidade ou dificuldade de recrutar pessoal com a qualificação necessária.

Dois aspectos são fundamentais na determinação do padrão de mão de obra:

- a taxa salarial;
- a eficiência (ou produtividade).

Quanto à determinação da taxa salarial, o departamento de recursos humanos irá defini-la para aplicação no processo, considerando o mercado, a disponibilidade de mão de obra etc.

Entretanto, a eficiência (ou produtividade) depende de diversos fatores que estão sob o controle da administração, tais como níveis de satisfação, expectativas de realização pessoal etc.

Observe-se que o tempo-padrão normal será determinado considerando também as paralisações, os períodos de descanso, as necessidades fisiológicas dos empregados etc.

Assim como os materiais, o custo-padrão de mão de obra também será composto de duas parcelas: o tempo em horas que demandará cada unidade e o custo de cada hora (também conhecida como taxa horária).

No exemplo que segue, admite-se pelas especificações técnicas que cada unidade necessite de 4 horas para ser produzida, ao custo de $ 5/hora. Assim, tem-se:

4 horas × $ 5/hora = $ 20

Portanto, o padrão para a mão de obra direta será de $ 20 por unidade produzida.

9.5.4 Padrão de CIF

Enquanto os materiais e a mão de obra direta, por serem custos diretos e variáveis, proporcionam certa facilidade na determinação dos padrões, a padronização dos CIF assume outra característica: apenas uma parte é variável e a outra parte, geralmente a maior, é constituída por custos comprometidos e fixos. Ademais, os custos indiretos são assumidos mais para dotar o empreendimento de uma capacidade de produção e menos ao produto realmente elaborado. Esse é um ponto sobre o qual repousam os conceitos orçamentários.

Os CIF são assumidos para o exercício de atividades sob certa capacidade ou nível de atividades, cujos procedimentos exigem:

- a revisão de contratos firmados e a estimativa dos custos para certo período;
- a estimativa dos níveis de produção que podem ser atingidos nesse mesmo período.

Esses níveis de produção serão expressos por uma porcentagem de utilização da capacidade prática ou normal da fábrica.

Conceitualmente, são diversos os níveis de capacidade utilizáveis, mas deverá haver maior concentração nas capacidades teórica e prática. Ambas são consideradas levando-se em conta a condição atual da fábrica para produzir. A capacidade teórica é tida para uma condição operacional de máxima eficiência em 100% do tempo.

Sob o conceito de capacidade prática ou normal, haverá uma tolerância para eventuais interrupções inevitáveis. Essa tolerância será baseada na demanda do produto pela média extraída por um período de tempo suficientemente longo, para incluir fatores de sazonalidade e tendências. O uso desse conceito de capacidade é importante também pelo fato de ajudar a normalizar a produção e por aplicar uma taxa de custos indiretos calculada para um período de operações, evitando que apareçam oscilações nos custos dos produtos, unicamente em virtude de momentos de "picos" de produção, em oposição aos momentos de "vales" que podem surgir em decorrência da sazonalidade.

Os CIF deverão ser orçados sobre uma base escolhida.

A base da taxa deve ser um elemento causador ou gerador dos custos. Por isso, devem existir critérios objetivos e corretos por parte de quem estiver encarregado da fixação dos padrões.

As bases mais comuns são as que se referem aos volumes de atividades entre as quais normalmente são eleitos o número de horas de mão de obra direta (nh/MOD), o número de horas de máquinas (nh/Máquina) etc. De fato, como já foi referido, uma boa base de determinação da taxa de aplicação dos CIF será aquela que ostentar a melhor relação de causa e efeito. Aliás, esse é o ponto no qual se estrutura o custeio baseado em atividades (ABC), que será discutido adiante.

Finalmente, deve-se lembrar que os CIF normalmente são determinados e assumidos pelos níveis hierárquicos mais elevados da estrutura administrativa. Poucos CIF estão sob o controle de gerentes de níveis hierárquicos inferiores e, portanto, não há muito campo para uma responsabilização do gerente nesse aspecto.

9.5.5 Análises das variações em relação aos padrões

A maior utilidade da fixação e operacionalização de custos-padrão está no controle, o qual é entendido como o monitoramento dos gastos da produção. Como o custo-padrão é o resultado de estimativas técnicas, ele possibilita a visualização das variações ou diferenças entre os valores projetados (custos que devem ocorrer) e a realidade (custos realmente incorridos).

Em outras palavras, uma variação representa a diferença apurada entre os custos reais e o custo-padrão, tanto para os materiais quanto para a mão de obra e também para os CIF. As variações são consequências de eficiências (variações positivas) ou ineficiências (variações negativas). Estas podem ocorrer nos preços pagos pela empresa (custo de materiais e taxas horárias) e na utilização dos materiais (quantidade utilizada de materiais ou número de horas trabalhadas pela mão de obra).

9.5.6 Variações nos materiais

Conceitualmente, os custos dos materiais diretos são originários por diversos elementos. Os preços e as quantidades padronizadas e consumidas têm origem em diversos fatores. Como exemplo, os preços decorrem da atuação das forças de demanda e oferta. Além destes, o material requer um certo nível de qualidade de acordo com o necessário. Tudo isso abrange a habilidade e a força de negociação das quantidades compradas, a influência exercida sobre o fornecedor ou até mesmo certas especificações contratuais. Certamente, todos esses fatores influem, em grande parcela, nas flutuações de preços apuradas nas análises realizadas.

Existe a possibilidade de ocorrerem variações favoráveis, e estas podem ter sido obtidas pelas compras em quantidades maiores ou por aproveitamentos de descontos comerciais. Por certo, a compra em quantidades maiores tem seus inconvenientes financeiros, como o aumento no capital de giro da empresa.

As quantidades recebem influência da diversidade e do volume da produção, da produtividade e da eficiência do equipamento no qual o material é processado e, em alguns casos, do *mix* de materiais que compõem o produto. Portanto, as principais causas de variações nas quantidades são as ocorridas nos materiais, na qualidade do produto empregado, na produtividade e no *mix* de materiais.

Geralmente, a responsabilidade por administrar as quantidades é atribuída ao executivo de produção. Todavia, é necessário ter em mente que muitas variações são decorrentes de fatores aleatórios e imprevisíveis. É melhor pensar nas variações como sendo normais dentro de determinados limites ou faixas de normalidade, e não simplesmente adotar um número limite. As variações, além ou aquém desses limites, irão requerer a atenção imediata.

Tais limites são decorrentes de critérios administrativos ou de experiência no ramo. Assim, deverão ser realçadas apenas aquelas variações que sejam de montante significativo a exigir ação imediata. Nesse caso, deve-se atentar para variações decorrentes de baixa qualidade dos materiais adquiridos ou de qualidade não consistente com o que se pretende fabricar e ofertar no mercado. Às vezes, os materiais podem estar sujeitos a variações além do que era esperado. Em tais casos, o executivo de compras pode estar no centro da questão.

Essas divergências ou variações serão objeto de um relatório em que são apresentados os elementos orçados *versus* os realizados. Com esse relatório, o executivo responsável deve ter condições de avaliar a magnitude das variações e decidir pela investigação das causas, isto é, se tais variações são relevantes e tomar a atitude corretiva adequada.

Por exemplo, se o preço pago pelo material sofrer aumentos ou se forem obtidas reduções de custos em decorrência de compra em maiores quantidades, ou ainda mudança de fornecedores, o produto poderá consumir quantidades maiores ou menores do que o previsto.

Todavia, a significância das variações apuradas deve ser avaliada para que seja decidida a conveniência da investigação. Uma investigação custa esforços e recursos e deve ocorrer em consequência de uma relação positiva de custos *versus* benefícios.

No exemplo que segue, tem-se uma ideia das variações já comentadas.

Suponha-se que foram constatados, em um mês de atividades, os seguintes dados:

- É necessário 1 kg de matéria-prima para produzir uma unidade de produto.
- O custo de 1 kg de matéria-prima para fabricar uma unidade de produto ocorreu ao preço-padrão de $ 10.

Se tiverem sido fabricadas 100 unidades do produto e o consumo tenha sido de 110 kg de matéria-prima ao custo total de $ 1.150, há os seguintes elementos:

O custo-padrão será: 100 kg × $ 10	$ 1.000
O custo real:	$ 1.150

Portanto, apurou-se uma variação de $ 150 (desfavorável)

Na verdade, a variação global de $ 150 é um composto de duas variações específicas:

a) de preço:

110 kg consumidos deveriam ter um custo de (110 kg × $ 10)	$ 1.100
110 kg custaram realmente	$ 1.150
Variação	$ 50 (desfavorável)

b) de consumo:

100 unidades do produto deveriam consumir	100 kg
porém, as 100 unidades realmente consumiram	110 kg
portanto, ocorreu um excesso de consumo de	10 kg

Então, a variação de consumo foi:

10 kg × $ 10	$ 100 (desfavorável)
A variação desfavorável total resultante foi de	$ 150

Logo, para realizar comparações, é necessário ter o que comparar. No final da produção ou do período sob controle, a contabilidade, tendo registrado as operações, fornece os elementos para a apuração das variações. Em primeiro lugar, apura-se a variação total. Em seguida, deve-se decompor essa variação para identificar a sua origem: se está nos preços ou no consumo das matérias-primas, ou em ambos. O mesmo se dá com a mão de obra ou com os CIF, embora este último exija um pouco mais de trabalho, como será tratado adiante.

Finalmente, a investigação deverá focalizar, profundamente, os materiais diretos. No caso da matéria-prima, verificar-se-á qualquer variação nos preços de entrada (custos) ou nas quantidades adquiridas.

No exemplo, à primeira vista, as variações apontam um preço maior pago pelo executivo de compras e um consumo excessivo para o executivo de produção.

Todavia, uma conclusão como essa é um tanto primária. Será necessária uma análise mais criteriosa, tal como verificar as reais razões das variações. Por exemplo, se o valor a maior pago pela compra for decorrência de uma elevação geral nos preços da matéria-prima em questão, o responsável pela compra não deveria ser penalizado.

Ainda, referindo-se às variações na matéria-prima, o custo-padrão unitário será a base para a verificação da magnitude e causa da variação neste item. O custo-padrão unitário, como citado antes, é composto de quantidades e preços, os quais serão comparados com os custos reais. Em detalhes, há aqui as variações de quantidades, de preços e uma variação mista.

Na Figura 9.1, estão apresentados o custo-padrão e os excessos que poderão ocorrer nos preços e nas quantidades. Caso ocorram os dois excessos, haverá a variação mista.

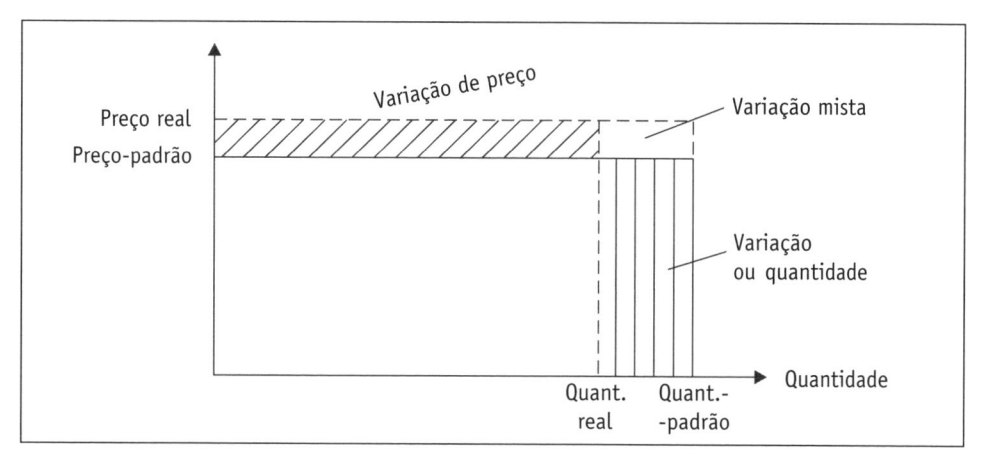

Figura 9.1 Preços e quantidades: possíveis excessos e custo-padrão

Algumas fórmulas poderão ser aplicadas para explicar as variações possíveis de ocorrer:

VP = PR − PP

CP = QP × PP

CR = QR × PR

Em que:

VP = variação de preços;

CP = custo-padrão;

QP = quantidade-padrão;

PP = preço-padrão;

CR = custo real;

QR = quantidade real;

PR = preço real.

A variação de quantidade é decorrente do uso de matérias-primas com eficiência ou não, sem levar em consideração eventuais variações nos preços da unidade de matérias-primas. Pode ser imputada diretamente ao setor produtivo.

A variação de preços considera se o custo de aquisição foi maior ou menor que o previsto, isolado do consumo de matérias-primas, pois emprega, no cálculo, a quantidade considerada na fixação do padrão. Esse tipo de variação deve ser explicado pelo setor de compras.

A variação mista é um composto da variação de quantidade com a variação de preço. A responsabilidade será, então, compartilhada pelos dois setores (produção e compras).

9.5.7 Análise da variação da mão de obra direta

Primeiramente, analisa-se o sumário do custo-padrão unitário, explicado anteriormente, para obter o valor da produção da unidade do produto final.

A partir do relatório custo orçado *versus* custo real, pode-se efetuar a comparação obtendo-se as variações totais nos departamentos e a variação líquida (positiva ou negativa).

Uma vez que esses desvios estão decompostos, identificam-se as variações de eficiência da MOD.

Com a análise da variação de eficiência, pretende-se apurar se houve uso eficiente ou racional, ou se foram necessários trabalhos adicionais em termos de tempo. Essa variação também é imputável ao setor de produção.

A variação da taxa de MOD informa se a empresa pagou um custo-hora mais caro ou mais barato que aquele fixado como padrão, sem contar com as possíveis variações de gastos ou de eficiência. Portanto, a base é o número de horas esperadas quando da fixação do padrão. Essa variação é de responsabilidade do setor de recrutamento, seleção e contratação do pessoal.

9.5.8 Análise da variação dos CIF

A investigação deste item é mais trabalhosa e mais complexa. Há que se considerarem três elementos:

a) Variação de eficiência

A variação de eficiência mede eventuais discrepâncias entre o orçado e o realizado no que diz respeito à eficiência no emprego dos recursos produtivos, com os quais se pretendia, na época da fixação do padrão, obter um desejado nível de produtividade. Por produtividade pode-se entender a relação entre os recursos aplicados e o produto obtido. Isso é conhecido também como a relação insumo *versus* produto. Trabalha-se aqui com a diferença de CIF ajustados ao nível de produção real e os CIF ajustados ao nível de eficiência apurada.

b) Variação de volume

Com a utilização dos CIF, pretende-se obter a diferença entre o volume produzido e o volume esperado. Não são levadas em consideração as eventuais variações de preços e, portanto, determina-se a diferença entre os CIF aplicados à produção real e os CIF orçados e ajustados àquela produção.

c) Variação de custo

Neste caso, devem ser apuradas as magnitudes da diferença no valor dos CIF, independentemente de variações nos preços e na eficiência. Portanto, essa variação é a diferença de CIF ajustada ao volume de produção real e os CIF ajustados ao nível de eficiência real.

9.5.9 Controle das variações

Nem todos os custos são de responsabilidade dos níveis de gerentes executores das atividades, podendo ter sido incorridos pelos executivos em níveis hierárquicos superiores. Alguns custos surgem de fatores aleatórios e externos e não estão sob o controle da empresa. Ninguém pode responder por aquilo que não controla. As análises das variações têm esta finalidade: identificar a natureza das variações, suas causas e seus responsáveis e usá-las para a tomada de decisões corretivas. Então, há as variações controláveis e as variações incontroláveis.

9.5.10 Vantagens do custo-padrão

O uso do custo-padrão é caro, exige boa dose de trabalhos burocráticos e é demorado até que se disponha de dados básicos suficientes. Como qualquer providência administrativa, deve ser considerado à luz das vantagens que pode oferecer. Entre suas vantagens podem-se destacar:

a) Facilidade de controle pela administração

O custo-padrão facilita o controle pela administração, pelo fato de se constituir em instrumento de acompanhamento do desempenho. Isso pode ser ampliado no âmbito da produção para outras áreas de atividades.

b) Facilidade na coordenação dos trabalhos

A implantação e a operação do custo-padrão requerem trabalho em equipe. Disso surgirão oportunidades para promover a integração de todas as funções e executivos, com maior nível de consciência em relação aos custos e aos objetivos da empresa. Nesse aspecto, o padrão deve servir de estímulo aos esforços para uma melhoria contínua do desempenho, perseguindo o padrão ideal. O nível de variações será bastante reduzido com o padrão, pois depende da familiaridade de todos os envolvidos com os diversos setores e aspectos da tecnologia de produção.

9.5.11 Os padrões como instrumento gerencial

É crença comum que os padrões fixados e sua comparação com o custo real focalizam as variações positivas e negativas, permitindo o controle dos executores, realçando a sua responsabilidade por concentrar o esforço necessário para manter as operações dentro do esperado.

9.6 Custeio ABC

Devido à globalização da economia, o estudo dos custos passou a ser um instrumento para criar vantagens competitivas nas empresas, devendo fazer parte de suas estratégias.

A perseguição ao menor custo, sem afetar a funcionalidade e a qualidade dos bens e serviços, deve ser um objetivo permanente das empresas que buscam a excelência empresarial.

A maioria das empresas ainda utiliza sistemas contábeis tradicionais que não levam ao efetivo conhecimento de seus custos, ou seja, grande parte dessas organizações não faz uso de nenhum modelo de custos que oriente e ofereça parâmetros para suas decisões administrativas, controle de atividades e investimentos. É carente tanto de uma literatura especializada quanto de pesquisas na área de formação de custos.

O custeio por atividades, denominado ABC, tem essa nomenclatura originada do inglês *Activity Based Costing*. É um método de custeio que descarta as distorções provocadas pelo rateio indiscriminado dos custos indiretos de fabricação, uma vez que todas as atividades de produção são consideradas importantes para determinar o custo do produto.

Como é de conhecimento geral, os demais sistemas de custeio efetuam certos rateios dos custos indiretos. Esse fato pode acarretar distorções nas atribuições de custos e fica reduzido quando é utilizado o método ABC.

O método ABC já era conhecido e utilizado desde os anos 1960. Porém, o início dos seus estudos, no Brasil, data de 1989.

Atualmente, o método ABC tem sua aplicabilidade tanto em empresas de manufatura como em prestadoras de serviços.

9.6.1 Características especiais do método ABC

O método ABC apresenta algumas características inovadoras em relação aos custeios conhecidos.

É um método de custeio que possibilita avaliar com acurácia as atividades desenvolvidas em uma empresa (tanto industrial quanto de serviços), utilizando direcionadores para atribuir os gastos indiretos de forma mais realista aos produtos e serviços. Tem por objetivo estabelecer meios de relacionar os CIF com as atividades. Com as relações estabelecidas, é possível que os CIF sejam atribuídos mais diretamente aos produtos e serviços, reduzindo a necessidade de rateios. Alguns autores e administradores de custos preferem o método ABC, afirmando que ele é capaz de dotar a gestão empresarial de meios de controle e de análise de rentabilidade muito mais poderosos.

O método ABC efetua uma análise de processos, demonstrando a relação entre recursos consumidos (o que foi gasto: água, luz, salários), atividades executadas (em que foi gasto: produção, informática, vendas) e os objetos de custos, que podem ser produtos ou serviços (para o que foi gasto: produto *a*, produto *b*, serviço *x*, serviço *y*).

Os processos se constituem em uma rede de atividades interligadas pelos produtos. Assim, se uma atividade gera um produto que é utilizado como ponto de partida por outra atividade subsequente, pode-se afirmar que elas constituem um processo. Portanto, a análise de processos reflete uma expressiva alteração na técnica do controle dos gastos, mudando o conceito de controle de departamento para o de controle de processos.

Nesse sentido, não é o produto ou serviço que consome recursos, mas os recursos são consumidos pelas atividades, e estas, por sua vez, são consumidas pelo produto ou serviço.

Para dar uma ênfase maior a esse fato, no esquema da Figura 9.2 esses elementos são retratados como princípios fundamentais do ABC.

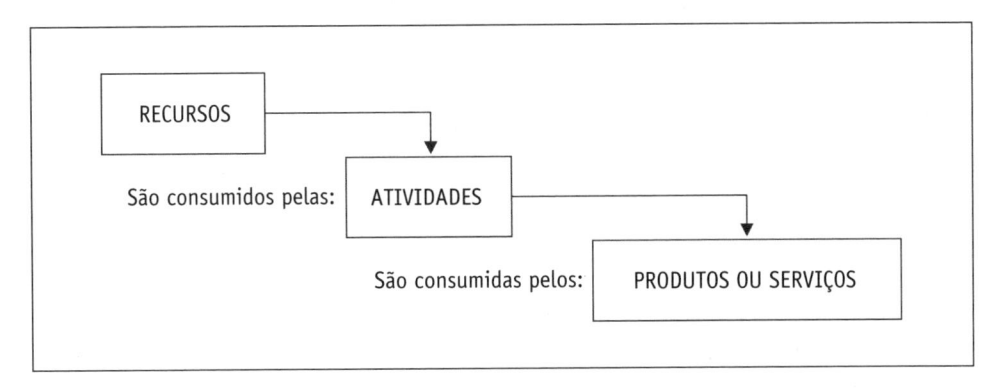

Figura 9.2 ABC: princípios fundamentais

Em primeiro lugar, o ABC aloca os recursos a cada uma das atividades da empresa. A seguir, ele atribui os CIF às atividades e, depois, aos produtos ou serviços. Como cada produto ou serviço consome determinada quantidade das atividades, as apropriações dos CIF serão feitas tomando-se como base essas próprias quantidades de atividades.

9.6.2 Por que custeio por atividades?

Um dos principais motivadores do custeio por atividades é o aspecto de qualidade dos bens e serviços. A qualidade pode ser definida como o nível em que os produtos ou serviços atingem as especificações do *design*, isento de defeitos ou problemas que possam comprometer a utilidade, o desempenho ou a aparência. Os defeitos ou erros na produção dão origem a custos que podem ser evitados. Estes podem ser definidos como custos de prevenção de defeitos, custos de acompanhamento, custos de falhas internas e custos de falhas externas.

Os custos de falhas internas são resultantes de defeitos em produtos detectados antes de saírem da fábrica. Tais custos incluem os retalhos, retrabalho sobre unidades defeituosas e maior demora.

Os custos de falhas externas são resultantes de defeitos detectados nos produtos já entregues aos clientes. Esses custos incluem reparos em virtude das garantias oferecidas, substituições e perdas de clientes e vendas futuras. Trata-se dos menos desejáveis de todos os custos relativos à qualidade. Um cliente insatisfeito está, por certo, mais inclinado a voltar a comprar produtos concorrentes e ainda disseminará a sua insatisfação, desencorajando outros compradores potenciais. Se os custos de falhas são inevitáveis, é melhor identificá-las internamente do que deixar que os clientes as descubram. Isso pode ficar muito caro.

Os custos de prevenção são incorridos para reduzir ou eliminar os defeitos, que podem ser evitados por fatores simples, como uma marcação na placa de metal que estiver sendo trabalhada, de forma que impeça que um furo seja feito em lugar errado. As medidas preventivas são geralmente de baixo custo.

Os custos de acompanhamento são incorridos para identificar os defeitos antes que os produtos sejam embarcados para os clientes. É melhor que sejam detectados no ponto de incorrência, antes mesmo que se continue a processar uma unidade que já contenha um defeito, desde o início do trabalho. Esses custos abrangem os salários do pessoal de inspeção de qualidade e os custos de testes.

Nota-se que o método ABC difere dos enfoques tradicionais pela forma como os custos indiretos são analisados.

A abordagem do método ABC consiste em fragmentar a organização em atividades, pois estas descrevem o que a empresa faz e, portanto, mostram como o tempo é gasto e quais são os resultados (*outputs*) dos processos.

Logo, a atividade está diretamente relacionada aos seus insumos (*inputs*) e produtos/serviços (*outputs*). À vista disso, a atividade pode ser comparada a um processo ou a um sistema no qual as entradas são os recursos; o processamento, a própria atividade; e as saídas, os produtos/serviços obtidos.

Observe-se, porém, que os direcionadores de custos são informações e que a obtenção destas possui um custo. Caso se pretenda operar com direcionadores de custos que não estejam disponíveis e que necessitem ser obtidos por processos complexos, a organização arcará com maiores dispêndios. Logo, deve-se optar por aqueles que possam ser obtidos das informações disponíveis na execução das atividades.

9.6.3 Direcionadores de recursos

Os direcionadores de recursos demonstram como uma atividade consome certo recurso, mensurando o quanto de cada um deles é utilizado e consumido ao se desempenhar determinada atividade.

Portanto, os direcionadores de recursos auxiliam na demonstração de como uma atividade consome determinados recursos.

9.6.4 Direcionadores de atividades

Quanto aos direcionadores de atividades, estes têm origem nas causas, as quais provocam o desenvolvimento de atividades. Por seu lado, as atividades utilizam recursos (materiais e processos) que, em virtude das quantidades de uso, são fundamentados como direcionadores de custos. A quantificação dos direcionadores de custos chama-se direcionador de atividades.

Todavia, o direcionador de atividades é um elemento que serve para medir a quantidade de uma atividade que é utilizada por um objeto de custo, isto é, qual a quantidade de uma atividade é necessária para gerar um produto ou serviço.

O direcionador de atividades também se utiliza do número de vezes que certa atividade será empregada na obtenção de um objeto de custo.

Cabe aqui ilustrar a distribuição dos direcionadores de custos por meio dos direcionadores de recursos e direcionadores de atividades, conforme a Figura 9.3.

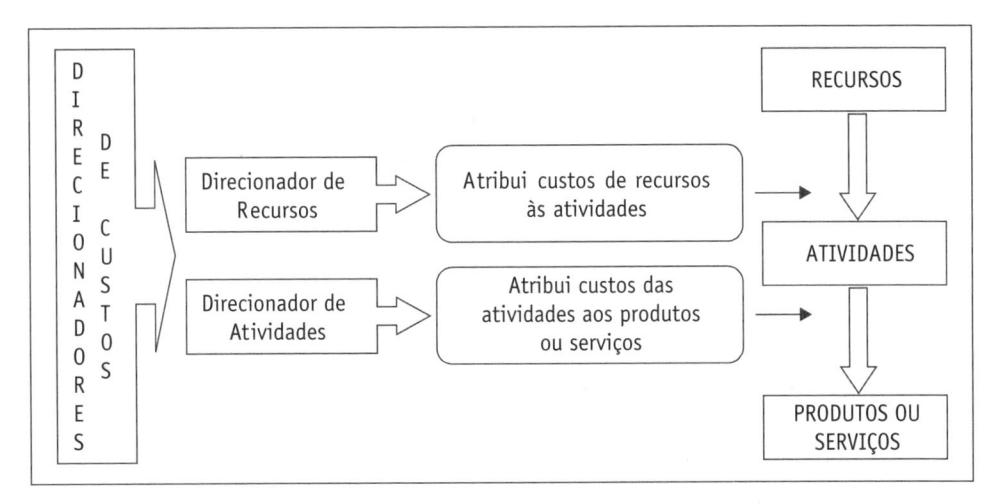

Figura 9.3 *Lógica do custeio por atividades.*

Conforme foi observado, nota-se que o direcionador de atividades é o responsável pela distribuição dos custos das atividades para os produtos ou serviços.

9.6.5 Objetos de custo

Um objeto de custo é o valor que a empresa deverá arcar para obter um custo unitário dos bens e serviços que ela produz.

No caso de organizações em geral, os objetos de custo compreendem produtos, serviços, projetos etc., constituindo-se na razão pela qual as atividades são realizadas.

Outrossim, os objetos de custos formam o elemento final que se pretende custear, tanto no que concerne a produtos, clientes ou ainda serviços, auxiliando sobremaneira na administração de qualquer empresa, seja no setor produtivo, seja no setor de serviços.

9.6.6 Importância do conceito de atividade

O método de custeio baseado em atividades reconhece quatro níveis de centros de atividades:

1. Atividades de unidade de produto: são realizadas cada vez que uma unidade de certo bem é fabricada. Um exemplo seria o tempo de processo em uma máquina de moldar peças.

2. Atividades de lotes: são aquelas realizadas cada vez que um lote de produtos é manufaturado ou processado. Um exemplo seria o tempo de configuração da máquina própria para o processo do lote.

3. Atividades de produção global: são aquelas requeridas para se obter toda a produção. Dois exemplos seriam a manutenção atualizada das listas de componentes e o manual de instrução para o produto.

4. Atividades de sustentação: simplesmente "facilitam" o processo de produção da empresa, em termos globais.

É interessante lembrar que:

a) o método ABC, em primeiro lugar, identifica os custos das atividades e depois os aloca aos produtos sob o critério de quanto estes se utilizaram dessas atividades;

b) para que os custos das atividades sejam alocados aos produtos é utilizado o conceito de direcionadores. Um direcionador é um fator que apresenta uma relação direta de causa e efeito com os recursos utilizados.

9.6.7 Medida de atividades

Uma atividade é mensurada por uma unidade de medida escolhida para representar um volume de atividade e com esta não se confunde. Tal medida proporciona bases para relacionar os custos das atividades aos produtos que as consomem.

Por exemplo: admita-se que o número de pedidos de compras seja considerado como medida adequada para mensurar o volume de trabalho realizado pelo departamento de compras. Todavia, a quantidade de compras é direcionada pela demanda por aquisição. O direcionador primário poderá ser o número de produtos em fabricação, ou o número de matérias-primas diferentes requeridas, ou ainda as peças necessárias para cada produto. Assim, pode-se dizer que o número de pedidos é o direcionador das compras, e isso tende a gerar confusão com a atividade. Embora as compras gerem custos, o número de pedidos é consequência. Portanto, o número de pedidos é uma variável dependente, porque é causada pela atividade básica: as compras. Além disso, ainda que em algumas situações o número de pedidos possa não ser o melhor, com frequência serve como meio de relacionar os custos das compras aos produtos.

Outro exemplo pode ajudar a esclarecer esse ponto. O número de horas-máquina é frequentemente utilizado no sistema de custeio tradicional como base de alocação de CIF. Assim, o número de horas-máquina depende ou é gerado do nível de atividade com o uso de máquinas, o que, por sua vez, depende da necessidade de produção da empresa. Portanto, o número de horas-máquina não passa de uma medida conveniente para representar a atividade de produção.

A operacionalização do ABC passa pela elaboração de um fluxograma que indica todas as atividades relevantes envolvidas no processo e geradoras de custos.

O gerador dos custos representa o "quanto" cada unidade de produto ou serviços consumiu por atividade. Com o mapeamento, tornar-se-ão mais visíveis as atividades agregadoras do que aquelas que não agregam valor. Serão identificadas as atividades que portam uma relação direta de causa e efeito, com a incorrência de um custo em particular. Essas atividades direcionam os custos, e as suas quantificações são chamadas de direcionadores.

Como exemplo, tem-se no Quadro 9.5 um mapa de atividades e direcionadores de custos.

Quadro 9.5 Atividades e direcionadores de custos

Atividade	Direcionador
Compras de materiais	Número de pedidos
Pagamentos	Número de cheques emitidos
Recebimentos	Número de descarregamentos
Reparos	Horas de reparos

No Quadro 9.6, estão sintetizadas as terminologias usadas no método ABC.

Quadro 9.6 Terminologias usadas no método ABC

\multicolumn{3}{c}{Atividade é uma transação, trabalho ou função}		
Tipo	**Conceito**	**Exemplo**
Atividade principal	É o tipo de trabalho principal realizado em nível mais amplo	Compras de matérias-primas
Atividade secundária	Um tipo de trabalho mais específico realizado como parte ou apoio à atividade principal	Preparação de ordens de compras
Tarefa	Um tipo de trabalho ainda mais específico realizado em apoio à atividade secundária	Identificação de fornecedores potenciais
Subtarefas	Parte da tarefa	Contato com o fornecedor
\multicolumn{3}{l}{Direcionador: fatores que medem o consumo de recursos para que uma atividade seja executada}		
Tipo	**Conceito**	**Exemplos**
Gerador primário	É a causa inicial de uma atividade que exige a aplicação de recurso, isto é, aquilo que cria a demanda pela atividade	Objetivos globais da empresa, ou a demanda pelos produtos, ou ainda as especificações dos produtos
Gerador secundário	Uma atividade consumidora de recursos provocada por uma atividade ou evento anterior	Compra de matérias-primas
\multicolumn{3}{l}{Medida de atividade = uma unidade de medida que represente o volume de atividade}		
Tipo	**Conceito**	**Exemplos**
Medida de frequência	Número de vezes que uma atividade é executada	Número de pedidos de compra, número de projetos executados
Medida de duração	Tempo consumido para a realização de uma atividade	Tempo usado para efetuar pedidos de compras, tempo de engenharia etc.
Medida física	Quantidade de determinado recurso processado por uma atividade	Toneladas embarcadas. Peças torneadas etc.

9.6.8 Benefícios derivados do custeio ABC

À primeira vista, pode-se pensar que o ABC poderia ser a resposta para todos os problemas administrativos dos custos. Na verdade, embora contando com inegáveis vantagens sobre o método tradicional, traz em si o sério problema da própria complexidade e, consequentemente, a pesada estrutura administrativa que decorre disso: *"O ABC não é para quem simplesmente quer, mas para quem pode e, principalmente, consegue uma positiva relação de custos* versus *benefícios".*

Existe a possibilidade de que os custos indiretos possam ser tratados em conjuntos de custos similares, também denominados grupos homogêneos.

O ABC muda a perspectiva sob a qual os custos indiretos são vistos pela administração: sua necessidade ou não e sua ligação com os objetivos específicos do processo produtivo.

A administração passa a dispor de outros e melhores recursos para bem priorizar o controle, reduzir ou mesmo eliminar algumas das atividades. O melhor meio de controlar os custos é identificar as atividades que os geram. Sob esse enfoque, os custos que forem percebidos como agregadores de valor para os clientes merecerão prioridade.

Uma das propriedades do ABC é a de investigar a necessidade das atividades e identificar aquelas que agregam ou não valor. As atividades agregadoras de valor podem ser percebidas pelos clientes, os quais, naturalmente, se dispõem a pagar por elas. Podem ser exemplificadas pelas atividades concernentes ao próprio produto, isto é, que possam aumentar a durabilidade, melhorar a manuseabilidade, a apresentação, os serviços de pós-venda e outros aspectos que podem ser requeridos pela clientela.

As atividades não agregadoras de valor são próprias da organização interna da empresa e não apresentam interesse para os clientes, tais como manuseio, estocagem, retrabalho, controles internos e semelhantes.

Então, a solução está em reorganizar as atividades para que seja possível reduzir ou mesmo eliminar o seu peso nos custos totais.

9.6.9 Limitações do ABC

Tal qual foi analisado anteriormente, o método de custeio ABC, para ser colocado em prática, exige um sacrifício financeiro por parte da empresa, que nem sempre o torna viável. Junto com essa observação, apresentam-se duas limitações importantes:

a) elevados custos administrativos associados com os múltiplos centros de atividades e geradores de custos. A estrutura administrativa é pesada;

b) algumas alocações arbitrárias acabam sendo inevitáveis, apesar de o direcionamento ser possível para a maioria dos custos indiretos. Para algumas empresas, apenas uma pequena parte das atividades é susceptível de rastreamento direto aos produtos pelas atividades, enquanto, para as demais, permanece a alocação tradicional. Assim, continua verdadeira a máxima de que "é melhor estar aproximadamente correto do que completamente errado".

Em essência, o ABC é dirigido para a identificação da natureza e causa dos CIF e, então, define a sua relação com cada produto de acordo com o benefício recebido. O ABC reconhece que os custos surgem como resultado das atividades exercidas pelo negócio. Essas atividades resultam na produção de bens e serviços. O tipo de atividades exercidas variará de acordo com a natureza do empreendimento, mas podem ser incluídos a colocação de pedidos de compras junto ao fornecedor, o recebimento de materiais, o empacotamento etc.

Apesar de o sistema ABC ser mais complexo, demorado e minucioso do que um sistema convencional de custeio, sua utilização requer análises mais detalhadas do processo.

Embora o método ABC tenha recebido boa atenção em anos recentes, também tem sido alvo de agudas críticas, sob a alegação de ser consumidor de tempo demasiado custoso para ser implantado e operacionalizado, em virtude da grande quantidade de dados que requer. Alguns críticos não estão convencidos de que os seus alegados benefícios sejam equivalentes aos seus próprios custos. Tem sido criticado como sendo de pouca utilidade em relação aos outros métodos.

TESTES

1. Qual o método de custeio que demonstra os saldos dos estoques, o custo da produção do período e permite apurar a situação patrimonial no Balanço?

    A) ABC.

    B) Variável.

    C) Absorção.

    D) Padrão.

2. No método do custeio por absorção, a obtenção do CPP de cada produto ocorre a partir do momento em que foram calculados:

    A) Os CD e os CIF.

    B) Os CV e as DV.

    C) As DV e as DF.

    D) Os CD e as DF.

3. A margem de contribuição é um instrumento encontrado no método:

    A) Custeio-padrão.

    B) Custeio ABC.

    C) Custeio variável.

    D) Absorção.

4. Os custos fixos são reconhecidos como despesas no método de custeio:

    A) Absorção.

    B) ABC.

    C) Variável.

    D) Padrão.

5. No custeio variável, os juros sobre o capital de giro deverão ser lançados como:

    A) Despesas fixas.

    B) Despesas variáveis.

    C) Custos variáveis.

    D) Custos fixos.

6. Certa empresa apresentou, em determinado período, a seguinte situação:

    Devedores por vendas = $ 3.000.000

    Estoques de materiais diretos = $ 280.000

    Estoques de produtos acabados = $ 470.000

    Fornecedores = $ 1.750.000

    O seu capital de giro será de:

    A) $ 2.000.000.

    B) $ 1.060.000.

    C) $ 3.750.000.

    D) $ 4.000.000.

7. O custeio-padrão deve ser considerado como uma meta a ser atingida em:

    A) Curto prazo.

    B) Médio prazo.

    C) Longo prazo.

    D) Médio e longo prazo.

8. Para se implantar o método de custeio-padrão, os padrões deverão ser fixados na empresa:

    A) Total e imediatamente.

    B) Gradualmente.

    C) Imediatamente, incluindo as despesas.

    D) Imediatamente, incluindo os custos diretos.

9. A maior utilidade do custeio-padrão reside:

    A) Nas previsões de vendas mais coerentes.

    B) Nas estimativas precisas dos investimentos que poderão ser efetuados.

    C) Nas causas que provocam o desenvolvimento de atividades.

    D) Na determinação do valor das despesas.

10. No custeio ABC, os direcionadores de atividades têm sua origem:

   A) Nos recursos que demonstram como uma atividade tem sua origem.
   B) Nos objetos de custos.
   C) Nas causas que provocam o desenvolvimento de atividades.
   D) Nos resultados de períodos anteriores.

EXERCÍCIOS

1. A empresa "Tranca Tudo" produz e vende portas e janelas. Ela apresentou, em certo período, os seguintes gastos:

Itens	Janelas	Portas	Totais
Produção – unidades	120.000	80.000	–
Vendas – unidades	90.000	70.000	–
Preço de venda – $/unidade	30	60	–
Materiais diretos (MD) – $	1.497.600	2.628.000	4.125.600
Mão de obra direta (MOD) – $	19.440	12.960	32.400
Energia elétrica da fábrica – $	–	–	10.000
Seguro da fábrica – $	–	–	2.500
Aluguel da fábrica – $	–	–	15.000
Gastos dos departamentos de apoio à produção – $	–	–	6.500
Depreciação de máquinas e equipamentos fabris – $	–	–	1.000
Despesas financeiras – $	–	–	115.000
Despesas administrativas – $	–	–	20.000
Despesas comerciais – $	–	–	65.000
ICMS sobre vendas – %	18	18	18
Imposto de Renda sobre o Lucro Operacional – %	–	–	20

Determine:

a) Os custos unitários e totais pelo método de custeio por absorção.

b) O Resultado do Exercício (pelos métodos de custeio por absorção e variável).

c) Os valores dos estoques finais pelo método de custeio por absorção.

Obs.: no método de custeio por absorção, rateie os CIF pelos materiais diretos (MD).

2. Determine, pelo método de custeio por absorção, o resultado do exercício e os valores dos estoques da empresa SKD, que fabrica e vende dois produtos, A e B, e que apresentou as seguintes características em certo mês:

Despesas administrativas – $ 13.000

Despesas comerciais – $ 17.000

Despesas financeiras – $ 10.000

Aluguel da fábrica – $ 20.000

Energia elétrica da fábrica – $ 60.000

Gastos dos departamentos de apoio à produção – $ 52.000

Seguro da fábrica – $ 18.000

ICMS = 18% sobre o faturamento bruto

IR = 20% sobre o lucro operacional

Obs.: os CIF serão absorvidos de forma diretamente proporcional às MP.

Demais informações:

Itens	Produto A	Produto B
Produção em unidades	80.000	120.000
Vendas em unidades	70.000	110.000
Preço de venda – $	5	6
Matérias-primas – $	120.000	200.000
Materiais secundários – $	20.000	30.000
MOD – $	40.000	60.000

3. Determine, pelo método de Custeio por Absorção, o resultado do exercício e os valores dos estoques de uma empresa que produz e vende dois tipos de produtos e que em certo período apresentou as seguintes características:

Itens	Produto A	Produto B
Produção (em unidades)	86.000	124.000
Preço de venda (R$)	4,00	6,00
Quantidade vendida (em unidades)	68.000	102.000
Valor da matéria-prima (R$)	141.320	211.980
Materiais secundários (R$)	30.000	45.000
MOD (R$)	48.600	59.400

Demais informações:

- IR – 20%.
- Despesas administrativas – R$ 11.000.
- Despesas comerciais – R$ 18.000.
- Despesas financeiras – R$ 6.000.
- Seguro da fábrica – R$ 24.000.
- Aluguel da fábrica – R$ 36.000.
- Energia elétrica da fábrica – R$ 55.000.
- Gastos dos departamentos de apoio à produção – R$ 45.000.
- ICMS – 18%.

Observação: rateie os CIF de forma diretamente proporcional à MD.

4. Determine, pelo método de Custeio por Absorção, o resultado do exercício e os valores dos estoques de uma empresa que produz e vende dois tipos de produtos e que em certo período apresentou as seguintes características:

Itens	Produto A	Produto B
Produção (em unidades)	300.000	700.000
Preço de venda (R$)	2,80	5,10
Quantidade vendida (em unidades)	156.000	442.000
Valor da matéria-prima (R$)	351.000	121.000
Materiais secundários (R$)	102.000	33.000
MOD (R$)	47.000	25.000

Demais informações:

- IR – 27,5%.
- Total de despesas – R$ 117.000.
- Energia elétrica da fábrica – R$ 23.000.
- Aluguel da fábrica – R$ 32.500.
- Seguro da fábrica – R$ 80.300.
- Gastos dos departamentos de apoio à produção – R$ 45.200.
- ICMS – 12%.

Observação: rateie os CIF de forma diretamente proporcional ao MD.

5. Levando em conta os dados das Tabelas de 1 a 4, atribua os CIF a cada um dos produtos fabricados pela empresa XYZ e calcule:

a) CIF unitário;
b) CD unitário;
c) CT unitário.

Tabela 1 Produção e custos diretos mensais.

Produtos	Produção mensal (unidades)	Custos Diretos ($/unidade)
Cinto (X)	20.000	3
Carteira (Y)	10.000	2
Sapato (Z)	8.000	5

Tabela 2 Situação dos CIF mensais.

Itens de CIF	$
Aluguel e seguro da fábrica	30.000
MOI	90.000
Material de consumo	20.000

Tabela 3 Percentuais da área ocupada pelas atividades da fábrica.

Atividades da fábrica	% da área ocupada
Compras	20%
Atividade industrial	55%
Armazenamento	25%

Tabela 4 Participação percentual de cada produto em função das atividades.

Atividades	Direcionador de atividades	Cinto (em %)	Carteira (em %)	Sapato (em %)	Total (em %)
Compras	Número de pedidos	30	20	50	100
Atividade industrial	Tempo de produção	10	50	40	100
Armazenamento	Tempo de operação	30	40	30	100

6. A empresa DKS produz e vende dois produtos, A e B. Determine o CPV total e de cada produto, os valores dos estoques totais e de cada produto e o Quadro Demonstrativo de Resultados do Exercício, conhecendo-se:

Itens	Produto A	Produto B
Produção – unidades	200.000	400.000
Preço de venda – $/unidade	10	11
Vendas – unidades	180.000	335.000
Matérias-primas – $	600.000	1.800.000
Materiais secundários – $	150.000	280.000
MOD – $	210.000	325.000

Demais informações:
- ICMS sobre vendas = 18%.
- IR = 27,5% sobre o Lucro Operacional.
- As máquinas consomem 45% do total dos kWh para produzir A e 55% para produzir B.
- Área ocupada pelo produto A = 30% da fábrica.
- Área ocupada pelo produto B = 70% da fábrica.
- Aluguel da fábrica: $ 25.000 – rateie pela área ocupada pelos produtos.
- Seguro da fábrica: $ 48.000 – rateie pela área ocupada pelos produtos.
- IPTU da fábrica: $ 12.000 – rateie pela área ocupada pelos produtos.
- Força-motriz: $ 160.000 – rateie pelo consumo de kWh.
- Gastos dos departamentos de apoio à produção (Controle de Qualidade e Planejamento) = $ 90.000 – rateie pela quantidade produzida.
- Mão de Obra Indireta (MOI) = $ 40.000 – rateie pela MOD.
- Total de despesas = $ 696.450.

ESTUDO DE CASO

EMPRESA "COSME TICO"

A empresa "Cosme Tico" produz e vende batom e pó compacto. Durante certo período, ela apresentou os seguintes gastos:

Itens	Batom	Pó compacto	Totais
Produção/Vendas – unidades	60.000	40.000	–
Preço de venda – $/unidade	7,50	6,50	–
Materiais diretos (MD) – $	99.000	76.400	175.400
Mão de obra direta (MOD) – $	45.000	39.000	84.000
Mão de obra indireta (MOI) – $	–	–	10.000
Energia elétrica da fábrica – $	–	–	3.000
Aluguel da fábrica – $	–	–	15.000
Depreciação de máquinas da fábrica – $	–	–	7.000
Despesas financeiras – $	–	–	2.000
Despesas administrativas – $	–	–	70.000
Despesas comerciais – $	–	–	104.000
ICMS sobre vendas – %	18	18	18
Imposto de Renda sobre o Lucro – %	–	–	25
Devedores por vendas	–	–	40 dias
Estoque de materiais diretos	–	–	10 dias
Estoque de produtos acabados	–	–	12 dias
Fornecedores de materiais diretos	–	–	60 dias
Juros de mercado	–	–	1,4% ao mês
Contribuição Social Sobre o Lucro – %	–	–	9%

A Diretoria da empresa está apta para investir em um novo equipamento importado para incrementar a produção e as vendas de apenas um dos dois produtos.

A Gerência de Produção tem feito certa pressão para que o pó compacto seja beneficiado com a nova máquina.

Por outro lado, a Gerência de Vendas acredita mais no potencial do batom para receber a máquina que aumentaria a produção e, consequentemente, as suas vendas.

Foi solicitado ao *controller* da empresa que fizesse um estudo para focalizar e diagnosticar qual dos dois produtos deveria ser beneficiado com o novo equipamento.

O *controller* fez vários estudos e conseguiu a resposta necessária. Porém, para chegar a uma conclusão plausível, ele teve que determinar qual dos dois produtos traria maior margem de contribuição para a empresa.

Portanto, teve que calcular alguns elementos para fundamentar o seu parecer final:

a) Custo total pelo método de custeio variável.
b) Valor do capital de giro dessa empresa.
c) Valor dos juros sobre o capital de giro.
d) Valor das despesas variáveis com os juros sobre o capital de giro.
e) Resultado do Exercício pelo método de custeio variável.

PARTE III

Análise Custo-Volume-Lucro e Formação de Preços

10
ANÁLISE CUSTO-VOLUME-LUCRO

10.1 Considerações iniciais

A análise custo-volume-lucro é um instrumento de planejamento que permite estudar e analisar a relação entre receitas totais, custos e despesas. Os custos e despesas serão decompostos em suas parcelas fixas e variáveis para que seja viável projetar o lucro operacional e possibilitar obter respostas às variações nos níveis de produção, vendas e nos preços. A confiabilidade que a análise custo-volume-lucro (também denominada CVL) proporciona depende da razoabilidade de seus pressupostos e, principalmente, da boa segregação dos custos e despesas em seus componentes fixos ou variáveis.

Esse instrumento repousa em diversos pressupostos:

1. As variações nos níveis de receitas e nos custos decorrem das oscilações nas quantidades de produtos ou serviços produzidos e vendidos.
2. Os custos e despesas devem ser segregados na parte fixa e na parte variável, considerando que esta última responde diretamente às alterações nas quantidades de produtos.
3. Os custos fixos não respondem aos diferentes níveis de produção em curto prazo. Graficamente são representados por uma reta paralela ao eixo das quantidades.
4. Os custos variáveis respondem proporcionalmente às quantidades. Em termos gráficos, o comportamento dos custos variáveis é de uma linha reta crescente em relação às quantidades. Esse é um pressuposto válido dentro de intervalos relevantes.

5. O intervalo relevante é uma faixa de quantidades em que é desejável realizar o planejamento. Abaixo do limite mínimo a produção é inviável e acima do limite máximo é impossível (ver Figura 10.1).

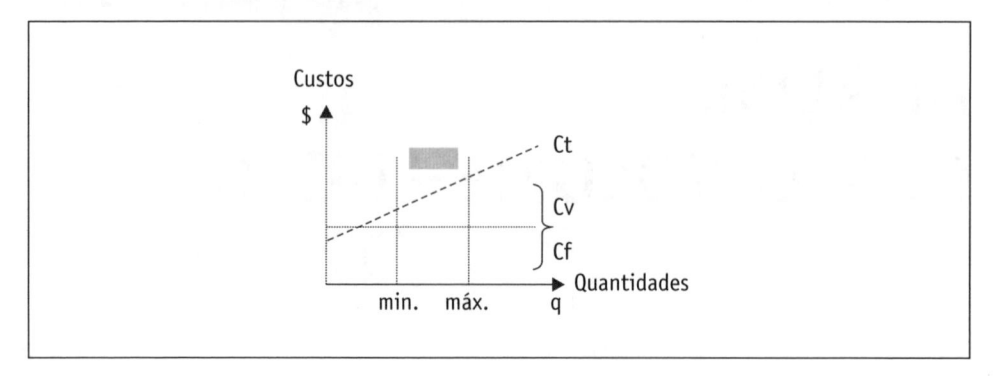

Figura 10.1 Análise de intervalo

6. A análise de CVL tradicional cobre apenas um produto ou assume que, em um determinado *mix* de produtos, as proporções dos custos fixos e variáveis e as quantidades vendidas permaneçam constantes.

Apesar dos pressupostos, que simplificam o modelo severamente em relação aos problemas reais, o instrumento conhecido como análise da relação entre os custos, volume e o lucro tem provado ser útil nas decisões estratégicas e táticas pertinentes aos preços, *mix* de produtos e aumentos dos custos, ampliação da capacidade fabril e outras variáveis.

Um grande apelo ao seu uso é a simplicidade conceitual e a facilidade de aplicação em qualquer tipo de empresa. Na verdade, um modelo complexo não é necessariamente mais útil. A administração deve atentar se os instrumentos com os pressupostos simplificadores são capazes de gerar informações suficientemente confiáveis para permitir decisões ou não.

A administração tem a obrigação de aplicar todos os esforços para evitar prejuízos operacionais. Assim, o estudo CVL é frequentemente utilizado para determinar o ponto de equilíbrio empresarial e ajudar a empresa a evitar prejuízos.

O ponto de equilíbrio é um nível de atividades em que a receita apenas cobre os custos e as despesas, não proporcionando resultado. É o ponto de equilíbrio contábil. É um nível de atividades que serve como ponto de partida, sendo utilizado apenas como parâmetro medidor. Um avanço será a inclusão de variáveis necessárias como lucro, impostos e despesas, para atingir um ponto de equilíbrio econômico. Este sim tem maior aplicabilidade nas decisões.

O ponto de equilíbrio também focaliza qual deverá ser a receita necessária para o lucro começar a ocorrer. Ora, essa receita é o resultado da quantidade multiplicada pelo preço de venda que a empresa pratica.

10.2 Ponto de equilíbrio

A partir do momento que a empresa conhecer a composição de todos os seus gastos e a formação dos preços dos seus produtos, ela poderá saber qual a quantidade que deverá ser vendida de cada um deles para começar a obter lucro.

É notório que, para uma empresa vender um ou mais produtos, ela deverá incorrer em gastos para produzi-los, antes de iniciar a sua comercialização e, consequentemente, obter a sua receita. Nesses momentos, a empresa apresentará gastos maiores que receitas e, portanto, ocorrerá prejuízo.

Porém, a partir de determinado momento, haverá certa quantidade vendida que determinará um ponto neutro, isto é, o prejuízo será igual a zero e, a partir daí, a empresa começará a apresentar lucro (receitas maiores que os gastos).

Esse ponto neutro é denominado ponto de equilíbrio. Ele ocorre quando os gastos se igualam às receitas.

Para melhor visualizar quando ocorre esse ponto de equilíbrio, observe-se o seguinte caso hipotético:

Certa empresa produz e vende 1.000 unidades de certo produto.

Até o nível de 400 unidades, os seus gastos superam as receitas.

A partir de 400 unidades vendidas, as suas receitas são maiores que seus gastos.

Logicamente, é possível afirmar que o ponto de equilíbrio da empresa em questão é de 400 unidades.

Supondo que o preço de venda de cada unidade de produto seja $ 5, o seu ponto de equilíbrio ocorrerá quando sua receita atingir $ 2.000 (400 unidades × $ 5).

No gráfico da Figura 10.2 estão condensados os resultados de maneira mais elucidativa, focalizando o ponto de equilíbrio (PE).

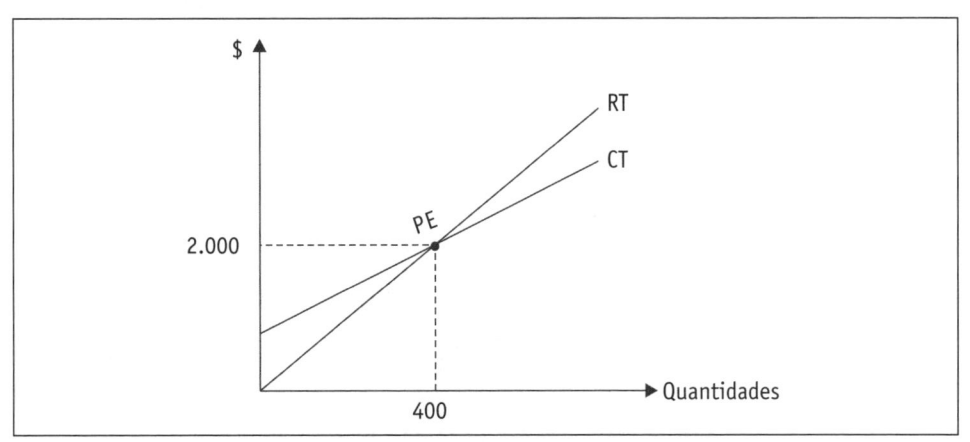

Figura 10.2 Localizando o ponto de equilíbrio

Assim sendo, pode-se conceituar ponto de equilíbrio como um método que permite determinar qual a quantidade de bens que a empresa deverá vender para começar a obter lucro.

No Capítulo 3, quando foram classificados os custos em fixos e variáveis, apresentou-se o gráfico desses elementos e o custo total da seguinte forma (conforme se pode observar também na Figura 3.3):

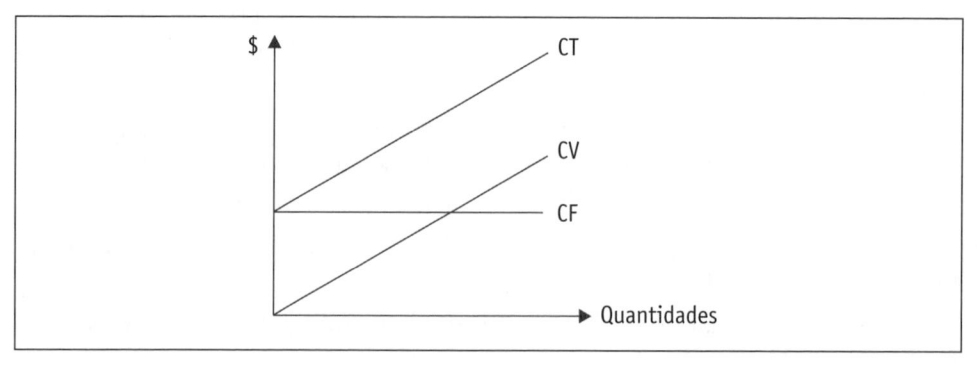

Por sua vez, as despesas também se classificam em fixas e variáveis e deverão ser somadas aos custos.

Se no gráfico for colocada a receita total para o período em que foram medidos os custos e despesas, encontrar-se-á o ponto de equilíbrio (PE).

10.2.1 Determinação gráfica do ponto de equilíbrio

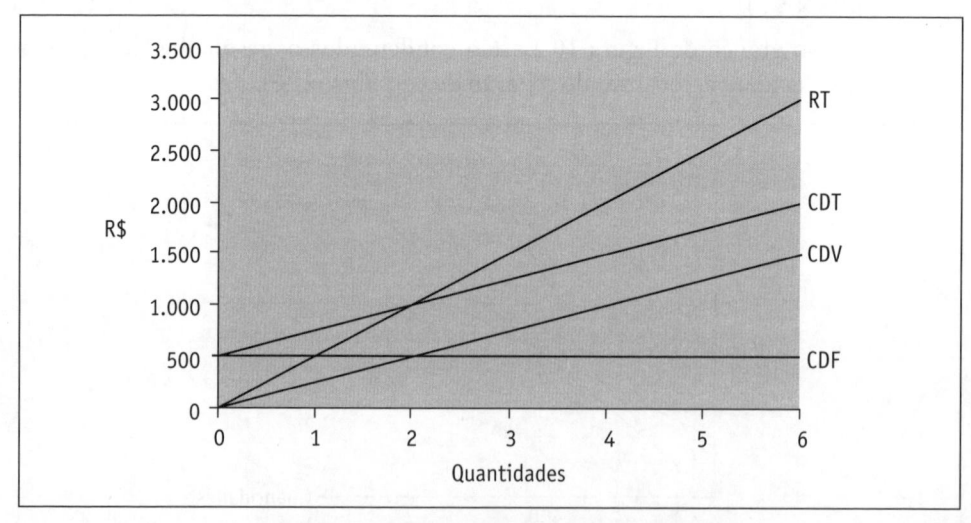

Observe a Figura 10.3.

Figura 10.3 Montagem de gráfico do PE

A representação gráfica do ponto de equilíbrio deve obedecer alguns critérios fundamentais:

a) Na abscissa (eixo dos X) serão representados os volumes e na ordenada (eixo dos Y) serão indicados os valores.

b) Levantar mais uma ordenada em um ponto da abscissa que corresponda a certo volume de vendas, em determinado período. Com essas duas ordenadas, obtém-se o intervalo relevante.

c) A partir do ponto zero, traçar a reta correspondente aos CDV (custos e despesas variáveis).

d) Traçar uma paralela ao eixo das quantidades marcando os custos e despesas fixos (CDF).

e) A partir do ponto em que os CDF cortam a ordenada, iniciar o traçado da reta correspondente aos CDT (custos e despesas totais).

f) A partir do ponto zero, traçar a reta correspondente à RT (receita total).

g) O cruzamento da reta CDT com a RT indicará o ponto de equilíbrio. Antes do ponto de equilíbrio, encontra-se a área de prejuízo e, após, a área de lucro.

Observe-se que, no eixo dos X, encontra-se o ponto de equilíbrio representado em quantidades. No eixo dos Y, o ponto de equilíbrio é representado em valores.

Nota-se que o ponto de equilíbrio é o divisor das situações entre prejuízo e lucro. Ele está apontando a quantidade X que deverá ser vendida para a empresa sair da área de prejuízo e começar a apresentar lucro.

O ponto de equilíbrio também focaliza qual será o montante da receita que a empresa deve buscar para que o lucro comece a ocorrer (Y).

Ora, essa receita Y é o resultado da quantidade X multiplicada pelo preço de venda que a empresa praticar.

10.2.2 Determinação matemática do ponto de equilíbrio

Para a determinação matemática do ponto de equilíbrio, é necessário partir da premissa de que ele somente ocorre quando as receitas se igualam aos custos.

Portanto, o PE obedecerá a igualdade:

$$RT = CT \qquad (1)$$

Essa equação deverá representar as quantidades que deverão ser vendidas para que haja neutralidade entre receitas e gastos. Portanto, as quantidades deverão comparecer nos dois membros dessa igualdade.

A receita total é facilmente identificada por:

$$RT = P \times Q \qquad (2)$$

Onde:

RT = receita total;

Q = quantidade vendida;

P = Preço de venda

No lado direito da equação (1) está o CT ou custo total.

Sabe-se que CT = CF + CV

Onde: CT = Custo total

CF = Custo fixo

CV = Custo variável

Os custos fixos não oscilam em função das quantidades. Porém, os custos variáveis apresentam suas oscilações e podem ser assim representados:

CV = Ca × Q

Onde Ca = custo variável unitário

Substituindo-se Ca × Q no lugar do CV, na equação do CT, tem-se:

$$CT = CF + (Ca \times Q) \qquad (3)$$

Substituindo-se as equações (2) e (3) na equação (1):

P × Q = CF + (Ca × Q)

Ou: P × Q = CF + (Ca × Q)

Ainda: (P × Q) − (Ca × Q) = CF

Colocando-se Q em evidência:

Q (P − Ca) = CF

E, finalmente:

$$\boxed{Q = \frac{CF}{P - Ca}}$$

Vale observar que as despesas fixas, quando ocorrerem, deverão ser adicionadas no numerador da fórmula e as despesas variáveis, por unidade, deverão ser inseridas no denominador.

Para ilustrar, supõe-se que uma empresa trabalhe com um só produto para venda, ao preço de mercado de $ 60 a unidade. Os custos e despesas variáveis são de $ 25 por unidade e os custos e despesas fixos são de $ 42.000. Sob tais condições, a empresa precisará determinar a quantidade mínima a ser produzida/vendida. Com essa quantidade, estará operando no nível de equilíbrio contábil, não obtendo, portanto, lucro ou prejuízo.

Pode-se fazer o cálculo, utilizando com proveito a fórmula já demonstrada:

$$Q = \frac{\text{Custos e Despesas Fixos}}{\text{Preço de venda } (-) \text{ Custos e Despesas Variáveis Unitários}} = \frac{\$ 42.000}{\$ 60 - \$ 25} = \frac{\$ 42.000}{\$ 35} = 1.200 \text{ unidades}$$

A fórmula aplicada aos dados indica que a empresa precisará comercializar 1.200 unidades para atingir o seu ponto de equilíbrio, tal qual pode ser notado na Tabela 10.1.

Tabela 10.1 Fórmula aplicada ao exemplo

Itens	Níveis de produção e de vendas			
	(em unidades)			
Quantidade de vendas	1	2	**1.200**	1.201
Vendas em $	60	120	**72.000**	72.060
(–) Custos e despesas variáveis	25	50	**30.000**	30.025
(=) Margem de contribuição	35	70	**42.000**	42.035
(–) Custos e despesas fixos	42.000	42.000	**42.000**	42.000
(=) Lucro	(41.965)	(41.930)	**zero**	35

Na Tabela 10.1 foi feita uma escala crescente de quantidades produzidas/vendidas.

O fator novo que aqui comparece é a margem de contribuição, que é obtida pela diferença entre a receita bruta (Vendas) e os custos e despesas variáveis.

Observe-se que, para efetuar a presente demonstração, foi necessário fazer a segregação dos custos e despesas fixos dos gastos variáveis, para que se pudesse obter a margem de contribuição.

A margem de contribuição é o valor representado que propiciará à empresa enfrentar seus custos e despesas fixas. Como a margem de contribuição é resultado das quantidades vendidas multiplicadas pelo preço de venda deduzido dos custos e despesas variáveis, ela deverá, obrigatoriamente, variar em função das quantidades vendidas. Nota-se que, quando as vendas atingem o nível de 1.200 unidades, a margem de contribuição se iguala aos custos e despesas fixos, gerando um lucro/prejuízo igual a zero. Logicamente, ao se multiplicar a quantidade vendida (1.200) pelo preço de venda ($ 60), obtém-se o ponto de equilíbrio em valores, isto é, $ 72.000.

A demonstração indica que, se forem vendidas as 1.200 unidades ao preço previsto e mantendo-se os custos variáveis, a empresa obterá um resultado igual a zero.

Essa quantidade deve servir de avaliação de capacidade. Admitindo-se que a empresa tenha capacidade para produzir somente 1.000 unidades, ela terá que redimensionar a sua estrutura de custos, ou alterar o preço se o mercado permitir, ou ainda aumentar a sua capacidade de produção e vendas. Se aumentar a capacidade, certamente terá aumentos nos custos fixos. De qualquer forma, saberá que terá que trabalhar com pelo menos 1.200 unidades.

10.3 Margem de contribuição

A separação dos custos e despesas em seus componentes fixos e variáveis será útil para comparar as receitas com os custos e despesas variáveis. Os elementos variáveis são diretamente responsáveis pela produção, enquanto os custos e despesas fixos dizem respeito muito mais à capacidade de produzir do que à produção propriamente dita. A diferença entre o preço de venda (ou as receitas) e os custos e despesas variáveis é chamada de margem de contribuição.

A margem de contribuição (MgC) é um elemento útil para as decisões. Por exemplo, a empresa pode estar sofrendo prejuízos com determinado produto e, ainda assim, continuar operando, se a MgC for suficientemente elevada. Como alguns custos e despesas fixos não são elimináveis em curto prazo (como depreciação e aluguéis), a contribuição obtida será benéfica. Por outro lado, se a MgC for negativa e não houver expectativa ou possibilidade de reverter essa situação, as receitas são menores do que os gastos variáveis totais. Nesse caso, seria melhor abandonar o produto e, em termos globais, será melhor encerrar as atividades da empresa.

A diferença entre o preço de venda unitário e os gastos variáveis por unidade é a margem de contribuição já referida. A margem de contribuição é o valor que sobra de cada unidade vendida e, portanto, deverá ser suficiente para cobrir os custos e despesas fixos, taxas e impostos e, ainda, proporcionar lucro.

A margem de contribuição negativa é impensável. Se esta for pequena, a empresa deverá ter condições de produzir e vender muitas unidades para poder cobrir os seus gastos fixos.

Se os preços forem constantes, a receita total será proporcional às quantidades e a margem de contribuição será fundamental na análise da relação custo-volume-lucro.

Na situação em que a MgC for igual aos custos e despesas fixas, a empresa estará operando no seu ponto de equilíbrio, obtendo, portanto, lucro zero.

Porém, se a MgC for superior aos gastos fixos, a empresa obterá lucro e, se a MgC for menor que os custos e despesas fixas, a empresa estará sofrendo prejuízo. Assim, a MgC é uma função do volume.

A MgC pode ser apresentada de três maneiras:

a) MgC por unidade;

b) MgC total; e

c) como um percentual ou índice de margem de contribuição (IMgC).

Portanto, no caso do exemplo anterior, a MgC poderia ser calculada de três formas distintas:

a) MgC por unidade = $ 60 − $ 25 = $ 35;

b) MgC total ao nível de 1.200 unidades: $ 72.000 − $ 30.000 = $ 42.000;

c) MgC como percentual do preço = $ 35/ $ 60= 0,5833 ou 58,33%.

Se a receita total é uma informação necessária, é possível que seja desejado o valor da receita diretamente. Nesse caso, basta dividir os custos (e despesas) fixas pelo IMgC:

$$RT = \frac{CDF}{IMgC} = \frac{\$\,42.000}{0,5833} = \$\,72.000$$

A partir da equação básica da quantidade $Q = \dfrac{CDF}{MgC}$, diversas questões podem ser respondidas com boa contribuição às decisões empresariais.

10.4 Inclusão do lucro

Cabe à administração aplicar todos os esforços e habilidades para obter um nível de lucro satisfatório. A primeira e, talvez, a mais importante das questões é a inclusão do lucro na função. Este pode ocorrer na forma de um valor por unidade e, portanto, acompanhará as quantidades. Poderá ser apresentado também na forma de um valor fixo, que independerá das quantidades.

Admitindo-se que a empresa deseje obter lucro de $ 7 ou 11,67% do preço, por unidade vendida, pode-se calcular a quantidade do ponto de equilíbrio da seguinte maneira:

$$Q = \frac{CDF}{(P - Cv) - \text{Lucro}} = \frac{\$\ 42.000}{(\$\ 60 - \$\ 25) - \$\ 7} = \frac{\$\ 42.000}{\$\ 28} = 1.500 \text{ unidades}$$

Para obter o lucro desejado, a empresa terá que vender 1.500 unidades e o lucro será de $ 10.500 (1.500 unidades × $ 7). Conferindo esses elementos, têm-se os valores dispostos na Tabela 10.2.

Tabela 10.2 Cálculo do lucro desejado

Demonstração	
Receitas: 1.500 unidades × $ 60	90.000
(–) Custos variáveis: 1.500 unidades × $ 25	(37.500)
(=) Margem de contribuição	52.500
(–) Custo fixo	(42.000)
(=) Lucro (1.500 unidades × $ 7)	10.500

Admitindo-se que a empresa deseje obter um determinado valor global fixo de lucro de $ 10.500 como retorno sobre o valor do patrimônio líquido, é necessário modificar o cálculo incluindo esse valor no numerador da fórmula por ser fixo. O restante permanece como antes:

$$Q = \frac{\$\ 42.000\ (+)\ \$\ 10.500}{\$\ 60 - \$\ 25} = \frac{\$\ 52.500}{\$\ 35} = 1.500 \text{ unidades}$$

Nesse exemplo pode ser observado o seguinte:

a) se o lucro desejado for uma função da quantidade (variável), será inserido no denominador da fórmula com os elementos variáveis;

b) se o lucro desejado for um valor fixo ou em função de qualquer outra base, será inserido no numerador da fórmula com os elementos fixos.

10.5 Inclusão de despesas variáveis

Se a empresa desejar incluir as despesas variáveis no cálculo, como deverá ser o equacionamento, permanecendo um lucro unitário de $ 7 desejado pela alta direção?

Tal qual ocorreu quando adicionou-se o lucro, as despesas variáveis também deverão ser inseridas no denominador da equação:

$$Q = \frac{CDF}{(P - Cv) - \text{Lucro} - \text{Despesas variáveis}}$$

Assim, com os mesmos dados já oferecidos, considerando o lucro variável de $ 7 por unidade, mas com a inclusão de despesas variáveis de vendas no valor de $ 1,75 por unidade vendida, tem-se então:

$$Q = \frac{\$\,42.000}{(\$\,60 - \$\,25) - \$\,7 - \$\,1{,}75} = 1.600 \text{ unidades}$$

A demonstração dos valores consta na Tabela 10.3.

Tabela 10.3 Cálculo do lucro

Demonstração	
Receitas: 1.600 unidades × $ 60	96.000
(–) Custos variáveis: 1.600 unidades × $ 25	(40.000)
(–) Despesas variáveis: 1.600 unidades × $ 1,75	(2.800)
(=) Margem de contribuição	53.200
(–) Custos e despesas fixas	(42.000)
(=) Lucro (1.600 unidades × $ 7)	11.200

10.6 Inclusão dos impostos sobre vendas

Como os impostos sobre vendas vão incidir diretamente sobre a receita, eles oscilarão em função dela. Assim sendo, os impostos também serão colocados no denominador da equação básica. É notório que a empresa deve conhecer a alíquota que incidirá sobre o preço de venda dos seus produtos.

Portanto, ela deverá aplicar o percentual correspondente aos impostos sobre o preço do produto e colocar o valor obtido no denominador da equação básica.

Assim, quantas unidades a empresa precisará vender se, além dos elementos considerados no último exemplo, ainda tiver que levar em conta os impostos sobre a receita pela alíquota de 8% ($ 4,80)?

Cálculo:

$$Q = \frac{\$\,42.000}{\$\,60 - \$\,25 - \$\,7 - \$\,1,75 - \$\,4,80} = \frac{\$\,42.000}{\$\,21,45} = 1.958 \text{ unidades}$$

A demonstração dos valores está disponível na Tabela 10.4.

Tabela 10.4 Cálculo do lucro

Demonstração	
Receitas: 1.958 unidades × $ 60	117.480
Impostos s/ venda: (1.958 × $ 4,80)	(9.398)
Receita líquida	108.082
(–) Custos variáveis: 1.958 unidades × $ 25	(48.950)
(–) Despesas variáveis: 1.958 unidades × $ 1,75	(3.426)
(=) Margem de contribuição	55.706
(–) Custos e despesas fixas	(42.000)
(=) Lucro (1.958 unidades × $ 7)	13.706

Observe-se que o lucro permanece em 11,6% da receita, pois o incremento percentual dos impostos atinge tanto a receita quanto os custos e despesas variáveis.

10.7 Ponto de equilíbrio e margem de contribuição para diversos produtos

No pressuposto número 6, viu-se que a análise CVL é para um único produto e que todos os elementos utilizados permanecerão razoavelmente inalterados por determinado período. Também não é razoável esperar que a relação vendas-produção permanecerá constante por longo período. Por certo, as mudanças ocorrerão até mesmo nos preços e podem afetar consideravelmente o resultado. Esse pressuposto, que na verdade é uma limitação, pode ser contornado para uma situação de maior realismo introduzindo diversos produtos.

A maneira mais coerente para calcular o ponto de equilíbrio de uma empresa que produz e vende dois ou mais produtos consiste em adotar um percentual de participação de cada receita individual em função da receita total.

No exemplo a seguir, uma empresa produz e vende três produtos distintos com preços diferenciados.

Os produtos apresentam as seguintes receitas individuais:

A – $ 27.500

B – $ 22.500

C – $ 12.500

Nota-se que a receita total é de $ 62.500.

A partir desse histórico, cada produto apresenta o seguinte percentual de participação na receita total:

A – 44%

B – 36%

C – 20%

Esses elementos serão fundamentais para a sequência do processo de obtenção do ponto de equilíbrio.

Quadro 10.1 Dados dos produtos e totais

Preço de venda ($)	Produto A = 2,50	Produto B = 3,00	Produto C = 2,00
Quantidade vendida	Produto A = 11.000	Produto B = 7.500	Produto C = 6.250

	Prod. A	Prod. B	Prod. C	Totais
Receita ($)	27.500	22.500	12.500	62.500
% de participação	44,00	36,00	20,00	100,00
(–) Custos variáveis	16.500	11.250	5.000	32.750
Margens de contribuição	11.000	11.250	7.500	29.750
IMgC (MgC/V) (29.750/62.500)				0,47600
Custos fixos				24.000
Resultado				5.750

A MgC total desses três produtos é de 0,476 ($ 29.750/$ 62.500).

$$\text{Receita no PE} = \frac{CF}{IMgC} = \frac{\$\ 24.000}{0,4764} = 50.420,17$$

Portanto, se a empresa faturar $ 50.420,17, ela atingirá o seu ponto de equilíbrio.

Aplicando os percentuais de cada participação já calculados sobre a receita total do ponto de equilíbrio, têm-se os dados da Tabela 10.5.

Tabela 10.5 Cálculo da quantidade no PE

Produto	%	Receita total ($)	Receita individual no ponto de equilíbrio ($)	Quantidade no ponto de equilíbrio
A	44	50.420,17	22.185	8.874
B	36	50.420,17	18.151	6.050
C	20	50.420,17	10.084	5.042
Total	100		50.420	

Outra forma de se obterem as quantidades e receitas individuais do ponto de equilíbrio consiste em trabalhar com o índice representativo da receita total do equilíbrio com aquela já conhecida. A seguir, detalha-se esse processo.

A partir do momento que foi calculado o valor da receita para o ponto de equilíbrio total, no caso $ 50.420,17, pode-se saber quais as receitas que cada produto deve apresentar para atingir individualmente o seu ponto de equilíbrio, da seguinte forma:

$ 50.420,17/$ 62.500 = 0,80672272

Como esse índice tem muitos decimais, trabalha-se com 0,807, sabendo-se que a participação das receitas deverá ser um valor aproximado do real. Observe a Tabela 10.6.

Tabela 10.6 Valores das receitas de vendas no PE

Receitas de vendas (em $)	Índice = 0,807	Receitas de vendas no ponto de equilíbrio
A = 27.500		A = 22.192
B = 22.500		B = 18.157
C = 12.500		C = 10.087
Total = 62.500		Total = 50.436

Observação: $ 50.436 excede o valor de $ 50.420,17 devido às casas decimais aproximadas no índice calculado.

A partir das receitas das vendas no ponto de equilíbrio, dividem-se os seus valores pelos preços de cada produto, obtendo-se assim as quantidades que deverão ser vendidas dos produtos A, B e C para que a empresa se apresente no equilíbrio, tal qual é demonstrado na Tabela 10.7.

Tabela 10.7 Quantidades a serem vendidas

Produto	Receita no ponto de equilíbrio – em $ (1)	Preço de venda – em $ (2)	Quantidade no ponto de equilíbrio (1 ÷ 2)
A	22.192	2,50	8.876
B	18.157	3,00	6.052
C	10.087	2,00	5.043

A verificação do ponto de equilíbrio é demonstrada na Tabela 10.8.

Tabela 10.8 Ponto de equilíbrio verificado

Itens	Índices	$
Receita no ponto de equilíbrio	1,000	50.420,17
(–) Custos variáveis	0,524 (1)	26.420,17 (*)
= MgC	0,476 (2)	24.000,00
(–) Custos fixos		24.000,00
= Lucro operacional		Zero

* O cálculo dos custos variáveis é feito de maneira diretamente proporcional às receitas.

10.8 Margem de segurança operacional

Se determinada empresa calcular sua quantidade de vendas e de receitas e operar no nível do seu ponto de equilíbrio, ela estará vulnerável. Qualquer problema que surgir no mercado, fazendo com que a receita se reduza, fará a empresa entrar na área de prejuízo. Então, uma atitude prudente é operar com certa margem de segurança. A margem de segurança (MgS) é o montante das vendas orçadas ou vendas reais acima daquelas apresentadas pelo ponto de equilíbrio.

Essa margem indica o quanto as vendas podem cair sem que a empresa incorra em prejuízo. Esse conceito pode ser expresso percentualmente, dividindo-se a margem de segurança em dinheiro pelas vendas projetadas ou reais (MgS/V). A validade dessa margem depende da exatidão das estimativas de custo no ponto de equilíbrio contemplado. Ilustrativamente, suponha-se a seguinte situação de resultado da Tabela 10.9.

Tabela 10.9 Resultado apurado

Itens	$	Percentagens
Vendas (10.000 unidades × $ 15,00)	150.000	100%
(–) Custos variáveis (10.000 × $ 10)	(100.000)	66,67%
(=) Margem de contribuição	50.000	33,33%
(–) Custos fixos	(27.500)	18,33%
(=) Lucro operacional	22.500	15,00%

Pode-se calcular um índice de margem de contribuição (IMgC):

$$\text{IMgC} = \frac{\text{MgC}}{\text{Vendas}} = \frac{\$\,50.000}{\$\,150.000} = 0{,}333$$

A margem de contribuição é de $ 50.000 ou 33,3%.

Com tal índice calcula-se o valor da receita total no ponto de equilíbrio (RTPE):

$$\text{RTPE} = \frac{\text{CF}}{\text{IMgC}} = \frac{\$\,27.500}{0{,}33333} = \$\,82.500 \text{ (arredondado)}$$

Obtendo a RTPE, calcula-se a margem de segurança (MgS):

$$\text{MgS} = \text{RT} - \text{RTPE} = \$\,150.000 - 82.500 = \$\,67.500$$

Finalmente, há condições de calcular um indicador de interesse gerencial, que é o índice de margem de segurança (IMgS):

$$\text{IMgS} = \frac{\text{Margem de Segurança (\$)}}{\text{Vendas (\$)}} = \frac{\$\,67.500}{\$\,150.000} = 0{,}45$$

Consequentemente, esse resultado indica que as vendas podem cair em até 45% até chegar ao ponto de equilíbrio. Portanto, a margem de segurança com essa situação é de 45%.

Em geral, as quedas drásticas nas vendas são seguidas de severos cortes de custos. Assim, a margem de segurança é uma informação que, pressupondo determinadas relações de custo, possibilita à empresa tomar certas medidas que poderão fazer frente a situações que minimizem os riscos futuros.

A combinação de altos custos fixos, de elevado índice de margem de contribuição e baixa margem de segurança, exige que a administração reduza os custos fixos ou aumente o volume de vendas.

Se a margem de segurança e o índice da margem de contribuição forem baixos, a administração tenderá a concentrar-se em possíveis aumentos de preços ou em meios de reduzir os custos variáveis.

No quadro anterior, nota-se que a demonstração de resultado está indicando um lucro operacional de 15%, ou 0,15.

Dividindo-se esse índice de lucro operacional pelo IMgC, também é possível obter o IMgS:

$$\text{IMgS} = \frac{\% \text{ do Lop}}{\text{IMgC}} = \frac{0,15}{0,3333} = 0,45$$

O conceito de margem de segurança trata de mensurar o nível de risco para o empreendimento: quanto mais próximas estiverem as vendas do ponto de equilíbrio, maior será o risco operacional, pois uma retração nas vendas poderá levar a empresa à área de prejuízo.

10.9 Fórmulas

A seguir, são apresentadas as fórmulas para a aplicação dos conceitos do ponto de equilíbrio e das relações entre o custo, o volume e o lucro:

a) Ponto de equilíbrio contábil (PEC)

$$Q = \frac{\text{Custos Fixos} + \text{Despesas Fixas}}{\text{Preço de venda} - \text{Custos e despesas variáveis}}$$

ou

$$Q = \frac{CF + DF}{MgC}$$

O PEC determina a quantidade mínima a ser produzida e vendida. Com essa quantidade, a empresa não obtém lucro, mas também não sofre prejuízos. Não é nada racional planejar um nível de produção e de vendas em que não se obtenha um resultado positivo, uma vez que somente o lucro justifica a existência de qualquer empreendimento.

Na verdade, o PEC serve apenas como um cálculo exploratório inicial, a partir do qual outros serão realizados, com a inclusão de lucro, impostos e outros elementos.

b) Ponto de equilíbrio econômico (PEE)

$$Q = \frac{\text{Custos Fixos + Desp. Fixas + Retorno s/ PL}}{\text{Preço de Venda - Custos e despesas variáveis}}$$

O PEE considera o retorno mínimo desejado pelos gestores da empresa e nisso difere do conceito inicial de PEC.

Nesse caso, sempre deverá estar presente o valor correspondente ao Retorno esperado sobre o Patrimônio Líquido.

Observe-se que o valor do Retorno sobre o Patrimônio Líquido deverá fazer parte integrante do numerador da equação do ponto de equilíbrio. Assim, o PEE atingirá quantidades maiores do que o contábil e, consequentemente, valores de receitas também superiores.

Logicamente, o PEE exigirá que a empresa reforce a sua política de vendas, tornando-a mais agressiva.

c) Ponto de equilíbrio financeiro (PEF)

Quando a empresa se preocupa com o PEF, ela deverá descontar no numerador da equação os valores correspondentes à Depreciação, uma vez que esta última não representa desembolso para a empresa.

Por outro lado, todas as amortizações financeiras farão parte integrante do numerador, somando-se aos custos e despesas fixas.

$$PEF = \frac{\text{Custos Fixos + Desp. Fixas - Deprec. + Amort. Financ.}}{\text{Preço de Venda - Custos e despesas variáveis}}$$

10.10 Limitações da análise CVL

A análise do custo-volume-lucro é muito útil, mas também é frequentemente superestimada por seus partidários. Se o usuário do ponto de equilíbrio em forma gráfica estiver consciente das limitações inerentes a esse tipo de análise, sob os pressupostos comuns, então ela se tornará uma ferramenta mais segura e com boa utilidade.

Entre os pontos levantados como limitadores da utilidade da análise CVL estão os seguintes:

1. Os custos e as despesas totais podem não ser realisticamente representados por uma linha reta. Isso significa que o crescimento pode não ter exata proporcionalidade com as quantidades. Se houver a suspeita, ou a informação, de que os custos e despesas totais não se apresentam com as características de uma linha reta, há que se ater ao seu perfil dentro do intervalo relevante ou traçá-la de forma mais fiel às informações disponíveis.

   Aqui, o ponto fundamental é que o analista disponha de habilidade para projetar os custos e despesas para os diferentes níveis de vendas.

2. O pressuposto de único produto não é realístico, pois é difícil encontrar uma empresa nessa situação. Quando existirem vários produtos diferentes sendo vendidos, a análise CVL terá validade se as proporções de custos variáveis, em relação às vendas, forem as mesmas. Assim, em termos gráficos, o eixo X (quantidade) não pode medir o verdadeiro número de unidades vendidas. Ter-se-ia que preparar tantos cálculos e gráficos para quantos forem os produtos, e isso pode ser inviável.

3. A análise custo-volume-lucro admite que o lucro é função das quantidades de vendas. Assim, as variações nos estoques não teriam influência no resultado. Isso produz duas situações: a utilização do custeio por absorção ou o custeio variável. No caso do custeio por absorção, boa parte da produção pode ser mantida nos estoques por longo tempo e isso pode representar um problema próprio desse método de custeio, e não da análise CVL. No caso do custeio variável, é válida a afirmação de que os lucros são decorrentes das quantidades.

4. Os custos classificados como fixos requerem maior atenção na determinação do seu valor e do tempo em que permanecerão com o mesmo valor inicial. Na verdade, nenhum custo é permanentemente fixo e poderá sofrer modificações em tempo curto, em decorrência de contratos e fatores não gerenciados pela empresa.

5. As receitas totais nem sempre se apresentam conforme uma linha reta. Em muitos casos, é válido verificar o real comportamento do produto no mercado, especialmente em situações de estreita concorrência e devido à sensibilidade de cada produto aos elementos relativos à demanda e oferta.

10.11 Alavancagem operacional

O conceito de alavancagem é decorrente da Física, em que certa força é capaz de funcionar como uma alavanca para levantar um peso maior. Lembra uma gangorra. Em contabilidade e em finanças utiliza-se como medida dessa força o grau de alavancagem operacional (GAO). Essa medida aponta a sensibilidade dos lucros da empresa em face das variações no volume de vendas.

Por exemplo: uma empresa operando com base em seus equipamentos, portanto mais automatizada com a porção de custos fixos em sua estrutura de gastos, geralmente tem alto nível de alavancagem operacional. Cada unidade de aumento nas vendas corresponde a um valor de aumento maior no lucro operacional, depois de atingido o ponto de equilíbrio. Uma alta alavancagem operacional normalmente é acompanhada de uma baixa margem de segurança operacional e vice-versa.

O conceito de alavancagem operacional contrapõe os custos e despesas operacionais às vendas e diz respeito ao uso dos ativos operacionais. Ele se refere ao melhor aproveitamento dos custos e despesas fixas, os quais funcionam como uma alavanca. Daí o nome alavancagem.

Se com determinado nível de custos e despesas a empresa consegue obter certa lucratividade operacional, em quanto a lucratividade aumentará se com os mesmos custos e despesas a empresa obtiver maior nível de vendas?

Em uma demonstração de resultado simplificada podem-se localizar as áreas de ação dos dois tipos de alavancagem, isto é, a operacional e a financeira.

A alavancagem operacional não leva em consideração as despesas financeiras, conforme a Tabela 10.10.

Tabela 10.10 Alavancagem operacional

Vendas		
(−) Custo das vendas		
(=) Lucro bruto		Alavancagem operacional
(−) Despesas operacionais		
(−) Lucro operacional		
(−) Despesas financeiras		
(=) Lucro líquido		

Assim sendo, o grau de alavancagem operacional (GAO) é definido como a variação percentual no lucro operacional (portanto, antes dos juros e do Imposto de Renda) em função de certa variação percentual nas quantidades de vendas. Esse grau de alavancagem sinaliza quantas vezes um acréscimo nas vendas refletirá sobre o lucro operacional da empresa.

A sua equação conceito é representada da seguinte maneira:

$$GAO = \frac{\text{Variação percentual no LOP}}{\text{Variação percentual nas vendas}} = \frac{\frac{\Delta LOP}{LOP}}{\frac{\Delta Q}{Q}}$$

Pela equação conceito, pode-se notar que o GAO é um índice que mede o efeito de uma variação percentual dos lucros operacionais sobre a variação percentual das quantidades vendidas.

A título de exemplo, suponha-se que certa empresa esteja operando com a seguinte estrutura de custos e despesas:

Custos e despesas fixas	$ 15.000
Custos e despesas variáveis	$ 20/unidade
Preço de venda	$ 50/unidade

Inicialmente, calcula-se a quantidade de equilíbrio:

$$Q = \frac{CDF}{P - Cv} = \frac{15.000}{30} = 500 \text{ unidades}$$

A seguir, podem-se simular os resultados de acordo com variações nas quantidades e verificar os efeitos nos lucros operacionais.

Tabela 10.11 Simulação de resultados

Itens	500 unidades	600 unidades	720 unidades
Receitas	25.000	30.000	36.000
(–) Custos e despesas variáveis	10.000	12.000	14.400
Margem de contribuição	15.000	18.000	21.600
Custos e despesas fixas	15.000	15.000	15.000
Lucro operacional	– 0 –	3.000	6.600

No ponto de equilíbrio não se fala em alavancagem, uma vez que não existirá qualquer tipo de lucro.

Então, concentra-se o foco em um aumento qualquer nas quantidades de vendas, como 600 unidades, por exemplo. A partir daí, calcula-se um aumento nessas quantidades, como 20%, por exemplo (600 unidades + 20% = 720 unidades).

O próximo passo consiste em verificar qual lucro operacional seria o resultante desse incremento nas quantidades vendidas. Esse aumento de lucro aponta o valor $ 3.600 ($ 6.600 – $ 3.000).

Finalmente, dividem-se os dois índices já calculados, obtendo-se o número de vezes que o lucro operacional aumentará em função do incremento ocorrido nas vendas.

O cálculo do GAO pode ser feito da seguinte maneira:

$$\text{GAO} = \frac{\dfrac{\text{Lucro atual } (-) \text{ Lucro anterior}}{\text{Lucro anterior}}}{\dfrac{\text{Quantidade atual } - \text{ quantidade anterior}}{\text{Quantidade anterior}}} = \frac{\dfrac{\$\,6.600 - \$\,3.000}{3.000}}{\dfrac{720 - 600}{600}} = \frac{\dfrac{3.600}{3.000}}{\dfrac{120}{600}} = \frac{1,20}{0,20} = 6 \text{ vezes}$$

Conclusão:

Cada 1% de incremento nas quantidades vendidas corresponderá a 6% de aumento no lucro operacional, isto é, o aumento de 1% nas vendas alavancará o lucro operacional seis vezes mais.

TESTES

1. O ponto de equilíbrio é um instrumento utilizado para verificar a quantidade:

    A) Que deverá ser produzida para que a empresa possa efetuar novo investimento.

    B) Que deverá ser produzida para que a empresa possa ter lucro de 10% sobre a receita.

    C) Que deverá ser vendida para que as receitas cubram os custos e as despesas, não proporcionando qualquer resultado.

    D) Que deverá ser produzida para cobrir os custos variáveis.

2. Se certa empresa calcular o seu ponto de equilíbrio em 5.000 unidades vendidas e conhecer os seguintes elementos:

    • Custo variável = $ 7/unidade

    • Preço de venda = $ 9/unidade

    pode-se afirmar que a sua receita total no ponto de equilíbrio ocorrerá quando ela obtiver um faturamento bruto de:

    A) $ 10.000.

    B) $ 45.000.

    C) $ 35.000.

    D) $ 25.000.

3. A determinação gráfica do ponto de equilíbrio é obtida quando se cruzam as seguintes retas:

A) RT e CDT.
B) RT e CDF.
C) RT e CDV.
D) CDF e CDV.

4. Se uma empresa que produz e vende determinado produto apresentar os seguintes elementos:
   - Preço de venda = $ 6/unidade
   - Custo variável = $ 4/unidade
   - Custo fixo = $ 120.000

   pode-se afirmar que seu ponto de equilíbrio ocorrerá quando ela vender:
   A) 60.000 unidades.
   B) 20.000 unidades.
   C) 30.000 unidades.
   D) 40.000 unidades.

5. A margem de contribuição é um valor que serve para a empresa enfrentar:
   A) Apenas os seus CF.
   B) Seus CF e DF.
   C) Apenas suas DF.
   D) Seus custos e despesas variáveis.

6. Uma empresa que produz e vende certa marca de sabonete apresenta os seguintes dados:
   - Vendas = 222.000 unidades
   - Preço de venda = $ 1,50/unidade
   - CV = $ 150.000
   - DV = $ 80.000

   A sua margem de contribuição será:
   A) $ 183.000.
   B) $ 253.000.
   C) $ 103.000.
   D) $ 123.000.

7. Quando a margem de contribuição for igual à soma dos CF e DF, a empresa estará operando:

A) Com lucro.

B) Com prejuízo.

C) No ponto de equilíbrio.

D) Abaixo do ponto de equilíbrio.

8. A diferença entre o ponto de equilíbrio econômico e o contábil consiste no fato de que:

    A) O ponto de equilíbrio econômico só leva em consideração os CV, e não as DV da empresa.

    B) O ponto de equilíbrio econômico considera certo retorno mínimo desejado pela empresa.

    C) O ponto de equilíbrio econômico considera apenas as DV, e não os CV da empresa.

    D) O ponto de equilíbrio econômico considera apenas as DV, e não as DF da empresa.

9. A alavancagem operacional refere-se ao melhor aproveitamento dos elementos que funcionam como uma alavanca. São eles:

    A) CV e DV.

    B) CF e DV.

    C) CF e DF.

    D) DV e DF.

10. O grau de alavancagem operacional mede o efeito de uma variação dos lucros operacionais sobre:

    A) Variação das quantidades vendidas.

    B) Variação dos CF.

    C) Variação dos CV.

    D) Variação de DF e DV.

EXERCÍCIOS

1. A empresa Bertioga estima para o próximo exercício os seguintes custos:

    Custos e despesas fixos

Itens	Valores
Aluguel da fábrica	24.000
Depreciação de móveis e utensílios	12.000
Aluguéis de escritórios e filiais de vendas	10.000

Itens	Valores
Manutenção do equipamento	8.000
Vigilância e segurança	4.000
Limpeza e conservação	2.000
Total dos custos e despesas	60.000

Os custos variáveis de seu único produto somam $ 10.

Preço de venda $ 15

a) Qual a quantidade a ser vendida para atingir o ponto de equilíbrio?

b) Qual a quantidade necessária de vendas para produzir lucro operacional de 10% da receita?

c) Qual a quantidade de vendas necessária para produzir lucro operacional de 15% da receita?

d) Qual a receita a ser alcançada para obter um lucro de $ 3.000?

2. A Cia. Piraí comercializa o produto "x". Seus dados e expectativas são as seguintes:

- Preço de venda por unidade   = $ 50
- Margem de contribuição   = 50%
- Custos fixos do período   = $ 2.500
- Retorno desejado de lucro de 15% s/ o capital empregado = $ 20.000
- Previsão de venda   = 250 unidades

Pede-se:

A) O cálculo do ponto de equilíbrio contábil em unidades e valor.

B) O cálculo do ponto de equilíbrio econômico em unidades e valor.

C) A margem de segurança operacional.

3. Determinar o ponto de equilíbrio em quantidade e valor da Cia. Alfa, que apresenta a seguinte situação:

Produção/vendas	20.000 unidades
Preço de venda	$ 50
Custo Fixo	$ 300.000
Custo Variável	$ 500.000

4. A fábrica de óleo de algodão denominada DSK apresenta os seguintes dados:

Preço de venda   = $ 1,80/lata
Produção/vendas   = 500.000 latas/mês

1 lata contém 900 ml	= 0,900 litro
Custo do óleo	= $ 0,98/litro
Custo da lata (embalagem)	= $ 0,21/unidade
Aluguel da fábrica	= $ 230.000/mês
IPTU da fábrica	= $ 1.200/mês
Seguro da fábrica	= $ 800/mês
Outros custos fixos	= $ 20.000/mês

Determinar o seu ponto de equilíbrio contábil em latas e em valor.

5. A fábrica de sorvete LUK produz e vende 100.000 picolés/mês. Calcule o ponto de equilíbrio contábil em valor, com base no que segue:

Itens	Valores em $
Preço de venda	0,40/picolé
Aluguel imóvel	2.500/mês
Seguro imóvel	120/mês
IPTU	110/mês
Outros custos fixos	12.000/mês
Matérias-primas	10.000/mês
Papel de embalagem	2.000/mês
Palitos	100/mês

CF = Aluguel	$ 2.500
Seguro	$ 120
IPTU	$ 110
Outros CF	$ 12.000
CF =	$ 14.730/mês

	$/picolé
Cv = Matérias-primas	0,10
Embalagens	0,02
Palitos	0,001
Cv =	0,121/picolé

6. Determinar o GAO de certo produto que apresenta a seguinte situação:

Custos fixos	$ 12.000
Despesas fixas	$ 18.000
Custos e despesas variáveis	$ 7/unidade
Preço de venda	$ 11/unidade

Cálculo do ponto de equilíbrio

PE = $ 30.000/($ 11 − $ 7) = 7.500 unidades

Itens	Ponto de equilíbrio	Aumento de 30%	Aumento de 30%
Quantidades	7.500	9.750	12.675
Receitas	82.500	107.250	139.425
(−) CV + DV	52.500	68.250	88.725
MgC	30.000	39.000	50.700
CF + DF	30.000	30.000	30.000
Lucro operacional	zero	9.000	20.700

7. A empresa LUAL produz e vende dois produtos A e B e apresentou os seguintes dados:

Itens	Produto A	Produto B	Total
Preço de venda	$ 6	$ 8	−
Quantidade vendida	18.000	14.000	−
RT	$ 108.000	$ 112.000	$ 220.000
CV	$ 30.000	$ 36.000	$ 66.000
MgC	$ 78.000	$ 76.000	$ 154.000
CF			$ 60.000
Resultado			$ 94.000

Qual é o ponto de equilíbrio em quantidade e valor de cada produto? Justifique.

ESTUDO DE CASO

Uma empresa multinacional do ramo de geladeiras está tentando se estabelecer no Brasil. Duas empresas brasileiras desse ramo (Gel e Fog) estão querendo vender todas as suas instalações industriais e escritório de vendas. Ambas possuem boa estrutura industrial e excelente equipe de vendas, com boa participação no mercado interno, e atualmente estão atuando também no Mercosul, a partir do Brasil.

Esses fatos fizeram com que a multinacional do ramo se interessasse em adquirir o controle acionário de uma delas.

Após vários contatos, a multinacional conseguiu os dados médios mensais de ambas, possibilitando sinalizar qual seria a mais conveniente para ser adquirida. São eles:

Itens	Gel	Fog
Preço de venda	$ 1.200	$ 1.200
Quantidade vendida	15.000	15.000
RT	$ 18.000.000	$ 18.000.000
CF	$ 4.100.000	$ 5.200.000
CV	$ 10.100.000	$ 9.000.000

Qual das duas empresas deverá ser adquirida pela multinacional? Justifique.

A multinacional verificou que eram grandes as semelhanças das duas empresas:

- tanto a Gel como a Fog apresentavam o mesmo valor de receita total = $ 18.000.000;
- ambas tinham custos totais iguais, isto é, $ 14.200.000;
- o lucro das duas empresas era de $ 3.800.000.

11
MÉTODOS DE MENSURAÇÃO DAS FUNÇÕES DE CUSTOS

11.1 Considerações iniciais

A gestão eficaz dos custos para fins de decisões depende de que se tenha familiaridade com o comportamento dos vários itens de gastos. Os custos comportam-se de modo definido em relação a algum parâmetro quantitativo, operacional e controlável. Em uma escola, um dos parâmetros básicos que define e homogeneiza a atividade de ensino é o aluno-hora. O aluno-hora uniformiza as diferentes atividades próprias de ensino, dentro da unidade escolar. Em um hospital, utiliza-se como medida uniformizadora paciente-dia. Em qualquer tipo de empreendimento, deve-se escolher um parâmetro representativo das suas atividades.

Em muitas situações, os custos não se comportam como estritamente fixos ou estritamente variáveis, mas apresentam um comportamento misto. Sem um conhecimento mais íntimo de como os gastos reagem ao longo do tempo ou em relação às mudanças nos volumes de atividades, ficarão difíceis e inseguras as decisões, projeções, estimativas, orçamentos, simulações e quaisquer outras tarefas próprias do controle gerencial. Na verdade, aqui são concentradas questões do tipo:

1. Qual o comportamento de um determinado custo? Variável, fixo ou misto?
2. Quando um custo é de natureza mista, qual a parcela fixa? Como e em quanto se modifica o elemento variável?
3. Como mensurar o comportamento dos custos e com eles realizar estimativas?
4. Qual a importância de que sejam classificados os custos de acordo com o seu comportamento típico?

Se a empresa identificar a função ou o parâmetro que determina os custos, sob os diversos volumes de atividades, poderá então especificar instrumentos ou funções de controle de operacionalização razoavelmente simples. A função especificada indicará à gerência quais atitudes são viáveis para atingir os objetivos.

Os conceitos de custos fixos e de custos variáveis requerem algumas qualificações.

Considerando os custos variáveis como aqueles que ostentam oscilações em função do nível de produção e os custos fixos como aqueles que não respondem a essas oscilações, o problema resume-se em estudar os padrões de comportamento dos custos.

Em outras palavras, deve-se determinar uma relação matemática entre duas ou mais variáveis, do tipo da função de custos:

$$Y = f(x)$$

que pode ser lida como Y depende de x.

O Y é a variável dependente, tal como os custos totais. O x é a variável independente, por exemplo, a quantidade produzida, o número de horas trabalhadas, ou a matéria-prima.

A solução do problema está em relacionar quantitativamente o Y com o x, de maneira que permita estimar os custos futuros, com certa aproximação.

As estimativas de custos devem ser estruturadas em dois fundamentos básicos:

1. A função de custos pode ser aceita como linear, na faixa relevante, dependendo da disposição dos pontos observados.

2. O "verdadeiro" comportamento dos custos pode ser suficientemente explicado por uma variável independente (por exemplo, quilometragem rodada, quando se estiver estimando custos de transportes) ou, possivelmente, mais de uma variável, como os custos totais dependendo da quilometragem rodada, tempo, peso transportado, ano e modelo do veículo e assim por diante.

Na verdade, a primeira hipótese simplificadora indica que, dentro do intervalo de interesse, a suposição de linearidade é satisfatória. Assim, mesmo que os custos não sejam estritamente lineares dentro da faixa de interesse, as diferenças são tão pequenas que não apresentam relevância.

A segunda hipótese indica que uma equação simples pode ser suficiente para a finalidade de estimar a relação do comportamento de custos, se adotado o raciocínio de que um só elemento é o determinante para a composição dos custos totais. Os demais, se existirem, não teriam tal significância a ponto de modificar o resultado extraído dos cálculos. Portanto, não seria justificável, em função dos benefícios possíveis, a realização de cálculos complexos com diversas variáveis, para aferir a participação de todas as demais, tais como, no exemplo citado, o peso, o tempo, o consumo e outras.

11.2 A estimativa da função

Os custos fixos e variáveis não oferecem grandes dificuldades quando houver a necessidade de estimar os custos totais.

Na estimativa da função de custo, os passos fundamentais consistem no cálculo do coeficiente angular, melhor descrito como o aumento de Y para cada incremento de x. Em seguida, calcula-se o ponto de intersecção (o valor de Y quando x é igual a zero). A simples observação dos pontos no gráfico não será suficiente: a função deverá ser merecedora de credibilidade e, portanto, baseada em uma relação teórica aceitável, que explique a relação entre a variável dependente e a variável independente.

Depois de terem sido identificadas as fontes mais plausíveis dos diferentes custos, os encarregados da tarefa deverão selecionar métodos de estimar as funções desses custos, que podem ser:

- análise matemática;
- análises das contas;
- máximos e mínimos;
- ajuste visual;
- regressão simples.

Estes métodos não são mutuamente exclusivos, e é aconselhável que se utilize mais de um método a fim de minimizar os erros de estimativas do comportamento dos custos. Algumas empresas usaram cada um desses métodos sucessivamente com o passar dos anos. Os dois primeiros métodos baseiam-se na análise lógica, enquanto os últimos três são oriundos de custos passados e registrados. Cabe aqui destacar algumas peculiaridades de cada um deles.

11.3 Método de análise matemática (engenharia)

Este método mede os custos segundo o que deveriam ser, desprezando o ocorrido. Tem início com uma revisão sistemática, tanto em termos físicos quanto em valores, relativamente aos materiais, suprimentos, mão de obra, serviços de apoio e utilidades necessárias para a produção.

Esse tipo de análise pode ser usado eficazmente para os novos produtos e serviços, até que a empresa se familiarize com os custos similares, e somente neste caso se justifica. Por quê? Porque as medidas de custos podem estar baseadas em informações obtidas diretamente do pessoal envolvido na execução. Além disso, na atualidade, os analistas aprendem muito sobre os custos a partir de experimentações com protótipos ou modelos, com a literatura especializada e com consultores.

A abordagem depende de estudos para encontrar o *design* e o processo de produção mais eficiente. Exige estudos de tempos e movimentos, avaliação de recursos humanos, processos, materiais, a relação insumo-produto e equipamentos. A partir dessas informações, o analista determina a estimativa dos custos.

Se os analistas dispuserem de suficiente experiência e compreenderem claramente a natureza das atividades da empresa, suas previsões de custos podem ser confiáveis e úteis para as decisões.

As desvantagens desse método residem no fato de que exigem recursos, muito tempo e esforços.

Como ilustração, se um assistente de administração de uma transportadora entrevistar e observar de maneira aleatória, durante o período de um mês, o pessoal da manutenção, ele poderá encontrar alguns dados relevantes. Talvez, o gerador de custos encontrado como o mais significativo para a manutenção seja o número de quilômetros rodados por dia.

Então, poderá estimar, a partir da folha de salários do departamento de manutenção, que os custos fixos atingem $ 10.000, aproximadamente. A partir das requisições de materiais e de suprimentos, estimará os custos variáveis. Suponha-se que tais custos são valorizados em $ 5 por quilômetro rodado. Essas informações são úteis, mas requerem que a empresa se mantenha alerta contra os erros, que podem estar em:

1. o mês de observação pode não ser típico ou normal;
2. o pessoal do departamento de manutenção pode ter alterado suas rotinas de serviço, em virtude de saber que estava sob observação;
3. o pessoal do departamento de manutenção pode não ter declarado a verdade completa acerca de suas atividades, em razão de não estar certo de como a informação seria usada.

Tais problemas são típicos da abordagem matemática à apuração dos custos. Deve-se recomendar, então, a obtenção de dados mais objetivos para suplementar a análise feita.

Nesse meio-tempo, os custos da manutenção em qualquer mês poderiam ser previstos pelo número de quilômetros que se esperam rodar, por meio de uma equação algébrica da seguinte função de custo:

$$Y = CF + CV$$

Ou: Y = CF + (Custo Variável unitário "vezes" quilômetros rodados)

Portanto, Y = $ 10.000 por mês + ($ 5 × n° quilômetros rodados)

Neste caso, se o administrador espera executar um nível de atividades de 4.000 quilômetros, em um determinado mês, poderá estimar os custos de manutenção em $ 30.000, pois:

$$Y = \$ 10.000 + (\$ 5 \times 4.000)$$
$$Y = \$ 10.000 + \$ 20.000 = \$ 30.000$$

11.4 Análise de contas

Para contrastar com o método de análise matemática, os usuários do método da análise de contas buscam no sistema de informações contábeis os elementos para estimar o comportamento dos custos. O meio mais simples é efetuar a inspeção de contas existentes no plano de contas e classificar cada uma conforme seu comportamento aparente.

Tomando-se a mesma transportadora como exemplo e se, em determinado mês (janeiro de 20XX), ela percorreu 3.700 quilômetros, admitindo-se que apresentou a situação que segue, qual será a equação representativa do comportamento de custos dessa empresa? Observe a Tabela 11.1.

Tabela 11.1 Custos da transportadora

Custos mensais do departamento de manutenção	Valores em $ (jan./20XX)
Salários e benefícios do supervisor	3.800
Salários e benefícios do pessoal direto	14.674
Depreciação do equipamento	5.873
Reparos de equipamentos	5.604
Material de limpeza	7.472
Total dos custos do departamento	37.423

Em primeiro lugar, deve-se determinar se cada custo é fixo ou variável (Tabela 11.2).

Tabela 11.2 Determinação dos custos

Custos mensais	Total	Fixos	Variáveis
Salários e benefícios do supervisor	3.800	3.800	
Salários e benefícios do pessoal direto	14.674		14.674
Depreciação do equipamento	5.873	5.873	
Reparos do equipamento	5.604		5.604
Material de limpeza	7.472		7.472
Total dos custos do departamento	37.423	9.673	27.750

A mensuração dos custos e seu comportamento exigirá apenas aritmética simples:

- Somar os valores tidos como fixos para obter o valor dos custos fixos do mês.
- Dividir o total dos custos variáveis pelo total do elemento gerador (quilômetros rodados) para obter o custo variável unitário.

Custo fixo por mês .... $ 9.673

Custo variável por quilômetro:

$$\frac{\$\ 27.750}{3.700\ km} = \$\ 7{,}50 \text{ por quilômetro}$$

A equação comportamental representativa dos seus custos será:

Y = $ 9.673/mês + ($ 7,50 × quilômetros rodados)

Se a empresa estima rodar 50.000 quilômetros, em certo período, poderá projetar os custos em $ 384.673, uma vez que:

Y = $ 9.673 + ($ 7,50 × 50.000)

Y = $ 9.673 + $ 375.000 = $ 384.673

O processo de análise de contas é menos oneroso e menos complicado do que a análise matemática. Porém, tem elevado grau de subjetividade, porque o analista acaba decidindo se um custo é fixo ou variável com base apenas na aparência, sem maior atenção aos detalhes relativos aos pesos dos componentes fixos e variáveis contidos em cada rubrica.

Por exemplo, a conta Reparos do Equipamento pode representar um custo misto e foi considerada pelo analista como variável.

11.5 Método dos máximos e mínimos e ajuste visual

Os dois métodos anteriores, em virtude de sua alta dose de subjetividade, podem ser considerados como métodos primários de estimação dos custos. Os dois métodos seguintes são mais objetivos porque requerem um tratamento mais técnico dos dados. São melhores do que os anteriores porque consideram-se vários períodos de custos registrados.

O analista deve ser cuidadoso no sentido de obter dados históricos que sejam previsíveis de repetição no futuro, isto é, deve certificar-se de que não existam perspectivas de mudanças bruscas e rápidas no ambiente econômico. Por outro lado, deve-se tomar cuidado porque os custos já ocorridos podem estar contaminados por ineficiências que poderiam ter sido reduzidas ou eliminadas se tivessem sido identificadas.

Para a discussão desses métodos, suponha-se que a Tabela 11.3 mostre dados mensais de custos do departamento de manutenção e o número de quilômetros rodados de uma empresa transportadora.

Tabela 11.3 Custos do departamento de manutenção

Mês	Custo total – departamento de manutenção (Y)	Quilômetros rodados (X)
Janeiro	35.000	3.400
Fevereiro	24.000	1.500
Março	38.000	4.000
Abril	44.000	4.800
Maio	32.000	3.400
Junho	40.000	4.500
Julho	32.000	3.600
Agosto	34.000	3.800
Setembro	18.000	1.200
Outubro	19.000	1.300
Novembro	24.000	1.600
Dezembro	25.000	1.700

11.5.1 Método dos máximos e mínimos

É um método simples para mensurar um custo sob o pressuposto de comportamento linear, a partir de dados de custos já ocorridos: focalizam-se o nível mais elevado e o nível mais baixo, determinando as diferenças de custos e de volume. O pressuposto é que as variações apuradas pelas diferenças são causadas pela parcela variável contida no custo misto.

Podem-se então sequenciar os procedimentos:

1. Os volumes máximos e mínimos que comparecem nos dados observados.
2. Determinar os valores dos custos máximos e mínimos.
3. Determinar a diferença nos custos e nos volumes.

Volume mais alto	4.800 km	Custo mais alto	$ 44.000
Volume mais baixo	1.200 km	Custo mais baixo	$ 18.000
Diferença	3.600 km	Diferença	$ 26.000

4. Dividir a diferença nos custos pela diferença nos volumes para encontrar a taxa de variação do custo por quilômetro:

$$\frac{\text{diferença no custo}}{\text{diferença no volume}} = \frac{\$\ 26.000}{3.600\ \text{km}} = \$\ 7{,}22/\text{km}$$

Observe-se que foram consideradas apenas duas casas decimais.

5. Multiplicar o volume mínimo e máximo de rodagem pelo coeficiente obtido (\$ 7,22), encontrando-se o custo variável total para ambos os níveis.
6. Subtrair esses custos variáveis do custo total. O restante é o custo fixo, que será igual para ambos os níveis.

	Máximo	Mínimo
Custo total observado	44.000	18.000
\$ 7,22 × 4.800............................	34.667	
\$ 7,22 × 1.200............................		8.667
Custo fixo	9.333	9.333

Assim, a função estimada será a seguinte:

Y = \$ 9.333 + (\$ 7,22/quilômetros rodados)

Se a empresa projetar uma rodagem de 50.000 km, poderá estimar os custos em \$ 370.333, pois:

Y = \$ 9.333 + (\$ 7,22 × 50.000)
Y = \$ 9.333 + \$ 361.000 = \$ 370.333

Uma limitação do método deve-se ao fato de serem tomados apenas dois pontos, e estes podem não ser representativos dos custos do período inteiro.

11.5.2 Método do ajuste visual

Nesse método, tem-se uma abordagem gráfica para computar a relação entre duas variáveis. A variável dependente (Y) será disposta no eixo vertical e a variável independente (X) no eixo horizontal.

Os valores observados pelos vários níveis de atividades são apresentados no gráfico e uma linha reta é ajustada aos pontos. No gráfico da Figura 11.1, a linha ilustra o procedimento.

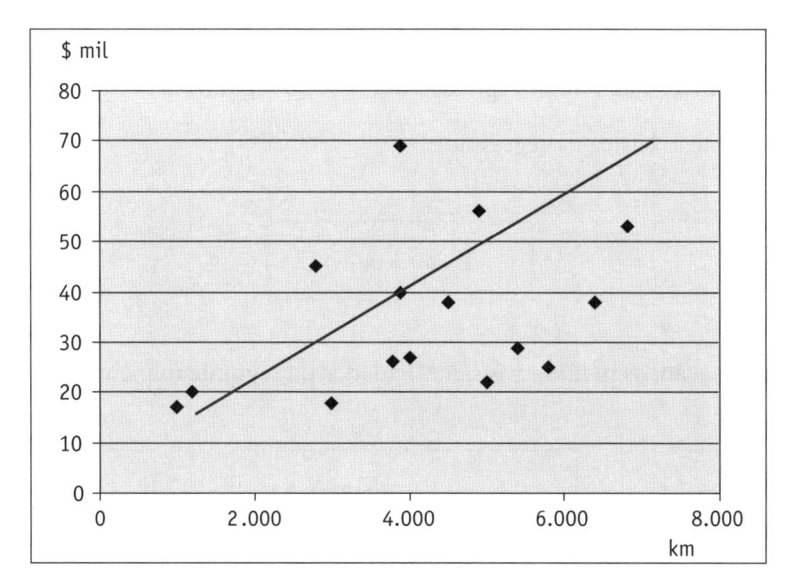

Figura 11.1 Método do ajuste visual

Ocorrerá uma imprecisão, pois a linha é traçada com o auxílio de uma reta através dos pontos. É possível então traçar uma linha que minimize os desvios dos pontos em relação à reta. A minimização dos desvios em relação à reta será feita mediante cálculos. A inclinação da reta representa o custo variável por unidade. O ponto onde a reta cortar o eixo vertical representará o custo fixo.

Com base nos dados do exemplo anterior, pode-se notar que os CF estão próximos de $ 15.000, e, se a empresa estima rodar 6.000 km, deverá ter um CT de $ 50.000.

Todavia, o método deve ser considerado com boa dose de cautela, pois poderiam passar inúmeras retas por entre os pontos observados.

A técnica revela qual foi a relação no passado e pela reta pode-se estimar o que acontecerá no futuro.

11.6 Regressão linear (simples)

Neste método, o objetivo é ajustar uma equação de reta média por entre os pontos observados, de tal forma que a distância entre a reta estimada e esses pontos seja mínima.

No caso de uma empresa transportadora, correlacionando-se os custos dos transportes efetuados com as quantidades transportadas, existe uma relação direta e óbvia. Na medida em que se incrementam as quantidades, o mesmo acontece com os custos. O problema é estimar uma função que permita realizar certa previsão dos custos futuros.

A equação básica de regressão linear é a seguinte: $Y = a + bx$

A determinação da reta de regressão obedece ao seguinte critério:

1. Equação básica de regressão:

$$Y = a + b(x - \bar{x})$$

Nessa equação, os parâmetros são calculados da seguinte maneira:

$$a = \frac{\sum y}{n}$$

$$b = \frac{\sum xy - \dfrac{\sum x \cdot \sum y}{n}}{\sum x^2 - \dfrac{(\sum x)^2}{n}}$$

$$\bar{x} = \frac{\sum x}{n}$$

Ilustração:

A Companhia Transportadora Planalto coletou os dados dos seis últimos períodos, conforme tabela que segue:

Meses	Toneladas transportadas (X)	Custo do transporte (Y)	(XY)	X ao quadrado
1	24	1.160	27.840	576
2	34	1.310	44.540	1.156
3	20	1.100	22.000	400
4	14	1.010	14.140	196
5	18	1.070	19.260	324
6	10	950	9.500	100
Totais	120	6.600	137.280	2.752

A empresa deseja estimar seu custo de transporte, na hipótese de transportar 40 toneladas.

Pelo método de regressão linear, devem ser calculados, em primeiro lugar, os parâmetros a, b e $\bar{x}$.

$$a = \frac{6.600}{6} = 1.100$$

$$\bar{x} = \frac{120}{6} = 20$$

$$b = \frac{137.280 - \dfrac{120 \times 6.600}{6}}{2.752 - \dfrac{14.400}{6}} = 15$$

Portanto, a equação será:

$Y = 1.100 + 15(x - 20)$

$Y = 1.100 + 15x - 300$

Equação resultante: $Y = \$800 + 15x$

Portanto, se a empresa estima transportar 40 toneladas, qual será o seu custo? Aplicando-se a equação de regressão obtida, tem-se:

$$Y = \$800 + \$15(40)$$

Portanto: $Y = \$800 + \$600$

E finalmente: $Y = \$1.400$

TESTES

1. Ao estudar o CT em relação aos volumes de produção, pode-se afirmar que:

    A) Produção (Y) é função dos custos (x).

    B) Os custos (Y) são função da produção (x).

    C) A produção (Y) é função das despesas (x).

    D) A produção (Y) é função das despesas e dos custos.

2. Uma empresa calculou os seus custos e obteve as seguintes informações:

   CF = $ 30.000

   CV = $ 3/unidade produzida

   Se a empresa utiliza o método de análise matemática e pretende produzir 20.000 unidades, pode-se afirmar que seu custo total será:

   A) $ 90.000.
   B) $ 60.000.
   C) $ 45.000.
   D) $ 58.000.

3. Certa fábrica de ventiladores apresentou os seguintes dados:

   CF = $ 18.000.

   CV = $ 60.000.

   Produção = 7.500 unidades

   Pelo método de análise de contas, pode-se afirmar que a sua equação de comportamento de custos é:

   A) $Y = \$\ 18.000 + \$\ 8/\text{unidade}$.
   B) $Y = \$\ 60.000 + \$\ 2,25/\text{unidade}$.
   C) $Y = \$\ 18.000 + \$\ 2,25/\text{unidade}$.
   D) $Y = \$\ 18.000 + \$\ 5/\text{unidade}$.

4. Certa empresa notou que, durante certo período, os seus custos e sua produção se apresentaram da seguinte maneira:

Itens	Produção	Custos
Valores máximos	40.000	$ 200.000
Valores mínimos	32.000	$ 176.000

   Pelo método de máximos e mínimos, pode-se afirmar que sua função de custos é:

   A) $Y = \$\ 68.000 + \$\ 4/\text{unidade}$.
   B) $Y = \$\ 70.000 + \$\ 4/\text{unidade}$.
   C) $Y = \$\ 80.000 + \$\ 3/\text{unidade}$.
   D) $Y = \$\ 70.000 + \$\ 3/\text{unidade}$.

5. Pelo método de Regressão Linear, ajusta-se uma reta média por entre os pontos observados, de tal forma que:

A) Aponte as diferenças entre cada ponto observado e o ponto médio.
B) A distância entre a reta estimada e os pontos observados seja máxima.
C) A distância entre a reta estimada e os pontos observados seja mínima.
D) A distância entre os CF e CV seja determinada.

6. Os parâmetros de uma equação de Regressão Linear são:

    $a = 34$

    $b = 2,5$

    $\bar{x} = 4$

    A estimativa de Y se $x = 10$ será de:

    A) 27.
    B) 59.
    C) 49.
    D) 38.

7. O método do ajuste visual pode ser aplicado em empresas:

    A) Com certa cautela em relação aos resultados.
    B) Com total segurança em relação aos resultados.
    C) Com total segurança em relação aos CF.
    D) Com total segurança em relação aos CV.

8. Em certa empresa que aplica o método da análise matemática, encontrou-se:

    $CF = \$ 3.000$.

    $CV = \$ 2,50$.

    Produção $= 20.000$ unidades

    Pode-se afirmar que o CT será:

    A) $ 84.000.
    B) $ 145.000.
    C) $ 23.000.
    D) $ 53.000.

9. Ao se aplicar o método dos máximos e mínimos em uma empresa que apresenta:

    – Diferença de produção $= 10.000$ unidades

    – Diferença de custos $= \$ 8.000$

    Pode-se afirmar que a taxa de variação de custos é:

A) $ 1,25.
B) $ 0,10.
C) $ 0,80.
D) $ 0,90.

10. Um estudo de regressão linear demonstrou que os valores dos parâmetros são os seguintes:

   $a = 3$
   $b = 0,5$
   $\bar{x} = 2$

   Pode-se afirmar que sua equação comportamental de custos é:

   A) $y = 3 + 0,5x$.
   B) $y = 2 + 0,5x$.
   C) $y = 3 + 2x$.
   D) $y = 2 + 3x$.

EXERCÍCIOS

1. A empresa Leric notou que, durante certo período, os seus custos e sua produção se apresentaram da seguinte maneira:

Itens	Produção	Custos
Valores máximos	10.000	$ 18.000
Valores mínimos	4.000	$ 12.000

   Determine a sua função de custos e projetar o seu custo para o nível de produção de 7.000 unidades, pelo método dos máximos e mínimos.

2. Determine a função de regressão linear que estuda os custos em função da produção na seguinte situação:

Custos	78	75	93	87	81	93	96	84	90	90
Produção	22	20	27	26	22	27	26	21	25	24

   Determine também qual será a estimativa dos custos se a produção for 23.

3. Determine a função de regressão linear que estuda os custos em função da produção na seguinte situação:

Custos	12	16	13	17	19
Produção	1,8	2,1	1,9	2,4	2,5

Determine também qual será a estimativa de custos (Y) se a produção projetada for 3.

4. A empresa Lkulpa, que utiliza o método de regressão linear, efetua estimativas de custos em função da sua produção. Para certo período, ela determinou os seguintes parâmetros para sua função de custos:

$a = 4.800$

$b = 0,7$

$\bar{x} = 22.500$

Determine a sua função comportamental e qual a estimativa de seus custos, se ela produzir 20.000 unidades.

12
FORMAÇÃO DE PREÇOS

12.1 Considerações iniciais

A Ciência Econômica determina que a formação de preços dos bens e serviços ocorre a partir das leis da oferta e da procura.

Enquanto a oferta tentará vender certo bem praticando o maior preço de venda, a demanda optará por adquirir o mesmo produto ao menor preço possível. Isso ocorre devido ao comportamento existente nas próprias leis da oferta e procura, as quais regem o mercado.

No gráfico da Figura 12.1, estão representados os comportamentos da oferta e da procura. É sabido que a oferta apresenta comportamento crescente, uma vez que ela varia em uma razão diretamente proporcional aos preços. Por outro lado, a demanda apresenta-se com formato decrescente, pois ela varia de maneira inversamente proporcional aos preços.

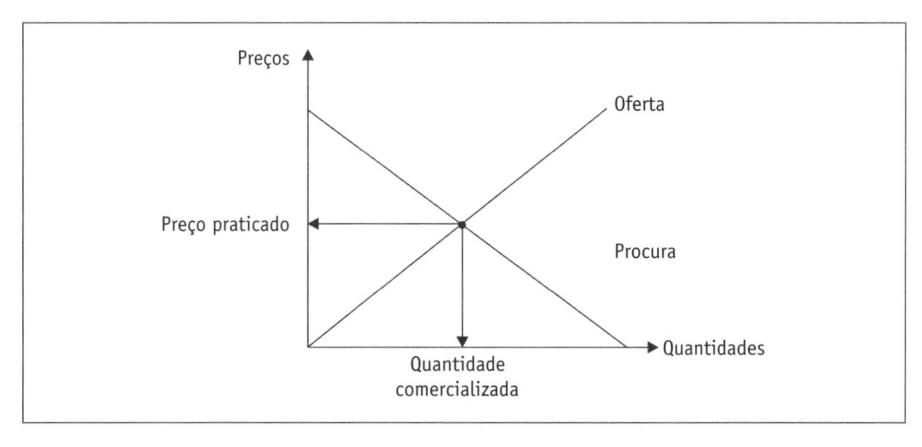

Figura 12.1 Oferta e procura

Nesse gráfico, nota-se que o ponto de interseção entre a oferta e a demanda reflete certo preço de equilíbrio e também uma determinada quantidade de equilíbrio.

Essa interseção projeta no eixo das quantidades o volume que os consumidores almejam adquirir, o qual é igual às quantidades que os ofertantes desejam vender.

É também essa interseção que indica qual preço é satisfatório para o consumidor comprar, o qual também satisfaz os anseios da oferta.

Porém, além das leis que regem o mercado, o empresário ofertante deverá ter em conta que os seus gastos deverão ser superados pelas receitas. Caso contrário, não ocorrerá o lucro desejado e a empresa poderá falir.

12.2 A diferença entre preço e valor

Antes de se efetuar um detalhamento da formação dos preços de venda de certos bens e serviços, é interessante diferenciar preço e valor.

O valor de um bem é muito subjetivo e dependerá do grau de utilidade que esse bem terá para as pessoas que o consomem. Certo produto poderá ser de grande utilidade para algumas pessoas, enquanto para outras não terá serventia alguma.

Esse é o caso típico da insulina, que é indispensável para as pessoas que sofrem de diabetes, enquanto o restante da população não lhe dá a mínima importância. Portanto, a insulina será de grande valor para os diabéticos e não apresenta valor algum para as demais pessoas. Um doente que sofre de diabetes poderá pagar um alto preço pela insulina que necessita, principalmente se estiver sofrendo algum tipo de crise provocada pela doença. O restante da população nem se interessará pelo preço desse medicamento.

Portanto, pode-se admitir que o preço é a expressão quantitativa do valor de um bem ou serviço.

Nota-se aqui que existe uma grande diferença entre o preço de um produto e o valor que ele representa para alguns consumidores.

12.3 Os preços

Em qualquer procedimento de industrialização, os preços são os recursos contábeis que indicam e ajudam a controlar a eficiência dos bens e serviços fabricados. Portanto, os preços refletirão um determinado resultado da própria eficiência de produção das empresas, de maneira geral.

Há casos de empresas que praticam preços bem diferenciados para produtos semelhantes.

Nas economias de mercado (denominadas de livre-iniciativa), cada um dos produtores está interessado apenas no seu negócio e procura resolver de maneira isolada os seus problemas de preço.

Os produtores estarão sempre tentando sobreviver no sistema de concorrência, procurando adquirir os insumos necessários pelos menores custos e vender os seus produtos acabados pelos maiores preços permitidos.

Há casos excepcionais, denominados de concorrência imperfeita (monopólios e oligopólios), que apresentam falhas na fixação de preços. Nesse caso, os preços são fixados em valores muito acima dos custos e, logicamente, contribuem para uma lucratividade exagerada das empresas monopolistas ou oligopolistas.

Todavia, existem empresas que podem estar praticando preços muito elevados por outros motivos, sem que haja monopólio ou oligopólio.

A título de exemplo, se uma empresa produtora de sacos plásticos praticar um preço muito acima daquele que o mercado está acostumado, pode ser que ela esteja com problemas de eficiência na sua produção, ou ainda, e talvez por este motivo, apresentando custos muito elevados.

Cabe lembrar que os preços de venda dos produtos acabados quase sempre refletem a totalidade dos custos efetuados para a elaboração dos bens fabricados. Nesse caso, nota-se a importância da contabilização dos custos de uma maneira que sinalizem corretamente todos os insumos utilizados na industrialização. Somente assim, a empresa poderá medir o grau de eficiência da sua produção, e não apresentar distorções significativas no preço final dos bens e serviços que comercializa.

A seguir, são estudados os fatores que contribuem para a formação dos preços finais das empresas.

12.4 A importância dos impostos e do faturamento líquido

Muitas empresas têm apresentado elevado grau de insolvência e, consequentemente, vão à falência. Esse fato tem redundado em inúmeros estudos por parte de economistas, administradores, contadores e outros profissionais, os quais buscam determinar as razões pelas quais muitas instituições encerram suas atividades.

São várias as razões apontadas para o insucesso dessas empresas, como a elevada taxa de juros que o mercado vem praticando neste início de século, falhas na gestão dos empreendimentos, processos de produção inadequados ou obsoletos, elevada carga tributária, inexistência de linhas de crédito para financiamento de capital de giro etc.

As conclusões mais evidentes obtidas para o fechamento de grande parte dessas empresas, que não conseguem atingir o seu primeiro ano de vida, estão ligadas a questões e conceitos básicos de certas ciências como economia, administração e contabilidade.

Essas três áreas de conhecimento têm apontado para o insucesso das empresas que "fecham suas portas", devido às falhas na gestão e na formação dos preços de venda dos seus produtos ou serviços.

Atualmente, a imprensa falada e escrita tem dado muita ênfase às comparações dos preços dos produtos em diversos pontos de venda. É comum encontrarem-se no mercado produtos vendidos em distintos pontos de venda, com um diferencial de preços muito elevado.

É lógico que, quando certo produto é vendido por um preço muito alto, ele proporcionará certa margem de lucratividade bem elevada. No entanto, esses preços altos poderão afugentar a demanda e, como consequência, existe a possibilidade da procura se deslocar para produtos concorrentes que apresentem menor preço de venda.

Por outro lado, quando os preços praticados são muito baixos, poderão ocorrer lucros mínimos ou até mesmo prejuízos. Tal fato poderá levar o empresário a ficar desanimado com aquele tipo de produto ou serviço, pois cada unidade a mais vendida proporcionará um prejuízo cada vez maior, ou lucro muito próximo de zero.

É sabido que o Brasil pertence à gama dos países que praticam as maiores cargas tributárias do planeta, muito próxima de 40% do seu Produto Interno Bruto. Portanto, é importantíssimo que o empreendedor deva formar os preços de venda de seus bens e serviços levando em consideração os tributos que ele deverá arrecadar para o governo.

Muitos empresários acreditam que somente os impostos diretos deverão ser considerados para a formação dos preços de venda (como o ICMS e o IPI). Porém, eles se esquecem que outros tributos também deverão fazer parte integrante do seu custeio e, dessa forma, ser também considerados. É o caso do Imposto Predial e Territorial Urbano (IPTU) e outros.

É importante frisar que a maioria dos empresários leva muito em consideração o valor correspondente ao seu faturamento bruto, isto é, o produto do seu preço de venda pelas quantidades vendidas. Todavia, esse faturamento bruto é, de certa maneira, um valor ilusório.

O que não pode deixar de ser lembrado é que os impostos diretos deverão ser recolhidos ao governo e, com isso, as empresas somente poderão contar com os valores das suas vendas líquidas, ou seja, o seu faturamento líquido.

Exemplifica-se, a seguir, com uma empresa que produz e vende, mensalmente, 50.000 unidades de certo produto e pratica um preço de venda de $ 8 por unidade. Essa empresa deverá recolher 18% de ICMS.

O faturamento bruto (ou receita bruta) dessa empresa é de $ 400.000 (50.000 × $ 8).

Então, o empresário afirma eufórico: Minha empresa fatura $ 400.000 por mês.

Porém, ao fazer essa afirmação, ele não está levando em conta que 18% do valor arrecadado nas vendas é do seu sócio – o "governo".

Assim, seria melhor que o empresário afirmasse: Minha empresa vende 50.000 unidades de tal produto. Essa venda me propicia um faturamento de $ 328.000 ($ 400.000 – 18% de $ 400.000).

Ora, alguém (rápido em cálculos) poderá então lhe dizer: "Você vende o seu produto a $ 6,56 ($ 328.000 ÷ 50.000) por unidade? Você está praticando um preço muito baixo em relação à concorrência. Tenho conhecimento de que a indústria Z vende um produto similar ao seu por $ 8,20 a unidade".

Aí o industrial responderá com toda a certeza: "Eu estou considerando apenas a parte do faturamento que fica com a minha empresa. O restante entrego ao meu sócio, isto é, ao governo". Nesse exemplo, ficou claro que o empresário estava se referindo ao seu faturamento líquido, tal como está demonstrado na Tabela 12.1.

Tabela 12.1 Faturamento da empresa

Itens	Valores – $
Faturamento bruto	400.000
(–) ICMS de 18%	72.000
= Faturamento líquido	328.000

Nota-se agora que a empresa não poderá afirmar categoricamente que o resultado das suas vendas é apenas o valor do seu faturamento bruto. Sempre deverá considerar a relevância dos impostos que pagará ao governo para então poder contar com o numerário que ficará em seu poder, isto é, o faturamento líquido.

12.5 A importância dos custos

Além dos impostos, outros elementos que deverão ser considerados, durante a fase que redundará na formação dos preços dos produtos, são os custos que a empresa deverá arcar durante o processo de fabricação e comercialização dos seus produtos.

Quando uma indústria quer produzir e vender um produto, ela obrigatoriamente deverá levar em consideração os seus custos para poder apurar o seu preço de venda.

Como foi estudado no Capítulo 3, os custos classificam-se em diretos e indiretos.

Ao transformar as matérias-primas e materiais secundários em produtos acabados, a indústria despenderá uma série de custos, que serão considerados no processo produtivo – são aqueles que resultam nos materiais diretos (MD).

A empresa também pagará os ordenados, encargos e benefícios sociais dos seus empregados, que constituem a mão de obra direta (MOD).

Somando-se esses dois elementos, obtém-se o valor correspondente aos custos diretos (CD).

Então:

$$MD + MOD = CD$$

A partir desse momento, a empresa deverá calcular os seus custos indiretos de fabricação (CIF) que participarão na fabricação dos seus produtos.

Conforme detalhado no Capítulo 3, os CIF serão adicionados aos custos diretos para a obtenção do custo total (CT).

Assim, tem-se:

$$CD + CIF = CT$$

Continuando no exemplo da empresa que tem um faturamento líquido de $ 328.000, se ela apresentar os seguintes custos:

MD = $ 102.000

MOD = $ 48.000

Então, haverá um CD = $ 150.000

Se os CIF dessa mesma empresa somarem $ 45.000, pode-se afirmar que o seu Custo Total é de $ 195.000.

O esquema que segue demonstra esse valor:

$$\begin{array}{c}MD\\\$\,102.000\end{array} + \begin{array}{c}MOD\\\$\,48.000\end{array} = \begin{array}{c}CD\\\$\,150.000\end{array}$$

$$\begin{array}{c}CD\\\$\,150.000\end{array} + \begin{array}{c}CIF\\\$\,45.000\end{array} = \begin{array}{c}CT\\\$\,195.000\end{array}$$

Observando-se os valores desse esquema, nota-se que o valor de $ 195.000 não poderá ser marginalizado durante a elaboração do preço de venda.

Assim, o industrial do exemplo poderá afirmar categoricamente que, para chegar a certo lucro de $ 133.000, os seus produtos apresentam um custo total de $ 195.000.

Nesse caso hipotético, o seu lucro bruto é de $ 133.000, demonstrado na Tabela 12.2.

Tabela 12.2 Cálculo do lucro bruto

Itens	Valores em $
Faturamento Bruto	400.000
(–) ICMS	72.000
= Faturamento Líquido	328.000
(–) Custos Totais	195.000
= Lucro Bruto	133.000

Dessa forma, a empresa se obrigou a tomar uma decisão para formar o preço de venda dos seus produtos por meio de uma análise criteriosa feita em seus custos.

12.6 A importância das despesas

Da mesma forma que os custos foram considerados na formação do lucro bruto, as despesas também deverão fazer parte integrante dos estudos de formulação dos preços de venda, uma vez que elas fazem parte da grande família dos gastos empresariais.

Se, no exemplo em estudo, o empresário afirmar que os seus produtos lhe proporcionam uma despesa total de $ 30.000, pode-se concluir que eles estarão contribuindo para que a empresa atinja um lucro operacional de $ 103.000, conforme a Tabela 12.3.

Tabela 12.3 Cálculo do lucro operacional

Itens	Valores em $
Faturamento bruto	400.000
(–) ICMS	72.000
= Faturamento líquido	328.000
(–) Custos totais	195.000
= Lucro bruto	133.000
(–) Despesas	30.000
= Lucro operacional	103.000

Conforme foi verificado no exemplo, o empresário também levou em consideração todas as suas despesas na fase da formação dos preços de venda dos seus produtos.

12.7 A importância do Imposto de Renda

Porém, o empresário ainda conta com um "sócio" na hora da apuração do seu resultado final (lucro líquido). Esse sócio é, uma vez mais, o governo. Por quê?

A explicação é simples: toda atividade que gera um lucro operacional é tributada pelo Imposto de Renda.

Existem várias alíquotas de Imposto de Renda, dependendo do nível de lucro operacional.

Supondo-se que, no exemplo citado, o industrial deva recolher 27,5% aos cofres públicos, a título de Imposto de Renda, o quadro final da empresa apresentará o resultado que consta na Tabela 12.4.

Tabela 12.4 Cálculo do lucro líquido

Itens	Valores em $
Faturamento bruto	400.000
(–) ICMS	72.000
= Faturamento líquido	328.000
(–) Custos totais	195.000
= Lucro bruto	133.000
(–) Despesas	30.000
= Lucro operacional	103.000
(–) Imposto de Renda (27,5%)	28.325
= Resultado do exercício (lucro líquido)	74.675

De acordo com o exemplo, o empresário está apresentando um lucro de $ 74.675, mesmo considerando todos os seus gastos, isto é, custos e despesas, sem deixar de lado os impostos inerentes à sua atividade.

Nesse caso, é possível afirmar, com segurança, que a formulação do preço de venda dos seus produtos está proporcionando uma lucratividade à indústria.

12.8 Formação do preço de venda

Sabe-se que a formação do preço de venda de qualquer produto depende de muitos fatores, entre os quais se destaca a demanda de cada um deles. Entretanto, o custo de produção é, inegavelmente, um dos fatores de grande importância na determinação do preço final dos produtos, uma vez que é muito raro uma empresa vender um bem abaixo do seu custo.

Antigamente, as empresas fixavam os preços dos seus produtos tomando como base um custo total adicionado de certa margem que lhes possibilitasse cobrir as despesas e ainda proporcionar um determinado lucro. Era um tipo de formação de preços inflexível e totalmente intuitivo, que não levava em conta um método mais bem elaborado.

Quando se deseja fixar preços de venda para os produtos com base científica, deve-se considerar métodos de custeio mais abrangentes.

12.9 O *markup*

Antes de efetuar qualquer consideração sobre o tema Formação de Preços, é necessário o conhecimento de um elemento fundamental, o *markup*.

O *markup* é um dos métodos mais simples para a determinação dos preços dos produtos fabricados pelas empresas.

Ele consiste em adicionar certa margem de lucro aos custos do produto fabricado ou aos serviços prestados.

Assim:

$Markup = \%$ desejado $\times Ca$

Onde:

Ca = custo unitário

Normalmente, essa margem de lucro é representada por um percentual que, ao ser adicionado aos custos totais do produto, deverá propiciar um preço de venda que dará sustentação para a empresa cobrir todas as suas despesas, além de permitir que ela obtenha um valor satisfatório de lucro. Por esse motivo, a tradução mais corriqueira do termo *markup* é sobrepreço ou preço acima.

Como o *markup* é um percentual sobre o custo unitário (Ca), pode-se ter a seguinte equação:

Preço de venda = Custo unitário + *markup*

Onde:

markup = % do custo unitário

Observe-se que o *markup* deverá refletir um percentual sobre o custo unitário que cubra os custos e ainda propicie certo lucro para a empresa. Assim, a equação em estudo poderá ser refletida por:

Preço de venda = Custo unitário + percentual do custo unitário

Supondo-se que determinado produto apresente um custo unitário de $ 2 e a empresa almeje um *markup* de 40% sobre o seu custo, qual será o preço de venda desse produto?

Aplicando-se a fórmula sugerida, tem-se:

Preço de venda = $ 2 + (40% de $ 2)

Ou

Preço de venda = $ 2,00 + $ 0,80

Então, o preço de venda será $ 2,80.

Porém, ao preço de venda de $ 2,80, qual será o lucro unitário que o produto vendido fornece para a empresa?

Essa é a limitação do *markup*, uma vez que ele não contempla as despesas nem os impostos que incidirão sobre o preço de venda. O método também não fornece uma indicação do valor do lucro que a empresa deseja obter.

12.10 Formulação para determinação dos preços com base em critérios contábeis

Para se obter uma resposta mais exata do preço de venda, torna-se necessário saber qual é o valor que deverá ser atribuído às despesas, impostos e também à inclusão da margem de lucro desejada.

Para tanto, o formulador de preços deverá fazer uso de algumas bases percentuais, que refletirão os desembolsos. Todos os gastos focados pelo responsável sobre a fixação de preços deverão ocorrer de forma inevitável.

Assim, o preço de venda (P) contemplará os seguintes elementos que farão parte integrante da equação final:

- Custo da produção vendida (C)
- Tributos (T)
- Despesas (D)
- Margem de lucro almejada (L)

O preço de venda que será formulado é aquele que a empresa deseja atingir, levando em consideração que P deverá cobrir todos os gastos, impostos e a margem almejada de lucro.

Portanto:

$$P = C + D + T + L$$

Esta equação apresenta dois grupos distintos de elementos:

a) Custos da produção vendida (C) = são valores absolutos apurados pela contabilidade da empresa.

b) Despesas (D), tributos (T) e lucro (L) = são elementos calculados em termos percentuais, pois terão uma valorização em função do preço de venda.

Por hipótese:

Certo produto apresenta um custo unitário cujo valor é de $ 2.

As despesas representam 18% da Receita Bruta.

Os tributos que incidem sobre o preço de venda (ICMS, IPI, PIS, COFINS) somam 22%.

A empresa adota certa margem de lucro de 10% sobre o preço a ser praticado.

Com base em alguns cálculos, é possível determinar o seu preço de venda:

Os elementos que dependem do preço a ser fixado são os seguintes:

Despesas	18%
Tributos	22%
Margem de lucro	10%

O somatório desses percentuais é 50% (ou 0,5 de P).

Aplicando-se a fórmula $P = C + D + T + L$:

$P = \$\ 2 + (18\%\ de\ P) + (22\%\ de\ P) + (10\%\ de\ P)$

Então:

$P = \$\ 2 + 0{,}18P + 0{,}22P + 0{,}10P$

Portanto,

$P - 0{,}18P - 0{,}22P - 0{,}10P = \$\ 2$

Ou:

$P - 0{,}50P = \$\ 2$

Assim,

$0{,}50P = \$\ 2$

Finalmente,

$P = \$\ 2/0{,}50$

$$P = \$\ 4$$

Nota-se que o preço de $ 4 é o valor que deverá ser praticado para as vendas à vista, e qualquer cálculo de preços a prazo deverá levar em conta todos os encargos financeiros inerentes.

Observa-se que é fundamental a formação de preços de venda a partir do custo do produto.

A fixação dos preços deve ser adotada tanto para mercadorias existentes como para lançamentos de novos produtos no mercado.

No caso de lançamento de novos produtos, a empresa produtora deverá pesquisar o mercado para verificar a receptividade deles em relação à aceitação por parte da demanda, qualidade dos produtos em face dos concorrentes e, logicamente, os preços de venda propostos.

Se, no exemplo anterior, a demanda acatar o valor de $ 4, a empresa poderá lançar o produto com sucesso.

Caso a demanda rejeite o preço de $ 4, é necessário rever os percentuais que correspondem à margem de lucro. Talvez, se ela fosse reduzida para 4%, por exemplo, houvesse melhor aceitação por parte dos consumidores. Aí, o preço indicado seria formado da seguinte maneira:

Despesas	18%
Tributos	22%
Margem de Lucro	4%

Nesse caso, o somatório desses percentuais cairia para 44% (ou 0,44 de P).

$$P = \$\,2 + 0{,}44P$$
$$\text{ou}$$
$$P - 0{,}44P = \$\,2$$

Calculando-se o valor de P:

$$P = \$\,3{,}57$$

Observe-se que, em períodos de inflação elevada, os preços deverão ser revistos periodicamente, isto é, sempre que ocorrerem incrementos nos valores dos insumos, na mão de obra e nas despesas.

12.11 Fixação do preço de venda em função do investimento

Neste método, a margem de lucro estimada é calculada em função do investimento efetuado pela empresa, e não como um percentual a ser aplicado sobre o custo ou sobre o preço de venda.

A título de exemplo, se uma empresa apresentou investimentos da ordem de $ 200.000 e deseja obter certa margem de lucro de 15% sobre esse investimento, além de:

Custo total	$ 300.000
Despesas totais	$ 100.000
Produção/Vendas estimadas	860.000 unidades

O preço de venda calculado será o resultado da divisão entre os gastos totais ($ 400.000) adicionados à margem de lucro ($ 30.000 = 15% de $ 200.000) pela quantidade estimada de unidades:

$P = (\$ 400.000 + \$ 30.000)/860.000$

Portanto:

$$P = \$ 0,50$$

12.12 Margem de competitividade (MCPT)

É um indicador que demonstra o quanto um produto pode ser considerado competitivo em relação ao mercado.

Esta margem tem por objetivo posicionar o preço do produto em relação aos seus concorrentes. Assim, se o preço do produto x for igual ao preço praticado pelo mercado, sua MCPT será igual a zero (nula ou equilibrada). Se o preço de x for menor que o de mercado, sua MCPT será positiva e, caso contrário, negativa.

Resumindo e exemplificando:

Hipóteses	Preço do produto x	Preço de mercado	MCPT
1ª	$ 10	$ 10	Zero
2ª	$ 8	$ 10	+ 20%
3ª	$ 13	$ 10	− 30%

Obs.: Toma-se o preço de mercado como base de cálculo para a obtenção da MCPT.

Conclusões:

a) Na primeira hipótese, os custos e despesas devem ser muito parecidos (produto x e mercado). É uma situação nula ou equilibrada.

b) Na segunda hipótese, os custos e despesas do produto x poderão ser menores que os de mercado. É uma situação positiva para a empresa que o produz.

c) Na terceira hipótese, os gastos do produto x poderão ser maiores do que os praticados pelo mercado. É uma situação negativa para a empresa que produz o produto x.

Forma de cálculo:

$$\text{MCPT} = \frac{\text{Variação do preço (*)}}{\text{preço de mercado}} \times 100$$

(*) Variação do preço = Preço de mercado - Preço do produto

TESTES

1. Para fazer frente aos seus gastos, as empresas devem contar apenas com:

    A) Faturamento bruto.

    B) Faturamento líquido.

    C) Lucro bruto.

    D) Imposto de Renda.

2. Se certo produto recolher 18% de ICMS ao governo, e seu faturamento bruto for de $ 320.000, pode-se afirmar que o seu faturamento líquido será:

    A) $ 262.400.

    B) $ 377.600.

    C) $ 200.000.

    D) $ 277.600.

3. Se o faturamento líquido de determinada empresa é $ 410.000, ao recolher 18% de ICMS ao governo, pode-se afirmar que o seu faturamento bruto foi:

    A) $ 336.200.

    B) $ 386.200.

    C) $ 500.000.

    D) $ 420.000.

4. Quando o faturamento líquido for de $ 246.000 e a empresa recolher 18% de ICMS, o valor deste imposto será:

   A) $ 46.000.

   B) $ 38.000.

   C) $ 54.000.

   D) $ 52.000.

5. Se uma empresa apresentar:

   - Faturamento bruto de $ 800.000
   - Faturamento líquido de $ 656.000
   - Custo total de $ 239.000,

   o seu lucro bruto será de:

   A) $ 417.000.

   B) $ 561.000.

   C) $ 144.000.

   D) $ 327.000.

6. Se uma empresa apresentar:

   - Faturamento bruto = $ 400.000
   - Faturamento líquido = $ 328.000
   - Lucro bruto = $ 133.000
   - Despesas = $ 53.000,

   seu lucro operacional será:

   A) $ 195.000.

   B) $ 80.000.

   C) $ 72.000.

   D) $ 82.000.

7. Certo produto tem custo unitário de $ 4. Para atingir um *markup* de 40%, o seu preço de venda deverá ser:

   A) $ 4,80.

   B) $ 4,40.

   C) $ 5,60.

   D) $ 5,20.

8. Se o lucro bruto da empresa Z for de $ 540.000 e suas despesas somarem $ 310.000, pode-se afirmar que:

    A) Seu lucro operacional será de $ 230.000.

    B) Seu lucro líquido será de $ 230.000.

    C) Sua contribuição bruta será de $ 230.000.

    D) Sua margem bruta será de $ 230.000.

9. Se a empresa Z apresentar um lucro operacional de $ 230.000 e recolher 27,5% de Imposto de Renda, o seu lucro líquido será de:

    A) $ 63.250.

    B) $ 293.250.

    C) $ 193.250.

    D) $ 166.750.

10. Se a empresa Z apresentar um lucro líquido de $ 217.500 e recolher 27,5% de Imposto de Renda, pode-se afirmar que o seu lucro operacional é:

    A) $ 180.000.

    B) $ 230.000.

    C) $ 300.000.

    D) $ 320.000.

EXERCÍCIOS

1. Supondo-se que determinado produto apresente um custo unitário de $ 4,50 e a empresa almeje um *markup* de 30% sobre o seu custo, qual será o preço de venda deste produto?

2. Certo produto apresenta a seguinte situação:

    - Custo = $ 3,80
    - Despesas = 16% sobre a receita
    - Tributos = 20% da receita
    - Margem de lucro = 7% da receita

    Determine o seu preço de venda.

3. Certa empresa investiu $ 150.000 em certo produto que fabrica. Ela deseja um retorno de 10% sobre este investimento. Outras informações:

Custo total	$ 280.000
Despesas totais	$ 90.000
Produção/Vendas estimadas	770.000 unidades

Qual deverá ser o preço de venda deste produto?

4. Qual o valor do *markup* e seu percentual aplicado sobre o Ca de uma empresa que vende seus produtos a $ 7 e que apresenta Ca = $ 4?

5. Certo produto apresenta a seguinte situação:

    Vendas = 2.040.000 unidades

    MD = $ 180.000

    MOD = $ 40.000

    CIF = $ 80.000

    D = $ 90.000

    Qual deverá ser seu preço de venda se a empresa desejar um lucro de $ 120.000?

6. Em certo bairro, as padarias praticam um preço de $ 0,20 por pãozinho francês. A padaria "Flor do Trigo" pratica o preço de $ 0,23/pãozinho e a padaria "Da Esquina" cobra $ 0,19/unidade. Quais as MCPT destas duas padarias?

7. Analisar o caso de uma loja de pneus que deseja praticar os seguintes preços unitários:

    a) $ 98,00.

    b) $ 90,30.

    c) $ 101,50.

    Sabendo que o gasto total por pneu é de $ 70 e que o mercado pratica o preço de $ 98, calcule a margem de lucro e a margem de competitividade em cada um dos casos.

8. Uma fábrica de sabonete apresenta gastos/unidade = $ 0,80. A empresa deseja formar o preço deste produto. Ela não sabe ainda com que margem de lucro deve trabalhar. Sabe-se que o preço de mercado praticado pelos concorrentes é de $ 1,02/unidade.

    Pede-se:

    a) Qual o preço de venda que deve ser praticado se a empresa desejar uma MCPT positiva em 10%?

    b) Qual a sua margem de lucro sobre o gasto?

ESTUDO DE CASO

A empresa Pisatorto, situada em São Paulo, produz e comercializa calçados. Os seus resultados médios mensais são os seguintes:

Quantidade vendida = 10.000 pares
Preço de venda = $ 30/par
CT = $ 146.000
DT = $ 40.000

Ela paga um aluguel para as instalações da fábrica de $ 16.000/mês.

A Pisatorto possui um grande terreno no interior do Estado do Mato Grosso do Sul. O governo daquele Estado fez a seguinte proposta para a Pisatorto: se a empresa transferisse todas as suas instalações para o Mato Grosso do Sul, ela ficaria isenta do pagamento do ICMS durante 20 anos e poderia contar com o asfaltamento da estrada vicinal onde está localizado o terreno. Aquele governo também faria a construção civil gratuitamente para a Pisatorto.

A Diretoria da Pisatorto solicitou ao *Controller* da empresa que fizesse um estudo comparando a situação atual com a proposta oferecida pelo governo do Estado de Mato Grosso do Sul e decidiu que, se o lucro aumentasse em 200%, a empresa se mudaria de São Paulo.

O *Controller* estudou bem as duas situações e verificou que, se a Pisatorto mudasse, teria uma redução de 8% no seu CT (devido ao preço do couro ser mais barato no Mato Grosso) e um incremento de 64% no total das despesas, uma vez que a nova localização ficaria mais distante dos centros consumidores dos seus calçados, acarretando aumento nos fretes de distribuição.

Qual a conclusão? A Pisatorto deve ou não mudar de São Paulo para o Mato Grosso do Sul? Justifique a resposta elaborando a Demonstração de Resultados (DR) das duas situações.

RESPOSTAS DOS TESTES E EXERCÍCIOS

Capítulo 1

Testes

1. (B)
2. (A)
3. (C)
4. (C)
5. (A)
6. (B)

Capítulo 2

Testes

1. (B)
2. (C)
3. (B)
4. (C)
5. (D)
6. (C)
7. (C)
8. (D)
9. (C)
10. (C)

Exercícios

1.

Item	Classificação
1.	I
2.	D
3.	I
4.	P
5.	DP
6.	D
7.	C
8.	I
9.	D
10.	DP
11.	C
12.	D
13.	P
14.	D
15.	C
16.	P
17.	C
18.	D
19.	C
20.	I
21.	P
22.	D
23.	D
24.	D

2.

Investimentos – $ 12.000

Custos – $ 24.160

Despesas – $ 4.700

Perdas – $ 500

3.

Investimentos – $ 1.800

Custos – $ 2.700

Despesas – $ 4.080

Perdas – $ 560

Capítulo 3

Testes

1. (B)
2. (A)
3. (C)
4. (B)
5. (A)
6. (B)
7. (B)
8. (C)
9. (A)
10. (C)

Exercícios

1.
Custos fixos:

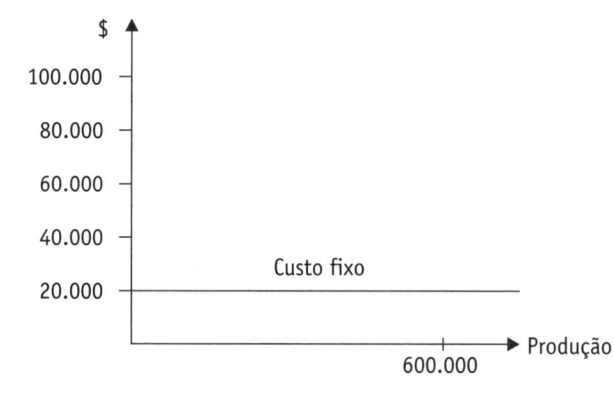

Custos variáveis:

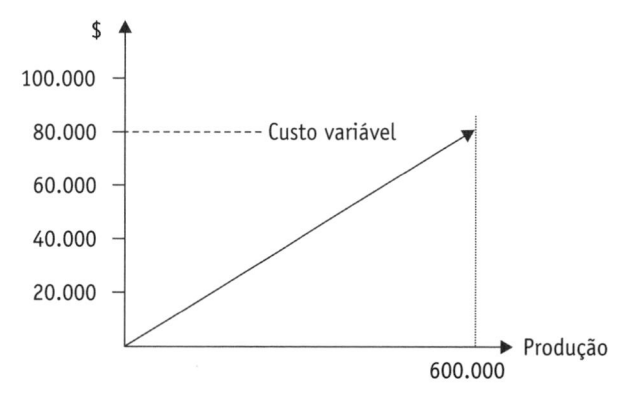

Custo total:

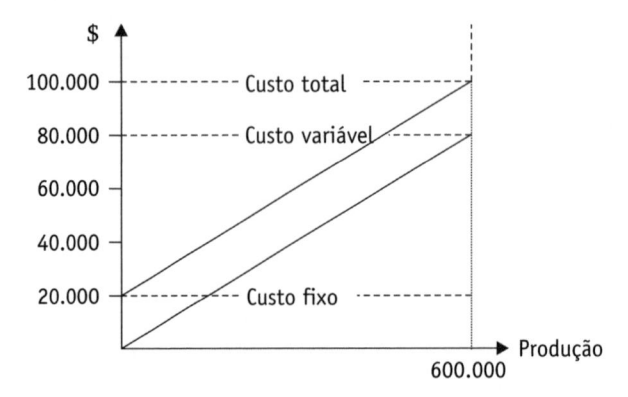

```
$
100.000 ┤------------ Custo total -------
 80.000 ┤------------ Custo variável ----
 60.000
 40.000
 20.000 ┤------------ Custo fixo --------
        └──────────────────────────▶ Produção
                              600.000
```

2.
a) CF – $ 40.000
b) Gráfico:

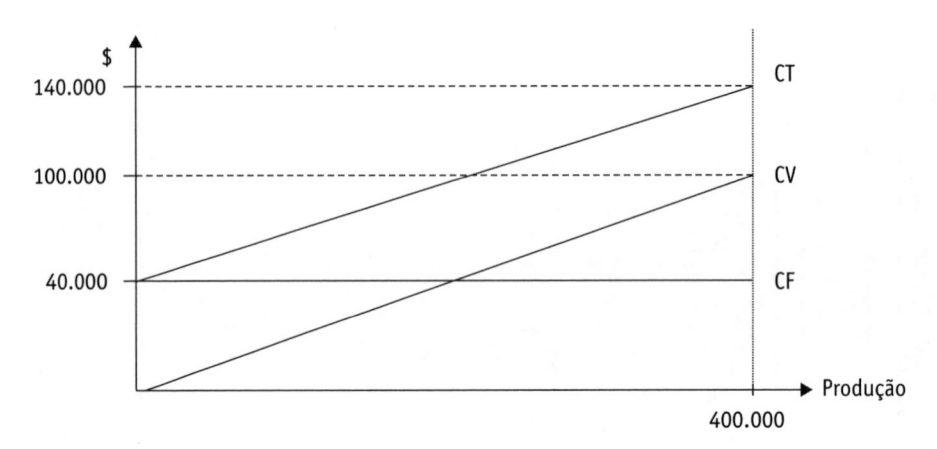

```
$
140.000 ┤-------------------------------- CT
100.000 ┤-------------------------------- CV
 40.000 ┤-------------------------------- CF
        └──────────────────────────▶ Produção
                              400.000
```

3.
a) $ 160.000
b) $ 210.000

4.
CPP – $ 1.280.000

5.
MOD – $ 150.000

6.
CD – $ 480.000

7.

MD – $ 640.000

8.

Custo de Transformação – $ 130.000

9.

a) R$ 70,84

b) R$ 20,16

c) R$ 91,00

d) R$ 16,70

e) R$ 107,70

10.

a) R$ 2,25

b) R$ 0,81

c) R$ 3,06

d) R$ 1,37

e) R$ 4,43

11.

a) R$ 5,06

b) R$ 1,92

c) R$ 6,98

d) R$ 1,67

e) R$ 8,65

Capítulo 4
Testes

1. (C)
2. (C)
3. (B)
4. (B)
5. (C)

Exercícios

1.

Avaliação	PEPS	UEPS	CMPF
Custo material utilizado ($)	318,00	319,50	315,00
Estoque final ($)	177,00	175,50	180,00

2.

Avaliação	PEPS	UEPS	CMPF
Custo material utilizado ($)	804	834	831,60
Estoque final ($)	405	375	378

3.

Avaliação	PEPS	UEPS	CMPF
Custo material utilizado ($)	7.562,50	7.712,50	7.637,50
Estoque final ($)	562,50	412,50	487,50

4.

Avaliação	PEPS	UEPS	CMPF
Custo material utilizado ($)	621.000	615.000	616.190
Estoque final ($)	24.000	30.000	28.660

Capítulo 5

Testes

1. (C)
2. (B)
3. (A)
4. (B)
5. (D)
6. (D)
7. (A)
8. (C)
9. (A)
10. (C)

Capítulo 6

Testes

1. (C)
2. (A)
3. (B)
4. (A)
5. (C)
6. (D)
7. (B)
8. (A)

Exercícios

1.
Meias $ 12.500
Gravatas $ 9.500

2.
CR $ 6/m²
Bolas – $ 1.440
Bonecas – $ 1.920

3.

Produtos	CIF (R$)	CT (R$)	Ca (R$)
Chocolate	30.999,53	142.799,53	20,40
Sorvete	13.250,47	44.450,47	14,82
Total	44.250,00	187.250,00	

4.

Produtos	CIF (R$)	CT (R$)	Ca (R$)
Pinos	26.000,80	59.684,80	0,12
Parafusos	41.222,89	103.093,89	0,13
Porcas	19.496,32	37.221,32	0,10
Total	86.720,01	200.000,09	

Capítulo 7

Testes

1. (C)
2. (A)
3. (B)
4. (B)
5. (C)
6. (B)

Exercícios

1.

Produto	Sem departamentalização	Com departamentalização	Variação
X	$ 225.000	$ 187.778	– 16,5%
Y	$ 525.000	$ 562.222	+ 7,1%

2.

Produtos	Sem departamentalização	Com departamentalização	Variação
X	$ 250.000	$ 261.066	+ 44%
Y	$ 150.000	$ 138.934	– 7,4%

Capítulo 8

Testes

1. (C)
2. (A)
3. (B)
4. (B)
5. (A)
6. (B)
7. (C)

Exercícios

1.
a) $ 13.350
b) $ 16.687,50

2.

$ 162.400

3.

a) $ 900.000

b) $ 44.500

4.

Custo dos produtos completados – $ 850.000

Custo do EFPP – $ 180.000

5.

$ 55.000

6.

Custo unitário (Materiais) – $ 1,20

Custo unitário (Conversão) – $ 1,25

Capítulo 9

Testes

1. (C)
2. (A)
3. (C)
4. (C)
5. (B)
6. (A)
7. (A)
8. (B)
9. (C)
10. (C)

Exercícios

1.

a)

Itens	Janelas	Portas	Totais
Custo total	1.529.745,00	2.663.255,00	4.193.000,00
Custo unitário	12,75	33,29	–

b)
Resultado do Exercício (Absorção) – $ 1.584.160
Resultado do Exercício (Variável) – $ 1.012.000

c)
Estoque Final (Janelas) – $ 382.500
Estoque Final (Portas) – $ 332.900

2.
Resultado do Exercício – $ 183.760
Estoque Final (Produto A) – $ 29.500
Estoque Final (Produto B) – $ 32.000

3.
Lucro Líquido: R$ 100.656
Estoques: Produto A – R$ 59.400 e Produto B – R$ 73.260 – Estoque Total – R$ 132.660.

4.
Lucro Líquido: R$ 1.289.717
Estoques: Produto A – R$ 305.280 e Produto B – R$ 82.560 – Estoque Total – R$ 387.840.

5.
a) CIF unitário:
X – $ 1,33
Y – $ 5,81
Z – $ 6,91

b) CD unitário:
X – $ 3,00
Y – $ 2,00
Z – $ 5,00

c) CT unitário:
X – $ 4,33
Y – $ 7,81
Z – $ 11,91

6.

Itens	Produto A	Produto B	Total
CPV	993.600	2.207.650	3.201.250
Estoque Final	110.400	428.350	538.750
Resultado do Exercício			435.000

Capítulo 10
Testes

1. (C)
2. (B)
3. (A)
4. (A)
5. (B)
6. (C)
7. (C)
8. (B)
9. (C)
10. (A)

Exercícios

1.
a) 12.000 unidades
b) 17.143 unidades
c) 21.818 unidades
d) $ 189.000

2.
a) 100 unidades – $ 5.000
b) 220 unidades – $ 11.000
c) $ 7.500

3.
12.000 unidades – $ 600.000

4.
355.932 latas – $ 640.677,60

5.

$ 21.118

6.

4,33 vezes

7.

Ponto de equilíbrio	Produto A	Produto B
Quantidade	7.014	5.453
Valor	$ 42.086	$ 43.628

Capítulo 11

Testes

1. (B)

2. (A)

3. (A)

4. (C)

5. (C)

6. (C)

7. (A)

8. (D)

9. (C)

10. (B)

Exercícios

1.

Função de custo: Y = $ 8.000 + $ 1/unidade

Custo projetado: $ 15.000

2.

Função de regressão linear: $\hat{Y} = 29,1 + 2,4\,x$

Para x = 23: Y = 84,3

3.

Função de regressão linear: $\hat{Y} = -4,37 + 9,24\,x$

Para x = 3: Y = 23,4

4.

Função comportamental: $\hat{Y} = -10.950 + 0,7\,x$

Para x = 20.000: Y = $ 3.050

Capítulo 12

Testes

1. (B)
2. (A)
3. (C)
4. (C)
5. (A)
6. (B)
7. (C)
8. (A)
9. (D)
10. (C)

Exercícios

1.
$ 5,85

2.
$ 6,67

3.
$ 0,50

4.
Valor do *markup* – $ 3,00
Percentual do *markup* – 75%

5.
$ 0,25

6.
Flor do Trigo: – 15% Negativa
Da Esquina: + 5% Positiva

7.
a) Lucro de 40% e MCPT Nula
b) Lucro de 29% e MCPT Positiva
c) Lucro de 45% e MCPT Negativa

8.
a) $ 0,92
b) 15%

REFERÊNCIAS BIBLIOGRÁFICAS

ATKINSON, Anthony A.; BANKER, Rajiv D.; KAPLAN, Robert S.; YOUNG, S. M. *Contabilidade gerencial*. São Paulo: Atlas, 2000.

BORNIA, Antonio Cezar. *Análise gerencial de custos*: aplicação em empresas modernas. Porto Alegre: Bookman, 2002.

CHIAVENATO, Idalberto. *Administração de recursos humanos*. São Paulo: Atlas, 2003.

HANSEN, Don R.; MOWEN, Maryanne M. *Gestão de custos*. São Paulo: Pioneira Thomson Learning, 2001.

HORNGREN, Charles T. *Introdução à contabilidade gerencial*. Rio de Janeiro: Prentice Hall, 1981.

HORNGREN, Charles T. *Contabilidade de custos*. Rio de Janeiro: LTC, 2000.

HORNGREN, Charles T. *Contabilidade gerencial*. São Paulo: Pearson Prentice Hall, 2004.

IUDÍCIBUS, Sérgio de. *Contabilidade gerencial*. São Paulo: Atlas, 1998.

KAPLAN, Robert S.; COOPER, Robin. *Custo e desempenho*: administre seus custos para ser mais competitivo. São Paulo: Futura, 1998.

KOTLER, Philip. *Administração de marketing*: análise, planejamento, implementação e controle. São Paulo: Atlas, 1998.

LEONE, George Sebastião Guerra. *Custos*: planejamento, implantação e controle. São Paulo: Atlas, 2000.

MARTINEZ, Antonio L. et al. Custo de oportunidade, custo de capital, juros sobre o capital próprio, EVA® e MVA®. In: MARTINS, Eliseu. *Avaliação de empresas*: da mensuração contábil à econômica. São Paulo: Atlas, 2001.

MARTINS, Eliseu. *Contabilidade de custos*. São Paulo: Atlas, 2003.

NAKAGAWA, Masayuki. *ABC*: custeio baseado em atividades. São Paulo: Atlas, 2001.

PADOVEZE, Clóvis Luis. *Curso básico de contabilidade de custos*. São Paulo: Pioneira Thomson Learning, 2003.

ROSSETTI, José Paschoal. *Introdução à economia*. São Paulo: Atlas, 2003.

SAMUELSON, Paul Anthony. *Economia*. Lisboa: McGraw-Hill, 1993.

SLACK, Nigel; CHAMBERS, Stuart; HARRISON, Alan; JOHNSTON, Robert; HARLAND, Christine. *Administração da produção*. São Paulo: Atlas, 2002.

VICECONTI, Paulo Eduardo V.; NEVES, Silvério das. *Contabilidade de custos*: um enfoque direto e objetivo. São Paulo: Frase, 2000.

ÍNDICE REMISSIVO

A

Alavancagem operacional, 193
Análise(s)
   custo-volume-lucro (CVL), 175
      limitações, 192
   da base de rateio, 76
   da(s) variação(ões)
      da mão de obra direta, 154
      dos custos indiretos de fabricação (CIF), 154
      em relação aos padrões, 150
   de contas, 207
Apuração do custo da mão de obra direta, 66
Atividade
   conceito de, 160
   principal, 162
   secundária, 162
Avaliação
   das saídas, 53
   dos estoques, 52

B

Base de rateio, 76
Bens
   adquiridos
      de terceiros, 50
      em trânsito, 51
   de produção própria, 50
   recebidos em consignação, 50
   remetidos em consignação, 50

C

Capital de giro, 137
   cálculo do, 139
   favorável à empresa, 142
   juros sobre o, 140
CD (custos diretos), 27, 73, 223
CF (custos fixos), 29, 133, 204
CIF (custos indiretos de fabricação), 28, 73, 224
   análise da variação dos, 154
   controle dos, 109
   padrão de, 149
   predeterminação dos, 95
   rateio dos
      com utilização de bases comuns, 79
      com utilização de bases específicas, 77
      critérios de, 77
   subaplicados, 111
   superaplicados, 111
Classificação dos custos
   com relação ao volume de produção, 29
   com relação aos produtos fabricados, 27
CMPF (custo médio ponderado fixo), 55
Coeficiente de rateio (CR), 74, 75
Contabilidade
   financeira, 10, 11
   gerencial, 10, 11
Controle, 9
   das variações, 155
   de estoques, 51
CPP (custo da produção do período), 128
CPP (custo de produção do período), 34
CPV (custo da produção vendida), 128, 129

CR (coeficiente de rateio), 74, 75
CT (custo total), 31, 33, 224
Custeio, 127
   ABC, 156, 158
      benefícios derivados do, 162
      características especiais do, 156
      limitações, 163
   da mão de obra aplicada à OP, 109
   dos materiais, 109
   integral, 127
   por absorção, 127, 132
   por atividades, 158
   por ordens de produção (OP), 121
   por processo, 116
      contínuo, 121
   variável, 132, 133
   variável
      desvantagens do, 134
      vantagens do, 133
Custeio-padrão, 144
Custo(s), 17, 128
   com relação
      ao volume de produção, 29
      aos produtos fabricados, 27
   da produção
      do período (CPP), 128
      vendida (CPV), 128, 129
   de acompanhamento, 158
   de conversão, 115
   de falhas
      externas, 158
      internas, 158
   da mão de obra
      composição do, 64
      direta (MOD), 63
         apuração do, 66
      indireta (MOI), 63

de prevenção, 158
de produção do período (CPP), 34
diretos (CD), 27, 73, 223
dos materiais importados, 57
dos refugos inevitáveis, 117
estimado, 106
fixos (CF), 29, 133, 204
importância dos, 223
indiretos
　de fabricação (CIF), 28, 73, 224
　　análise da variação dos, 154
　　controle dos, 109
　　padrão de, 149
　　predeterminação dos, 95
　　rateio dos
　　　com utilização de bases comuns, 79
　　　com utilização de bases específicas, 77
　　　critérios de, 77
　　subaplicados, 111
　　superaplicados, 111
　departamentalizados, 91
　não departamentalizados, 91
médio ponderado fixo (CMPF), 55
mistos, 31
real apurado, 106
total (CT), 31, 33, 73, 224
unitário, 33
　de produção, 129
variáveis (CV), 30, 204
Custo-padrão, 143, 145, 146
　vantagens do, 155
CV (custos variáveis), 30, 204
CVL (custo-volume-lucro),
　análise, 175
　limitações, 192

D

Departamentalização, 87, 88, 89, 93
Departamentos
　auxiliares, 94
　de produção, 95
Desembolso, 15
Desperdício, 18
Despesa(s), 17, 32, 128
　importância das, 225
Devedores por vendas, 137
Diferença entre preço e valor, 220
Direcionadores
　de atividades, 159
　de recursos, 159

E

EIPP (Estoques iniciais de produtos em processo), 115

Embalagens, 47
　de acondicionamento do produto acabado para venda, 47
　utilizadas na linha de produção, 47
Encargos sociais, 64
Esquemas, 18
Estimativa da função, 205
Estoques, 48
　avaliação dos, 52
　características dos, 50
　controle de, 51
　de materiais diretos, 138
　de produtos acabados, 138
　iniciais de produtos em processo (EIPP), 115
　tipos de, 49
Execução, 9

F

Faturamento líquido, 221
Fixação
　do preço de venda em função do investimento, 231
　dos padrões, 147
Formação
　de preços, 219
　de venda, 226
Formulação para determinação dos preços com base em critérios contábeis, 228
Fornecedores, 139

G

Gasto, 15
Gerador dos custos, 161
　primário, 162
　secundário, 162
Gestão da mão de obra, 69

I

Imposto(s)
　de renda, 226
　Predial e Territorial Urbano (IPTU), 222
　e contribuições, 56, 221
Inclusão
　de despesas variáveis, 184
　do lucro, 183
　dos impostos sobre vendas, 185
Investimento, 16

J

Juros sobre o capital de giro, 140

L

Leis da oferta e da procura, 219

M

Mão de obra, 63
　direta (MOD), 63, 65, 223
　　análise da variação da, 154
　　cálculo da, base anual, 66
　　cálculo da, base mensal, 68
　indireta (MOI), 63, 66
Margem
　de competitividade (mCPt), 231
　de contribuição (MgC), 132, 182
　de segurança operacional, 189
Markup, 227
Matéria-prima, 46
Materiais, 45
　auxiliares, 47
　classificação dos, 48
　diretos, 48, 223
　indiretos, 48
　secundários, 47
MCPT (margem de competitividade), 231
Medida
　de atividades, 161
　de duração, 162
　de frequência, 162
　física, 162
Método(s)
　ABC, 156, 158
　benefícios derivados do, 162
　características especiais do, 156
　limitações, 163
　de análise matemática (engenharia), 205
　de custeio, 127
　　baseado em atividades, 160
　　variável, 132
　do ajuste visual, 208, 210
　do custo-padrão, 144
　dos máximos e mínimos, 208, 209
MgC (margem de contribuição), 132, 182
MOD (mão de obra direta), 63, 65, 223
　análise da variação da, 154
　cálculo da, base anual, 66
　cálculo da, base mensal, 68
MOI (mão de obra indireta), 63, 66

N

Número de horas-máquina, 161

O

Objetos de custo, 160
Ocorrência
　de desperdícios, 20
　de despesas, 19
　de perdas, 20

dos custos, 18
dos investimentos, 19
Oferta e procura, 219
Orçamento
  de capital, 8
  financeiro, 8
  operacional, 8

P

Padrão(ões)
  como instrumento gerencial, 156
  de custos indiretos de fabricação (CIF), 149
  de mão de obra, 148
  de materiais, 147
PEC (ponto de equilíbrio contábil), 191
PEE (ponto de equilíbrio econômico), 192
PEF (ponto de equilíbrio financeiro), 192
PEPS (primeiro que entra, primeiro que sai), 54, 116
Perda(s), 18, 128
Planejamento, 7
  industrial, 8
Ponto de equilíbrio, 177
  contábil (PEC), 191
  determinação
    gráfica do, 178
    matemática do, 179
  e margem de contribuição para diversos produtos, 186
  econômico (PEE), 192
  financeiro (PEF), 192
Preços, 220
Processo
  contínuo, 120
  paralelo, 114
  por ordens de produção (OP), 120
  sequencial, 114

R

Rateio, 74
  diretamente proporcional
    ao consumo de matéria-prima, 79
    ao valor da mão de obra direta (MOD), 81
    aos custos com materiais diretos, 80
  dos custos indiretos de fabricação (CIF)
    com utilização de bases comuns, 79
    com utilização de bases específicas, 77
  critérios de, 77
Refugos, 116
Regressão linear (simples), 211

S

Sistema
  de custeio, 105
    por processo, 112, 115
    de industrialização, 46
    por ordens de produção (OP), 107, 110
Subtarefas, 162

T

Tarefa, 162
Tratamento dos refugos, 116

U

UEPS (último que entra, primeiro que sai), 55
Unidades Equivalentes (UEQs), 113, 114

V

Variação(ões)
  de custo, 155
  de eficiência, 154
  de volume, 155
  nos materiais, 150